国家出版基金项目
NATIONAL PUBLICATION FOUNDATION

“十三五”国家重点图书出版规划项目

城市安全风险管理丛书

编委会主任：王德学　总主编：钟志华　执行总主编：孙建平

城市风险管理人才培养

Talents Cultivation of Urban Risk Management

金福安　主 编　闫淑敏　伍爱群　副主编

同濟大學出版社
TONGJI UNIVERSITY PRESS

图书在版编目(CIP)数据

城市风险管理人才培养/金福安主编. —上海:
同济大学出版社,2021.6
(城市安全风险管理丛书/钟志华总主编)
“十三五”国家重点图书出版规划项目
ISBN 978-7-5608-7403-6

Ⅰ.①城… Ⅱ.①金… Ⅲ.①城市管理—风险管理—
人才培养—研究 Ⅳ.①C912.81-4

中国版本图书馆CIP数据核字(2021)第126873号

“十三五”国家重点图书出版规划项目
城市安全风险管理丛书

城市风险管理人才培养

Talents Cultivation of Urban Risk Management

金福安 主编

出 品 人: 华春荣
策划编辑: 高晓辉 吕 炜 马继兰
责任编辑: 宋 立
责任校对: 徐春莲
装帧设计: 唐思雯

出版发行 同济大学出版社 www.tongjipress.com.cn
(地址:上海市四平路1239号 邮编:200092 电话:021-65985622)
经 销 全国各地新华书店、建筑书店、网络书店
排版制作 南京文脉图文设计制作有限公司
印 刷 上海安枫印务有限公司
开 本 787mm×1092mm 1/16
印 张 11
字 数 275 000
版 次 2021年6月第1版 2021年6月第1次印刷
书 号 ISBN 978-7-5608-7403-6
定 价 62.00元

内容简介

城市风险管理是对一个复杂的巨型系统的管理，涉及多种学科、各类人群。在城市风险治理能力提升中，人才处于核心环节，有针对性的进行人才培养，具有重要意义。本书根据我国城市风险管理的特征和现状，通过梳理国内外城市风险管理的研究和实践，提出城市风险管理政府-企业-社会三元互动的组织和运转机制，分析并提出了城市风险管理中一些关键岗位人才的胜任力模型，并以此为基础对城市风险管理相关岗位的人才培养需求、培养模式等培养体系进行了初步规划，最后对城市风险管理师的职业进行了设计，并给出了从大学教育与社会培训两端丰富完善城市风险管理人才培养、提升城市风险管理人员能力的建议。

本书站在宏观层面，依托同济大学风险管理研究院，站在城市系统、城市风险管理角度提出人才培养的方法和培养体系，给出胜任力评价办法和职业化设置，具有一定的开创性和学术价值。本书适合城市安全风险管理相关专业进行人才培养时参考使用。

作者简介

金福安

同济大学继续教育学院院长。研究方向:人才培养与思想教育、商业规划与策划,主持的"常州市区商业网点规划"获2006年江苏省建设厅勘察设计三等奖。主持的其他项目有:上海市科委世博专项子课题"综合文化设施的运营管理研究""淮安市区商业网点规划""宜宾市'十二五'规划纲要实施情况中期评估"及同济大学研究生教育改革与研究重点项目"供给侧改革下的专业学位教育改革探索"等。

“城市安全风险管理丛书”编委会

《城市风险管理人才培养》编撰人员

主　　编　金福安

副 主 编　闫淑敏　伍爱群

编　　委　关贤军　徐德华　王海艳　朱茂然
　　　　　陆　薇　连昕晨　黄志欣　周欣宜

总序

浩荡40载，悠悠城市梦。一部改革开放砥砺奋进的历史，一段中国波澜壮阔的城市化历程。40年风雨兼程，40载沧桑巨变，中国城镇化率从1978年的17.9%提高到2017年的58.52%，城市数量由193个增加到661个（截至2017年年末），城镇人口增长近4倍，目前户籍人口超过100万的城市已经超过150个，大型、特大型城市的数量仍在不断增加，正加速形成的城市群、都市圈成为带动中国经济快速增长和参与国际经济合作与竞争的主要平台。但城市风险与城市化相伴而生，城市规模的不断扩大、人口数量的不断增长使得越来越多的城市已经或者正在成为一个庞大且复杂的运行系统，城市问题或城市危机逐渐演变成了城市风险。特别是我国用40年时间完成了西方发达国家一二百年的城市化进程，史上规模最大、速度最快的城市化基本特征，决定了我国城市安全风险更大、更集聚，一系列安全事故令人触目惊心。北京大兴区西红门镇的大火、天津港的“8·12”爆炸事故、上海“12·31”外滩踩踏事故、深圳“12·20”滑坡灾害事故等等，昭示着我们国家面临着从安全管理1.0向应急管理2.0乃至城市风险管理3.0的方向迈进的时代选择，有效防控城市中的安全风险已经成为城市发展的重要任务。

为此，党的十九大报告提出，要“坚持总体国家安全观”的基本方略，强调“统筹发展和安全，增强忧患意识，做到居安思危，是我们党治国理政的一个重大原则”，要“更加自觉地防范各种风险，坚决战胜一切在政治、经济、文化、社会等领域和自然界出现的困难和挑战”。中共中央办公厅、国务院办公厅印发的《关于推进城市安全发展的意见》，明确了城市安全发展总目标的时间表：到2020年，城市安全发展取得明显进展，建成一批与全面建成小康社会目标相适应的安全发展示范城市；在深入推进示范创建的基础上，到2035年，城市安全发展体系更加完善，安全文明程度显著提升，建成与基本实现社会主义现代化相适应的安全发展城市。

然而，受制于一直以来的习惯性思维，当前我国城市公共安全管理的重点还停留在发生事故的应急处置上，突出表现为“重应急、轻预防”，导致对风险防控的重要性认识不足，没有从城市公共安全管理战略高度对城市风险防控进行统一谋划和系统化设计。新时代要有新思路，城市安全管理迫切需要由“强化安全生产管理和监督，有效遏制重特大安全事故，完善突发事件应急管理体制”向“健全公共安全体系，完善安全生产责任制，坚决遏制重特大安全事故，提升防灾减灾救灾能力”转变，城市风险管理已经成为城市快速转型阶段的新课题、新挑战。

理论指导实践，“城市安全风险管理丛书”（以下简称“丛书”）应运而生。“丛书”结合城市安全管理应急救援与城市风险管理的具体实践，重点围绕城市运行中的传统和非传统风险等热点、痛点，对城市风险管理理论与实践进行系统化阐述，涉及城市风险管理的各个领域，涵盖城市建设、城市水资源、城市生态环境、城市地下空间、城市社会风险、城市地下管线、城市气象灾害以及城市高铁运营与维护等各个方面。“丛书”提出了城市管理新思路、新举措，虽然还未能穷尽城市风险的所有方面，但比较重要的领域基本上都有所涵盖，相信能够解城市风险管理人士之所需，对城市风险管理实践工作也具有重要的指南指引与参考借鉴作用。

“丛书”编撰汇集了行业内一批长期从事风险管理、应急救援、安全管理等领域工作或研究的业界专家、高校学者，依托同济大学丰富的教学和科研资源，完成了若干以此为指南的课题研究和实践探索。“丛书”已获批“十三五”国家重点图书出版规划项目并入选上海市文教结合“高校服务国家重大战略出版工程”项目，是一部拥有完整理论体系的教科书和有技术性、操作性的工具书。“丛书”的出版填补了城市风险管理作为新兴学科、交叉学科在系统教材上的空白，对提高城市管理理论研究、丰富城市管理内容，对提升城市风险管理水平和推进国家治理体系建设均有着重要意义。

中国工程院院士

2018 年 9 月

前言

党的十九大报告提出，要“坚持总体国家安全观”的基本方略，强调“统筹发展和安全，增强忧患意识，做到居安思危，是我们党治国理政的一个重大原则”。随着经济社会的快速发展和城镇化的不断推进，我国城市安全面临的新挑战、新威胁、新压力不断增多和加大。尤其是区域中心城市，经济社会活动密集纷繁、人口高度聚集、建筑设施布局集中，城市运转处于高负荷状态，使安全风险越来越复杂，发生事故的概率越来越大，呈现出安全风险类型的多样性、突发性、关联性、连锁性、耦合性等特点，且易产生连锁效应，城市安全面临的挑战越来越严峻。

受制于一直以来的习惯性思维影响，当前我国城市公共安全管理的重点还基本停留在发生事故的应急管理，导致对风险防控的重要性认识不足，仅将其作为应急管理的一种手段，没有从城市公共安全管理战略高度对风险防控进行统一谋划和系统化设计。在新时期，安全管理思路需要由“强化安全生产管理和监督，有效遏制重特大安全事故，完善突发事件应急管理体制”向“健全公共安全体系，完善安全生产责任制，坚决遏制重特大安全事故，提升防灾减灾救灾能力”转变。

在城市风险治理能力提升中，人才处于核心环节。我国早期安全工程专业教育主要聚焦煤矿安全。2000年之后，中国科技大学、清华大学等更多大学开始开设安全工程专业，研究与教学的对象和内容有了拓展。2009年4月，我国第一所应急管理学院在暨南大学成立，但该学院并未开设应急管理本、硕专业，仅从事一些培训工作。美欧等西方发达国家和地区关注城市风险问题较早，一直将城市风险管理的组织建设和人才培养置于重要的位置，形成了科学合理的城市风险治理体系，构建了知识能力完备的城市风险管理队伍，其中以大学专业教育和社会化培训为主的应急管理人才培养举措值得我们借鉴和学习。因此，基于城市风险管理人才的需求，国内高校本、硕层次的专业教育还需要做出新的规划设计，也需要更加完备的社会化培训体系弥补现下人才培养的不足。

本书根据我国城市风险管理的特征和现状，通过对国内外城市风险管理研究和实践的梳理，提出城市风险管理人才培养体系下政府-企业-社会三元互动的组织和运转机制，分析并提出了城市风险管理中一些关键岗位人才的胜任力模型，并以此为基础对城市风险管理相关岗位的人才培养需求、培养模式等培养体系进行了初步规划，最后对城市风险管理师的职业进行了设计，并给出了从大学教育与社会培训两端丰富完善城市风险管理人才培养、提升城市风险管理人员能力的建议。

其中，考虑到公共卫生人才的培养体系已经比较完善，因此对该类人才培养未做详细阐述。而大数据、金融、安全教育三个方面对城市安全风险管理起到基础性的支撑或辅助作用，其与城市风险相关的人才培养尤为重要却存在明显不足，因而对其人才培养体系进行了较为详尽的阐述。

城市风险管理涉及的内容浩如烟海，推行风险管理的模式和方法百花齐放，城市风险管理培养人才的途径也是多种多样。受能力和时间所限，本书的内容尚有较多不足之处，其中部分观点和理论有待商榷和讨论。冀望本书一石激起千层浪，引起行业领导和专家学者对城市风险管理人才培养的重视，让更多优秀的人才为城市安全护航，实现“人民城市人民建，人民城市为人民”。

金福安

2020 年 10 月

目录

1 城市风险管理对人才的需求

1.1 人才培养的基本理论

1.1.1 人才的概念及其属性

人才一词源于《易经》的“三才之道”，孔子及孔门弟子的《易传》讲：“《易》之为书也，广大悉备。有天道焉，有人道焉，有地道焉。兼三才而两之，故六。六者非它也，三才之道也。”

中国是一个重视人才的社会。自古以来，我们就把人才放在治国安邦的重要位置，形成了一套重才、辨才、选才、用才的人才观。早在西周时期，太师姜尚就提出了“治国安家，得人也。亡国破家，失人也”的思想。唐韩愈慨叹“千里马常有，而伯乐不常有”，说出了辨才之难。孔子在辨才时注重“听其言，观其行”。司马光在选人上提倡“举之以众，取之以公”。古人在用人问题上，主张舍短求长，不拘一格，唯才是举，才尽其用。

对于什么是人才，现代社会的专家学者有很多定义，例如：①新编《辞海》(第七版)对“人才”的解释是：有才识学问的人，德才兼备的人。②中国人才学理论的主要开拓者和奠基人之一王通讯在《人才学通论》中指出：“人才，就是指为社会发展和人类进步进行了创造性劳动，在某一领域、某一行业或某一工作上做出较大贡献的人。”③叶忠海的《人才学基本原理》则说：“人才，是指那些在各种社会实践活动中，具有一定的专门知识、较高的技术和能力，能够以自己创造性劳动，对认识、改造自然和社会，对人类进步做出了某种较大贡献的人。”④俞果在其《人才学基础》中认为，人才是“以主观的智能创造性地运用于实际并卓有成效者”。⑤王鹏在《用人之道》中说：“人才，有脑力劳动者，也有体力劳动者；在有学历、文凭的人员中有，在无学历、无文凭的人员中也有。只要知识丰富，本领高强，对社会进步有贡献者，皆可成为人才。”⑥刘圣恩在《人才学简明教程》中论述道：“人才就是在一定的社会历史条件下在认识世界和改造世界的过程中进行创造性劳动的人……历史性是人才构成的前提，任何一个人都是一定历史条件下、一定社会发展阶段上的人才，脱离社会、离开历史就无所谓人才。实践性是人才的基础，是重要的必要条件，人才是实践中的人才，离开实践的人才是不存在的。创造性是人才的核心，也是人才的最根本的特征，人才与非人才的界限就在于能不能进行创造性劳动。”⑦首都经贸大学黄津孚教授从学术角度阐述人才的概念：“人才是指在对社会有价值的知识、技能和意志方面有超常水平，在一定社会条件下能做出较大贡献的人。人才既包括知识超常的知识分子，又包括技能超常的能工巧匠、艺人和‘领袖’，还包括意志超常的‘英雄’。再简单一点，就是社会需要的高素质的人。”[1]

国外学者大多采用各种素质模型来界定人才。*Trends in Human Capital Management* 一书中用“人才 DNA”模型来界定人才，认为组织的人才必须实现三个要素的合理匹配，即组织所需要的素质模型、个人拥有的能力或素质、组织中的职位，只有满足“人、事、位”三者完美结合的人才是人才。英国特许人事发展协会（Chartered Institute of Personnel and Development，CIPD）在 2007 年的调查报告认为，对“人才”的定义应考虑以下因素：在特定的组织框架下；与行业类型和行业特点密切相关；动态的，很可能随着组织变化而变化。可见，国外对人才的界定更突出人与岗的适配性，认为符合组织发展的人才是人才。

2010 年 5 月的全国人才工作会议，用“人才是指具有一定的专业知识或专门技能，进行创造性劳动并对社会做出贡献的人，是人力资源中能力和素质较高的劳动者”的定义取代了“具有中专及以上学历或初级及以上专业技术职称的人员”这一在 1982 年确立的具体化的标准。2010 年 9 月 10 日国务院新闻办公室发表的《中国的人力资源状况白皮书》沿用了上述新概念，并将人才队伍分为党政人才、企业经营人才、专业技术人才、高技能人才、农村实用人才和社会工作人才。

对人才的定义仁者见仁，智者见智，但把这些定义归纳起来，可以看到从不同角度强调揭示的人才属性，主要包括：①时代性和社会性。即认为人才是在一定社会历史条件下的人才，离开了社会和历史就无所谓人才。②内在素质的优越性。认为人才拥有优于一般人的素质，没有较高的素质，难以成才。③社会实践性。强调实践出人才，人才的劳动成果也必须经过实践的检验。④普遍性和多样性。即认为不仅“行行出状元”，而且不同劳动性质的工作岗位上也有人才。⑤劳动成果的创造性。强调人才的劳动不同于一般人模仿性和重复性的劳动，人才的劳动成果具创造性。⑥贡献的超常性。由于人才的劳动成果往往具有创造性，因而人才的贡献远大于一般人。⑦能力的差异性。即认为不同行业的人才各有所长，同一行业的人才也各有千秋。⑧作用的进步性。认为人才能以其创造活动改造自然、改造社会，因而能够推动人类社会的发展进步。[2]

党的十九大报告指出，人才是实现民族振兴、赢得国际竞争主动权的战略资源。习近平总书记于 2018 年两会座谈时强调“发展是第一要务，人才是第一资源，创新是第一动力”。随着我国经济动力转换、产业转型升级的加快，创新驱动的发展理念贯彻和战略实施，人才在技术革新、经济发展、社会进步中的作用愈发凸显：人才逐步成为经济发展的关键要素、技术进步的核心动力、产业转型的重要支撑。“实现中华民族伟大复兴，人才越多越好，本事越大越好。”要“以识才的慧眼、爱才的诚意、用才的胆识、容才的雅量、聚才的良方，把党内和党外、国内和国外各方面优秀人才集聚到党和人民的伟大奋斗中来”。

1.1.2 人才培养理论综述

习近平总书记指出，为了加快形成一支规模宏大、富有创新精神、敢于承担风险的创新型人才队伍，要重点在用好、吸引、培养上下功夫。人才的培养有其基本的理论，做好人才培养必须遵循正确的理论指导。

1. 人力资本理论

人力资本是指存在于人体之中的具有经济价值的知识、技能和体力(健康状况)等质量因素之和。欧文·费雪(Irving Fisher)1906年发表的《资本的性质与收入》一文首次提出了人力资本的概念。1979年度诺贝尔经济学奖得主西奥多·W.舒尔茨(Theodore W. Schultz)在1960年美国经济学年会上的演说中系统阐述了人力资本理论,此后人力资本对经济增长的贡献逐步为人们所重视。与其同时代和之后的学者从不同的角度对人力资本进行了论述。加里·S.贝克尔(Gary S. Beckar,1964)的《人力资本》被认为是"经济思想中的人力资本投资革命的起点"。20世纪80年代中期以后,以罗默(Paul Romer)、卢卡斯(Robert Lucas)等为代表的一批经济学家突破新古典经济增长理论的分析框架,发表了一批以"内生技术变化"为主要内容的论文,从新的角度分析劳动质量的提高对经济增长的推动作用,构建了"新增长理论"和以人力资本为核心的经济增长模型。

概括起来,人力资本理论的主要思想是:①人力资源是一切资源中最主要的资源,人力资本问题是经济学的核心问题,与习近平总书记所提出的"人才是第一资源"的理念相契合;②在经济增长中,人力资本的作用大于物质资本的作用,人力资本要素存量对技术进步具有深刻的影响,人力资本投资与国民收入成正比,比物质资源增长速度快;③人力资本的核心是提高人口质量,教育投资是人力投资的主要部分,教育实现了知识信息的传递和累积,其投资的经济效益远大于物质投资的经济效益,教育是提高人力资本最基本的手段,所以可以把人力投资视为教育投资问题,生产力三要素之一的人力资源显然还可以进一步分解为具有不同技术知识程度的人力资源;④教育投资应以市场供求关系为依据,以人力价格的浮动为衡量符号。

人力资本理论让我们更好地理解对生产者进行普通教育、在职培训等支出和其接受教育的机会成本等价值会凝结在生产者身上,增加蕴含于劳动者身上的知识、技能和素质的总和,当人力资本要素效用达到一定的规模时会有质的跃升,进而形成更高的生产力。同样,在城市风险管理人才的培养中,对人才教育培训的投资会大大改进城市风险管理人才的工作效率,通过他们的高效工作实现对城市风险的有效管控。

2. 人才成长规律理论

人才成长规律是指人才成长过程中在一定条件下所具有的可重复的必然关系或概率性重复的概率关系。人才的成长受内在规律的支配,人才的培养也必然受其内在规律的制约。对于人才成长规律,王通讯总结了师承效应规律、扬长避短规律、最佳年龄规律、马太效应规律、期望效应规律、共生效应规律、累积效应规律、综合效应规律等,并遵循各种规律,提出相应的人才培养思路。[3]有学者将人才成长规律归纳为人才素质全面性规律、内外因共同作用规律、教育优先规律、人才个体差异性规律、实践成才规律、螺旋式上升规律六个方面,从个人和组织两个角度提出促进人才成长的措施。[4]通过分析成长规律,总结科学的用人方略。

对于人才成长的过程,学者们有着不同的见解。基于时间因素,我国学者将人才发展过程划分为幼儿期、求学期、创造期、成熟期和老年期五个阶段。布鲁姆(B. S. Bloom)把人才学习和才能发展的阶段，分为早期、中期、晚期三个阶段，并总结了各个阶段的特点。中国科学院大学的尚智丛教授为中国青壮年科学家的成长描绘了一个路线（图 1-1）。[5]

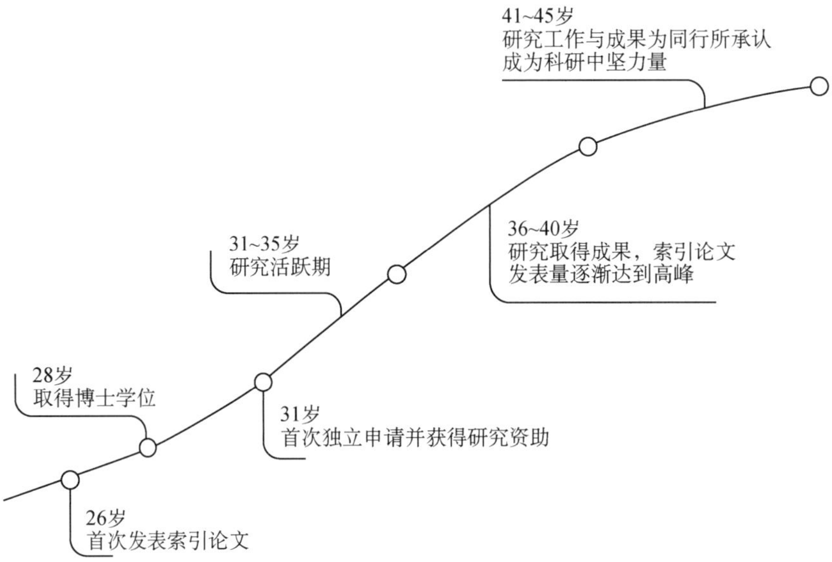

图 1-1　中国青壮年科学家成长路线

从空间因素考虑，要树义将人才成长过程分为两个阶段：第一个阶段主要在学校度过；第二个阶段是学校教育结束后，以立志成业的饱满热情进入社会，走上工作岗位。[6]张莉等在对国际高被引学者的研究中发现，科技人才在成长过程中多有过在两个或两个以上研究机构中进行科研活动的经历。[7]有相当部分的科技人才有在不同国家从事科研活动的经历。

从能力培养的角度考虑，叶忠海指出人才成长过程经历了“准人才→潜人才→显人才→领军人才”四个基本阶段，前阶段的人才开发是后阶段的基础，后阶段的人才开发则是前阶段的发展。[8]王竹萍指出，要从一个普通的学生过渡到具有创新能力的专门人才，必须经过五个阶段，即创新意识萌芽阶段、创新思维形成阶段、创新学习提高阶段、创新能力涌现阶段和创新人格顶峰阶段。[9]郭新艳依据产出性原则，将科技人才成长期大致分为预备阶段、适应阶段、迅速发展和稳定阶段、停滞和退缩阶段以及持续成长阶段。[10]常玮等将年轻科技人才从新员工到成为科研骨干的成长阶段进行了细致划分，即适应期、成长期、提升期和成材期。[11]

现有研究人才成长规律的文献大多集中于对科技型人才成长规律的探讨上，城市风险管理人才虽侧重于管理业务，但城市风险管理人才一定要具备扎实的科技素养，大部分人才甚至是从科技领域转换过来的。因此，这些研究对培养城市风险管理人才同样有借鉴意义。人才成长规律的相关理论提醒我们，城市风险管理人才的培养并非一蹴而就。人才的成长来自组织和个人的共同努力。组织要设计一个系统化的培养过程，营造良好的外部环境，让城市风险管理人才在学习、实践之中不断提升才能，实现全面发展；加强职业道德教育，培育大局意识、担当意识、创新意识。而作为一名城市风险管理人才，要深刻认识自己担负的重要职责，不断学习，完善知识结构;深入实践,积累实践经验,早日成为一个成熟的合格的城市风险管理者。

3. 人才动态使用理论

美国行为科学家麦柯比(M. Maccoby)对12家美国高科技大公司中250位高层和中、基层的男性管理者进行了深入的访问调查,将管理者大约可分为四大类型:工匠型(技术至上者)、丛林斗士型(权力欲旺盛者)、企业人型(循规蹈矩者)和赛手型(胜利的集体中的明星)。[12]心理学家斯泰勃(L. Stybel)根据这种管理者个性特征分类法提出了"人才动态使用"的看法,即组织要想利用每类人才的优势,就不应把人才固定在某种特定岗位上。[13]麦柯比的四类人才划分也提醒高层管理者在搭建管理团队时要注重不同类型人才的合理组合,才尽其用,用人之长。

张莉等的研究认为,在培养人才的过程中,应该为科技人才提供更多更好的机构间流动的机会,促使其走出原机构,也让其接触到不同的科研资源和科研模式,激发其科研思路,从而推动其成长。[7]同时,应该多促成科技人才之间的跨学科交流,让各学科科技人才通过交流发散其思维,拓展思路,发现新的研究课题。

由于城市风险管理的复杂性,对城市风险管理者知识和能力的广度和深度都有着更高的要求,更需要经过多个岗位培养的复合型人才,在横向和纵向的岗位轮换有利于促进不同岗位管理人员的相互理解与合作,减少职业倦怠,增强工作的满意度,促进管理方法和流程创新。同时对城市风险管理人员的动态使用,也是让他们舒缓精神压力、及时学习充电的一种有效途径。

4. 人才集聚理论

集聚效应是一种常见的现象,可以体现在经济、文化、人才等各个领域,也可以体现在北京、上海等地理范围内。国外学者较早开展人才集聚理论方面的研究,我国学者的研究起步于21世纪初。

孙丽丽等认为,高层次人才集聚有四种模式:收益优势依傍性集聚模式、产业集聚推动型集聚模式、"领头羊"效应集聚模式、政府牵引性集聚模式。同时认为,高层次人才集聚会产生正反馈效应、引力场效应、群体效应、联动效应。[14]李乃文指出创新型科技人才集聚的非经济效应在宏观、中观和微观层面分别表现为过度集聚效应、非质变效应和约束效应三种,并提出建立创新型科技人才集聚效应的提升机制。[15]

从对人才集聚影响因素的角度,国外学者希克斯和安德森指出,区域间的利益差异尤其是收入差异是人力资源迁移的首要因素。李光红等的研究指出,影响人才集聚的关键因素包括机会成本、人才努力程度、激励措施。[17]其次,贺继红认为企业文化、薪酬福利制度、教育培训制度、企业家、人力资源供应状况等相互影响、相互制约,决定企业人力资源生态,进而影响人才集聚能力。[18]从环境角度而言,李乃文对产业的经济环境、教育环境和社会文化环境在人才集聚中所起的作用进行了分析。

人才集聚理论启示我们,在城市风险管理的人才培养中,政府要发挥牵引作用,建设良好的引才环境和激励政策,让优秀的人才愿意从事城市风险管理这一职业,并扎根于这一职业不断发展。政府对城市风险管理行业的重视可以体现在以下几个方面:一是对城市风险管理的研究有充足的资金保障,使核心从业人员能够针对城市风险管理的问题开展针对性的研究,并吸引外围的大学、研究所、社会化的智库等投入力量开展研究，形成联动效应；二是对城市风险管理人员在管控城市风险中做出的突出贡献要大力宣传，形成羊群效应，增强他们的使命感和责任感，同时对社会大众进行城市安全风险防范教育。

1.2 城市风险管理特征及面临的主要问题

1.2.1 风险的基本概念

一般而言，公认的风险概念最早可追溯到近代西方的海上探险与贸易，主要是用来代指商船在运输过程中可能遭遇触礁或海难等从而招致损失的危险。

在对风险的研究中，不同领域的研究者给出了不同的认识和理解。概率科学认为，不确定性是风险的起因，风险是不确定性的结果，是一个系统造成失败的可能性和由这种失败而导致的损失或后果。由此引申出四种不同的风险定义。

(1) 把风险视为给定条件下可能会给研究对象带来最大损失的概率。

(2) 把风险视为给定条件下研究对象达不到既定目标的概率。

(3) 把风险视为给定条件下研究对象可能获得的最大损失和收益之间的差异。

(4) 把风险直接视为研究对象本身所具有的不确定性。

从四个定义中可以发现，即使在概率科学领域，研究目的的不同，造成了研究出发点、角度、策略方法的不同，因此对风险的理解也就不同。

20 世纪 60～70 年代，社会学介入了风险研究。玛丽・道格拉斯(Dame Mary Douglas)的风险文化理论成为主流，其主张把社会的风险感知置于理论的中心位置。道格拉斯认为，所谓风险就是我们在某个特定时刻所选择关注的特定危险，关键不在于外部世界中有多少危险、有什么样的危险，而在于我们为什么会在这个时刻来关注这种特定的危险。这种选择不是由理性，而是由不同类型的社会生活方式决定的，每种社会文化都有其特定的风险组合(risk portfolio)。这实际上提出了风险偏好的问题。《风险社会》的作者德国人乌尔里希・贝克(Ulrich Beck)将后现代社会诠释为风险社会，其主要特征在于：人类面临着威胁其生存的由社会所制造的风险。他认为，风险的增多和风险的分配最终会塑造一个风险社会。而且，风险的急剧增长使世界社会收缩成为危险共同体。风险分配的历史表明，风险同财富以颠倒的方式附着在阶级模式之上：财富在顶层集聚，而风险在底层集聚。但风险在扩散的过程中展现出了具有社会意义的回旋镖效应：不只是单一的源头发起还击，会在总体层面上让每个人都受到相同的损害，甚至回击它自己的生产中心。

国际标准化组织(International Organization for Standardization, ISO)的《ISO31000 风险管理——原则与指南》将风险定义为：不确定性对目标的影响，并做了如下的解释。

(1) 现实与期待的偏差——积极和(或)消极。

(2) 目标可以有不同方面(如财务、健康安全、环境目标等)，可以体现在不同层次(如战略、组织范围、项目、产品和过程)。

(3) 风险通常以潜在事件(指特殊系列环境的产生或变化)和后果(事件对目标的影响结果),或它们的组合来描述。

(4) 风险通常以事件(包括环境的变化)后果和发生可能性的组合来表达。

(5) 不确定性就是期望与结果之间的不确定性,指事先不能准确知道某个事件或某种决策的结果。

简单地说,风险,通常是指在既定条件下的一定时间段内,某些随机因素可能引起的实际情况和预定目标产生的偏离。这包括两个方面的内涵:风险意味着损失;损失出现与否是一种随机现象,无法准确判断,只能用概率表示损失出现的可能性大小。

1.2.2 城市公共安全风险种类与特征

当前,我国处于经济、社会、文化全面转型之中,由于城市的社会系统相对开放以及各类要素高频流动,公共安全事件日渐呈现出多样性、复杂性、扩散性、紧迫性和高度不确定性等特点。通常,将突发事件分为自然灾害、事故灾害、公共卫生事件和社会安全事件。在此基础上进一步细分,城市公共安全风险主要有以下几类。

一是公共场所人员密集的潜在隐患。城市公共场所往往人口高度集聚、人流高频流动,大规模的人员集散潜藏着许多安全隐患,仅 2014 年我国就发生了“3・4 广州地铁五号线踩踏事故”“9・26 云南昆明明通小学踩踏事故”“12・31 上海外滩踩踏事件”等多起恶性拥挤踩踏事件。

二是复杂脆弱的城市生命线风险。城市生命线工程主要包括城市管网、道路交通以及电力、通信、燃气、热力、给排水等。由于经济的快速发展,现代城市的基础设施多数处于超负荷状态,其材料和结构的性能由于老化、腐蚀和反复荷载作用而疲劳或蜕化,或由于缺少成熟的设计规范,灾害发生时易损性较高。

三是城市工业危险源风险。伴随着大规模工业化而逐渐累积的危险源,可能引发连锁反应并危及城市安全。2013 年“11・22 青岛输油管道爆炸事件”和 2015 年“8・12 天津滨海新区爆炸事故”等均以惨痛事实警示我们,管控城市工业危险源须臾不可疏忽。

四是城市自然灾害隐患。随着城市规模逐步扩大,人口超饱和、建筑空间拥挤、防灾减灾能力差等问题越来越突出,城市自然灾害的危险性和影响呈现出逐步扩大的趋势。其中对城市生产、生活危害最大的是暴雨和洪涝等气象灾害及由此带来的泥石流、地面坍塌、山体崩塌等地质灾害。2012 年“7・21 北京特大暴雨”就是一起典型案例。

五是城市突发公共卫生事件风险。由于城市人口高度集聚,突发公共卫生事件的发生概率更高、传播面更广、扩散速度更快。近年来,“非典”、禽流感、手足口病等新发传染病层出不穷,特别是 2020 年突如其来的新型冠状病毒对人类健康构成了新的威胁,同时也给城市公共卫生系统带来极大考验。食品安全风险亦不容忽视,初级农产品污染问题与食品加工、运输、仓储过程不规范形成的食品质量安全问题既难发现又难监管。

六是暴恐袭击与破坏风险。城市公共场所人员密集、管控难度大、社会影响范围广，往往成为暴恐袭击的目标。比如2013年“10·28天安门暴力恐怖袭击案”和2014年“3·1昆明火车站暴力恐怖案”“5·22乌鲁木齐沙依巴克早市爆炸案”等都给城市公共安全带来了较大威胁。

七是城市生态环境破坏风险。在快速城市化进程中，对自然资源无节制的开发与污染物的肆意排放，加剧了对生态环境的破坏。比如，城市高密度的经济社会活动必然会排放大量细颗粒物($PM_{2.5}$)，一旦排放超过大气循环能力和承载度，细颗粒物浓度将持续积聚，以致出现大范围雾霾，影响居民正常的生产生活。

八是交通安全风险。近年来，城市汽车拥有量增长迅速，交通系统负荷大。行人与驾驶员不文明的交通行为、车辆超速超载、极端恶劣天气等都易造成城市道路交通事故，占用大量道路资源，极易形成交通堵点和乱点，造成城市交通整体运行效率的下降甚至大面积交通瘫痪。

九是安全生产风险。安全生产风险主要有两个方面：一是建筑施工安全风险。我国的大多数城市仍处于不断建设之中，城市工地密布，基坑开挖、高空塔吊等操作处置不当都易出现安全问题。二是制造业生产安全风险。如2014年8月2日，江苏昆山中荣金属制品有限公司抛光二车间发生特别重大的铝粉尘爆炸事故，当天造成75人死亡、185人受伤。此外，对于资源型城市还包括矿山安全风险等。

十是社会稳定风险。城市社会稳定的风险主要由经济转型升级带来的就业问题、金融领域安全风险问题、新经济带来的利益群体间利益冲突问题、传统领域矛盾造成的群体问题以及境外敌对势力渗透煽动出现的意识形态与暴恐问题等。

对北京、上海、天津等超大城市，城市公共安全问题除了上述的十类风险，还有着更加突出的特点，主要表现在以下五个方面。

一是高度密集性。超大城市不仅聚集了大量人口和资源，而且往往存在于有限地域之中，交织成一张完整而复杂的密集型网络，由此带来了更多的风险隐患和更大的风险压力。随着经济社会的高速发展，城市密度不断增大、节奏不断加快，高密度的建筑群、稠密的人口、错综复杂的路网、集中的社会活动等，均使得城市公共安全隐患与日俱增。

二是快速传导性。当前，交通运输和信息通信的快速发展，使地域连通能力不断增强，公共安全风险不再局限于特定的时间与空间内，而是能够在不同区域间快速传递与流动。城市突发事件的危害后果呈现出快速扩散、迅速传导的趋势，局部风险也可能会对整个地区产生实质性影响。

三是高速累积性。超大城市经济高度发达、人口高度密集、活动高度频繁，风险点众多，风险聚集极快，风险能量不断积累。部分风险点往往超过城市系统的自我完善和修复能力，会以破坏性的方式释放出来从而强制达到新的平衡，这一过程会产生极其剧烈和严重的后果。

四是相互叠加性。超大城市作为一个复杂而精密的系统，自身潜在的风险可能会产生很强的叠加、连锁和发散效应。近年来，国际上超大城市面临的自然灾害、事故灾难、公共卫生事件、社会安全事件等公共安全问题，大多属于相互叠加的系统性风险。这些风险具有连锁传导效应，能够在城市的自然生态、基础设施和社会群体等层面之间相互渗透、互相影响，对整个城市安全构成威胁。

五是明显圈域性。超大城市并非孤立存在，而是与周边地区紧密联系、相互作用，形成一个功能完备、分工明确的城市群。在这个城市体系中，任一板块发生危机，都可能波及并传导至整个体系，需要通过紧密合作来共同应对化解突发风险。

城市风险的特征启示我们，城市风险管理人才的培养要从政治、经济、技术、社会等多角度赋予他们知识和能力，要培养复合型人才，系统地分析处理城市风险，而不能头痛医头、脚痛医脚；要培养具有时代特征的创新型城市风险管理人才，使他们能够针对特定城市的经济社会发展阶段，抓住城市风险管理的主要矛盾和矛盾的主要方面，采取创新性的策略和措施，对城市风险实施有效治理；要注重开发城市风险管理人才的情商，特别是在城市风险事件处置中能够有充分的合作精神和临危不乱的稳定心态，能人际间、部门间乃至城际间协同协作处置城市风险事件，在面临危机压力时能够保持清醒的头脑，提出科学合理的处置方案。此外，城市风险人才的培养应打牢民众基础，培养全民的风险意识，形成城市风险文化，对无处不在的城市风险实行一场“人民战争”，让风险无所遁形。

1.2.3 城市风险管理的主要特征

1. 管理对象的多样化

从城市风险的十大分类可以看出，城市风险管理的对象包括自然、社会、经济、文化、工程技术等各个方面，而且这些方面相互影响，某一方面的微小问题经多层传导，就可能造成另一个方面的危险或灾害。特别在互联网时代，网络放大效应使得社会风险传播速度越来越快，社会动员能力日益增强，许多复杂社会矛盾交织在一起，使得群体性事件和集体行动频频出现且更难预测。以自然环境为例，城市自然环境要素包括组成城市自然环境的土地、大气、河流、阳光、水分以及动物、植物、微生物等。由于城市空间的有限性，人类在城市的生产生活等活动势必对这些自然环境要素造成各种影响，所以要对这些活动及其影响结果进行管理。如为了保护土壤、大气和水，应限制城市生产企业的废水、废气、废物“三废”的排放，并对受到“三废”污染的土壤、大气和河流进行治理，否则就可能造成危机，比如 1952 年伦敦大雾事件。

2. 管理主体的多元性

由于城市风险几乎无处不在，因此城市风险管理应该是每个城市居民的责任。政府应该更好地发挥动员、组织、协调作用，城市政府的各个部门都承担有一定的城市风险管理职能和职责。如《北京市城市安全风险评估试点工作方案》（京安发〔2017〕6 号）明确了负有安全管理职责的部门及其职责，横跨了市住房城乡建设委、市城市管理委、市交通委、市水务局、市商务委、市文化局、市安全监管局、市体育局、市园林绿化局等众多的主要委办局。纵向上，城市风险管理也包括了多个层次的管理部门，如《北京市城市安全风险评估试点工作方案》在市级层面下，对各区、各乡镇、街道以及公园管理中心和 13 家国有企业的职责予以了明确。

3. 管理目标的综合性

不同的城市风险，其管控的手段和过程可能有所差异，但其目标应该具有高度的综合性，围绕这一个明确的目标形成有效的管理模式。冷战后英国实行以复原力（resilience）为中心的模式：在突发事件方面，从以往以国家安全为主的单一性外来威胁，向新时期自然危险与人为威胁交织的复杂风险转变；在中央与地方关系方面，从以往中央主导的自上而下管理模式，向以地方响应为基础的自下而上模式转变；在应对主体方面，从以往局限于以公共部门为主的封闭圈，向跨部门、跨地区的开放性、整合性模式转变；在危机沟通和信息发布方面，从以往主要局限于政府内部的秘密运作模式，向强调信息公开透明的开放模式转变。[20]

4. 管理过程的复杂性

按照理想模式，城市风险管理的流程主要应包括以下七个步骤。

第一，城市风险监测，主要是借助城市运行中心的信息平台，对城市运行系统的各个组成部分，特别是城市网络的重要关节点实施 24 小时不间断地监控，及时收集、汇总相关数据。

第二，城市风险识别，主要是在对城市运行相关数据进行初步分析的基础上，对可能造成城市运行安全威胁的风险进行描述、研判和筛选，确定风险评估的重点对象。

第三，城市风险评估，主要是对城市重点风险影响的幅度、频度及城市系统的控制与承受能力进行 HVC（Hazards, Vulnerability, Capaeity）评估，将风险分别归入可接受风险、可容忍风险和不可容忍风险三类，并按类进行风险排序。

第四，城市风险登记。城市风险登记是城市风险评估的输出，表现为城市风险登记表及城市风险地图。由城市风险管理的权威部门根据“风险＝可能性×影响”的标准，对不同的区域、设施等的风险赋值而得到，对可能产生潜在影响的各种自然灾害和人为威胁风险进行标识。[21]

第五，城市风险决策，主要是借助风险评估的分类和排序结果，根据可掌控资源的情况，列出处置风险的备选方案，从中选出最优方案，并持续有针对性地为可能发生的安全事件做好应对的思想、物质、人力等准备。

第六，城市风险处置，主要是根据最优方案，对风险实施不同的处置手段：可接受风险返回继续监测；可容忍风险采取日常手段以降低风险；不可容忍风险则需要城市管理部门采取特殊手段来加以应对。

第七，城市风险沟通，主要是指在城市风险管理的全过程中，将风险的信息及时传递给公众，消除公众的顾虑，促进公众的配合。对于城市运行安全态势，我们需要不断地进行跟踪与监测，动态地更新评估内容，并做出相应的风险决策与处置。在整个过程中，非常有必要建立与城市社会公众良好的沟通关系。

在日常工作中，还要持续地进行能力分析和应急准备评估。所谓能力分析是指确定和收集城市风险管理部门及管理人员在实际安全事件发生时，成功处置相关问题的能力的评判检验过程。应急准备评估则是指对政府、生产经营单位的应急管理机构、应急预案编制、应急培训、应急演练、应急队伍、应急资源等进行评估，以确保其具备相应的应急准备能力，保存其持续改进机制，并形成书面报告的活动。

当影响城市运行安全的风险因素演化为突发公共事件时，城市运行管理部门与应急办进行交接，启动城市应急系统，有效地进行应急处置和应对，做好善后恢复工作，并与城市运行中心进行交接。

5. 管理手段的可选性

城市风险管理中政府发挥着主导作用，但不能忽视市场机制的作用。近年来，上海运用市场机制助力超大城市风险防控取得了良好的效果。针对台风、暴雨、洪水产生的人财物损失启动保险理赔，上海市探索“政府引导，市场运作，多层保障、风险共担”的巨灾保险新模式于2018年5月在黄浦区落地。在该模式下，一旦出现重大气象灾害，保险公司、气象部门等将发挥各自的专业优势，联合面向黄浦区各个社区、街道，聚焦高风险区域、风险防范重点单位，开展有针对性的灾害性天气服务。①

信息技术推进城市风险管理手段不断演化。人们利用大数据技术从多个维度提出大数据驱动的风险管理决策框架，进而构建城市公共安全风险智慧治理模式。借助物联网、遥感、大数据等技术手段建立具有数字化特征的风险演化模型，剖析风险形成、发展、衰退和演化机理。在微观和宏观层面，能够实现对处于不同阶段、不同状态下的风险在合适的时间和位置由最佳的治理主体通过恰当的方式进行管控，从而在最大程度上缓解、消除或降低风险可能带来的潜在损失，进而保障城市居民工作和生活的稳定性。[22]

6. 管理结果的时效性

城市风险管控的结果具有高度的时效性。无论是工程风险，还是社会风险，都有其最佳预警、处置时间，如果在这个时间不采取行动，无论过早或过迟行动都极可能形成安全事故、突发事件。2014年12月31日，上海外滩陈毅广场发生踩踏事件，造成36人死亡、49人受伤。当晚事故发生前23:20左右，在网络上检索关键词如“灯光秀取消了么”和“灯光秀门票”等的民众数量迅速增加。如果上海相关部门能够据此对民众互动情况、移动行为及网络关键词进行风险分析，并及时采取相应的引导和安全措施，这一灾难或许不会发生。

7. 管理范围的跨界性

一方面，城市风险管理具有地理上跨地区、功能上跨部门、时间上跨周期的特性。以环境风险为例，由于城市经济活动日益活跃，长三角地区纵横交错的江河面临着严重的生态风险。2007年5月和6月期间，太湖蓝藻大面积暴发，造成无锡全城自来水污染。但另一方面，各自为政的行政管理方式使得治理成效大打折扣。要以流域为治理单元来确定长三角区域总体目标、区域省市各自目标，并根据实际情况进行协调和平衡。仍以太湖为例，太湖横跨江、浙两省，北临无锡、常州，南濒湖州，西依宜兴，东近苏州。太湖生态的治理不能够落在无锡一城一市身上。

---

① 上海：运用市场机制助力超大城市风险防控，中国气象网，2019年1月11日(http://www.cma.gov.cn/2011xwzx/2011xgzdt/201901/t20190111_512352.html)。

美国为了在相互比较独立的各州间建立应急互助机制，以州际协议作为新型政府间关系的法律契约安排。跨域公共事务管理的府际协作制度以及解决州际争端的重要协调机制在美国包括应急管理在内的诸多领域中得到了广泛应用。应急管理援助协议（The Emergency Management Assistance Compact，EMAC）即为弥补各州独立应急在资源与能力方面的缺陷，由各州通过谈判、协商达成，并经由国会批准的州际互助协议。应急管理援助协议规定应急协助范围覆盖飓风、洪水、地震、雪崩、泥石流、火灾、桥梁坍塌、停电、空难、恐怖袭击等各类突发事件，并由应急管理援助协议执行工作组（The EMAC Executive Task Force）负责应急管理援助协议的日常管理，确保州际协作随时处于常态化应急准备状态。[23]

1.2.4 城市风险管理面临的主要问题

1. 体制机制亟待理顺

习近平总书记2016年7月在河北唐山进行考察调研时提出关于防灾、减灾、救灾三者之间关系与要求的论断，需要把握好“两个坚持、三个转变”，即“坚持以防为主，防抗救相结合；坚持常态减灾和非常态救灾相统一”。“从注重灾后救助向注重灾前预防转变；从应对单一灾种向综合减灾转变；从减少灾害损失向减轻灾害风险转变”。并指出，当前和今后要着力从加强组织领导、健全体制、完善法律法规、推进重大防灾减灾工程建设、加强灾害监测预警和风险防范能力建设、提高城市建筑和基础设施抗灾能力、提高农村住房设防水平和抗灾能力、加大灾害管理培训力度、建立防灾减灾救灾宣传教育长效机制、引导社会力量有序参与等方面进行努力。

2018年3月21日，中共中央印发了《深化党和国家机构改革方案》，新组建成立应急管理部，标志我国应急管理进入了一个新的历史时期。应急管理部整合了国家安全生产监督管理总局的职责，国务院办公厅的应急管理职责，公安部的消防管理职责，民政部的救灾职责，国土资源部的地质灾害防治、水利部的水旱灾害防治、农业部的草原防火、国家林业局的森林防火相关职责，中国地震局的震灾应急救援职责以及国家防汛抗旱总指挥部、国家减灾委员会、国务院抗震救灾指挥部、国家森林防火指挥部的职责。

应急管理部主要职责是：组织编制国家应急总体规划，推动应急预案体系建设和演练；建立灾情报告制度；统一调度应急队伍建设和物资储备；组织救灾体系建设；承担国家应对特大灾害指挥工作；指导预防和控制火灾、洪水灾害、地质灾害等。应急管理部职责主要集中应对自然灾害和事故灾难两大类突发事件，而不包括公共卫生事件与社会安全事件。

应急管理部的成立推动我国的应急管理进入全面应急管理阶段。但应急管理部的成立，并不是应急管理体制改革的结束，而恰恰是应急管理体制改革的开始。传统的救援体制、机制与法制、思维，也并不能因为机构的改革而一步调整到位，需要时间来消化和重构，从简单的叠加到有机的融合，职责的整合必然催生运作模式的变革，以应对城市化深入推进过程中城市灾害事件由单一事件向连锁性、衍生性和综合性特征的演变。进一步整合优化应急力量和资源，加强应急管理的整体谋划、综合统筹，做到全员、全对象、全过程、全方法的“四全”应急管理。

从内部来看，应急管理部原有的应急力量组成单位差别很大，既有解放军、武警部队等强力部门，也有地方力量(表 1-1)。将这么多来自不同体制、采用不同运行机制的部门和人员整合到一个新的部门，必然要打破原有的体制和机制，必须通过科学严谨的顶层设计，建设一套更加优化、协同、高效的体制机制，促进所有人员改进思维、提高认同、提升能力，才能逐步形成统一指挥、专常兼备、反应灵敏、上下联动、平战结合的中国特色应急管理体制。

表 1-1　　我国原有应急力量组成单位[24]

序号	任务(主要责任部门)	力量组成
自然灾害类		
1	洪涝与旱灾(国家防汛抗旱总指挥部、水利部、气象局、民政部、地方政府)	国家防汛抢险救援队 3 万人，由解放军工程部队共 19 个旅团承担
2	地震(国务院抗震救灾指挥部、地震局、建设部、民政部、地方政府)	国家级及省级地震灾害救援队 2 000～5 000 人。依托内卫武警与公安消防组队
3	滑坡、泥石流等地质灾害(国土资源部、民政部、地方政府)	消防救援队兼任，军队与武警参加
4	海上风暴潮、台风等(国家海洋局、民政部、地方政府)	海上搜救设 3 个救助局、3 个打捞局和 4 个救助飞行队，人员近万人
5	森林火灾(农业部、林业部、地方政府)	武警森林部队及地方林业扑火队约 2 万人
生产事故类		
6	地面交通事故(公安部交通局)	由消防与医疗人员承担救援
7	旅游事故(旅游局)	队伍未定
8	城市火灾(公安部消防局)	公安现役消防队、合同消防队、地方专职消防队、企业专职消防队，共 30 万人
9	生产事故(安全生产监管总局)	安全生产专职应急救援队伍

从外部协同来看，重大突发事件的应对还需做到“五跨协同”，即建立跨层级、跨地域、跨系统、跨部门、跨业务的系统。在自己的职责之外，在应对公共卫生和社会安全事件时，还要与卫健委、公安部等有关部委建立密切、长效联系，以便紧急状态下可以共同发力、协同应对。国家和地方应急管理部门还要切实指导好企业、志愿服务组织以及社区等开展好应急处置的培训、演练等工作，在应急事件发生时，协调民间应急救援组织与政府救援力量密切合作，发挥好市场机制和社会力量的作用，从而使救援效果最大化。

2. 人才培养能力亟待提升

从我国现有应急力量的构成看，消防队伍将成为应急救援力量的主体。其他救援力量或独立存在，或融于消防队伍，但消防队伍始终是中坚力量。与发达国家相比，我国的消防队伍数量明显存在差距，如美国消防队员与人口的比例为 1∶3 000，而我国消防队员与人口的比例为 1∶7 000，我国在民间救援力量建设上也与发达国家存在着显著的差距。

在复杂场地、恶劣环境下的救援工作既要求身体素质，还需要专业的知识和技能。现代的陆上救援、海上救援及山地救援，其救援主体行动包括搜索行动、营救行动和医疗急救，三者需要三种专业技能。行动的技术支持专业包括毒险品检测专业、构(建)筑物评估学、重型起重及其他特种机器操作，也需要专业知识和专业技能。应急管理人员需要的专业知识包括任务研判、形势分析、定下决心、组织计划、信息获取、媒体发布、对外协调、安全控制等众多管理学知识。行动保障专业包括后勤保障(营房、财务、道路交通与油料、特需服装与食品等专业知识)、通信保障与安防保障技能。在社会安全事件处置中应急管理人员还需要情报、心理、法律、谈判等更多的知识和技能。为获取这些知识和技能，应急管理人员都应该经过专门的院校培养和训练。

但我国目前在高等教育层面对应急管理人才的培养严重不足。

一是专门培养应急管理人才的高等院校数量少。目前只有一所直接隶属于国家安全生产监督管理总局的安全专业院校，即华北科技学院(原为北京煤炭管理干部学院)；一所国家安监局与地方政府共建高校，即河南理工大学；一所消防院校，即公安消防部队高等专科学校，以及若干散落在各个高等院校中的安全工程、消防工程等专业。每年培养的安全专业人才总计不过千人，无论在数量上还是在质量上都无法满足应急管理人才培养的需求。而美国位于马里兰州埃米茨堡的应急管理学院(EMI)与国家消防学院(NFS)，每年大约有 17 000 名学员就读并住校学习课程。

二是其他普通高等学校在专业设置以及课程体系方面没有为应急管理人才培养提供有益的补充。如在土木工程专业中是否设置工程风险管理与工程事故救援方面的课程，以培养学生在工程现场第一时间识别、控制、消除工程险情；在社会学专业或信息管理类专业是否设置社会信息与情报方面的大数据课程，以在智慧城市建设中关注城市风险预警系统的建立；在城市规划专业中是否设置城市风险管理方面的规划课程，以从源头建立大规模的灾害技术防护和物理防护系统等。暨南大学在 2008 年 12 月成立了全国第一个危机与应急管理的本科专业，并于 2009 年成立全国第一个应急管理学院。

专家估算，参照美国消防队伍中急救士的比例，未来我国可能需要 40 万名急救士加入救援专业化队伍。为满足应急管理人才培养的需要，未来我国应该建立起种类齐全的以防灾减灾、应急管理为主的大学或职业学院，也应该推动其他大学设置相关专业或开设相关课程，并为之建立起完整的教材体系。

案例 美国德州危化品事故处置

2015 年 8 月 14 日下午四点半，美国德州一家石油工业供应公司发生火灾爆炸后，在应急救援的同时，政府的紧急通知体系启动运行，通知火灾现场两英里(约 3.22 千米)内的居民关闭空调待在室内。

消防局局长吉米·威廉姆斯告诉 CBS 的附属电视台 KHOU，官方决定先让火燃尽，以防止其中有危险化学品。

消防部门寻找火灾起源，找出正在燃烧的物品，以便确定使用何种阻燃剂。现场有超过 50

名消防员以及一支危化品处理小组。下午六点左右，开始使用泡沫灭火，事故并未造成任何人员伤亡。

案例处理的整个过程看似波澜不惊，但其中凸显了应急救援专业化的重要性，事故发生后专业化的人员按照专业化的程序有条不紊地开展专业化的救援：应坚持科学性，不盲目救援，造成二次伤害；应坚持程序性，按照预案实施（居民通知、舆情发布）；应坚持生命至上，既要救助被救助者也要保护救助者。

3. 公众风险意识亟待提高

城市风险管理必须以人为中心。一方面，加强城市风险管理，是为了更好地维护城市居民的生命和财产安全，让人民群众生活在一个安全祥和的社会中，实现人民群众对美好生活的向往。另一方面，城市风险管理依赖广大城市居民的共同行动，人人参与，一起来维护社会的安全祥和状态，其中最关键的是要提高城市居民的风险意识。

海因里希理论认为，1 起重大事故背后意味着 29 起未遂事故，意味着 300 次事件，意味着无数的隐患、不安全状态及不安全行为。公众作为风险的直接作用对象，所具有的天然敏感性以及其人数众多且不乏专家学者的特点决定了公众参与对城市风险识别预警可发挥独特作用；城市风险防范预测阶段的公众能动性发挥、公众与政府的信任和互动均可有效避免风险演化为安全事件；在灾害发生后公众的自救、互救和自我管理能有效缓解财产损失、心理伤害以及恐慌感从而提高应急处置效率。因此，公众参与是提升城市风险管理效能的理性选择。

随着信息社会的高速发展，公众所能接触的安全知识越来越多，但是大多数人在即将面对或者已经面对突如其来的灾难时，要么没有警觉性，要么惊慌失措，错过自救或者救他人的机会，以至于酿成惨剧。由于知识并不会主动地转化成意识，因此要不断提高公众的安全意识，形成具有城市特色的安全文化。

目前，公众需要在以下几个方面进一步提升风险意识：一是提升参与城市风险管理的主动性和自觉性，形成与政府高效协同的公共安全价值观，增加在城市风险管理中参与的广度与深度，使每个人都认识到自己是城市风险管理中不可或缺的主体之一；二是增强识别、防范风险的知识素养和专业技能，提高自救与互救能力，在灾害或社会事件发生后保持镇静、不听信谣言，理解、配合、支持政府的风险管理行动；三是熟悉城市的风险信息沟通机制，能与政府相应的风险管理部门进行有效互动，如在发现风险点后及时向有关部门反映，了解城市政府发布的各类预警信息的内容，及时快速使用求助手段。

对政府来说，则是要突破惯性思维模式，摒弃“大包大揽”的传统观念，确立合作共治理念，明确社会工作在城市风险管理中的主体地位，全面扎实地实施公共安全教育，与公众形成双向互动的、相互依赖的伙伴关系，在城市风险管理中平等参与、相互信任和相互合作。逐步完善和落实公众参与城市风险管理的法律法规和相关制度，既确保公众参与权的有效行使和参与渠道的畅通，又明晰公众承担的具体责任，规范参与行为，确保参与的有效性。

公众风险意识的提高有利于厚植城市风险管理人才培养的土壤，吸引更多的优秀人才参与城市风险管理，加入城市风险管理队伍，从而提升城市风险管理队伍的整体素质。

案例　上海外滩踩踏事件

2014年12月31日23时35分，很多游客市民聚集在上海外滩迎接新年，在上下人流不断对冲后陈毅广场东南角通往黄浦江观景平台的人行通道阶梯处底部有人跌倒，继而引发多人摔倒、叠压，致使拥挤踩踏事件发生，造成36人死亡，49人受伤。外滩“12·31”拥挤人群踩踏事件考验着城市管理智慧和技术问题，暴露出公共安全领域系统脆弱性，主要原因有以下几点：①城市政府与公众在灾害管理中沟通不畅。对跨年地点变更风险评估及宣传准备应对不到位，导致信息不对称。②公共场所硬件设施规划不合理，不利于人群流动，疏散区域几乎为零。③大城市的灾害管理模式与快速扩张的城市规模不相协调。其一，缺乏城市应急联动统一指挥系统平台；其二，各职能部门在城市灾害中扮演的角色模糊，缺失联动救援能力。④城市灾害意识及公民的防灾安全意识淡薄，尚未评估城市存在的各种潜在风险。

4. 风险管理技术亟待突破

当前，城市建设与发展处于一种风险社会和信息社会共存的复杂环境之中。随着“互联网＋”、大数据、物联网、人工智能等新思维、新技术的发展，城市风险管理正在从专案应对、体系建构阶段，转为能力提升阶段，即在新环境下充分利用现代信息技术，有效地支持城市风险管理的快速响应与协同联动，支撑城市风险管理迅捷化、有序化、科学化。

然而，目前的城市风险管理信息化建设仍然处于比较初级的阶段。在智慧城市的构建中，数据、算法、算力三个要素缺一不可。从数据的角度看，一是城市风险管理的各种必要性（基础性）数据资源和信息支持难以实现互联互通，大量存在应急数据库、领域库、预案库、专家库等多种资源库建设参差不齐、标准不一、质量欠缺等问题。二是城市应急决策主体、业务工作者等对信息（大数据）的认知还停留在信息的上传下达层面，主要工作重心放在了信息报送、信息发布、舆情管控等方面，而没有迈入数据驱动范式时代，不能有效进行数据分析，并发挥数据分析报告的决策参谋作用。三是城市风险管理工作涉及多个机构数据、信息资源的利用、调用、汇集与借用等，受保密、受限、保护等因素影响，其协同共享的固有藩篱难以打破。这些问题极大地阻碍了数据的利用，降低了数据的价值。

从算法的角度看，城市风险管理数据的分析、综合过程中涉及的流程、技术、工具、模型和算法等，是城市风险管理工作专业化、精细化、科学化的关键支撑。目前，支持复杂态势下城市突发事件监测、预警与响应的软件信息平台还未见有效的应用。通过系统化的工具方法实现对城市突发事件全源数据信息的采掘、汇聚、描述与编码，进而利用各种数据挖掘、细粒度检索、信息碎片整合、语义推理等技术，从海量城市风险大数据中找出风险因素，最后实现群智研讨环境开发、应急方案整合、情报报告解读、专家意见整合、决策参考智能生成等，这些都是城市风险管理信息技术创新的重点领域。

同时，不同的企业对信息技术在不同场景的精准应用还不多。比如在对大型活动或容易形成人群聚集的公共场所进行风险管控时，可以通过部署在路口、地铁站口、建筑物出入口等室内外场点的视频技术装置及GIS实时热点地图等，用于人流检测、人流追踪、轨迹记录、人群密度识别。同时，在一些重点区域可部署探测器、无人机携带的视频设备及人脸识别图像采集设备等，实时监控并采集现场人群的异常行为信息，用于判断人群聚集的风险程度。根据风险分析的结果，通过现场广播系统、LED显示屏及短信群发设备等发布现场信息，对现场警力进行预警信息发布和处置指令的发送，消除在拥挤状态下可能发生的谣言。

5. 风险管理法律亟待完善

应急管理法律法规体系是应急管理的依据和保障。当前，《中华人民共和国突发事件应对法》是我国应急管理的基本法，根据不同灾种，全国人大常委会、国务院及其各部门也出台了相关法律法规（表1-2）。

表1-2 应急管理的主要法律法规

序号	名称	时间及文号
1	《中华人民共和国突发事件应对法》	2007年11月1日施行，中华人民共和国主席令第六十九号
2	《中华人民共和国安全生产法》	2002年11月1日起施行；2021年6月10日修订，2021年9月1日起施行，中华人民共和国主席令第八十八号
3	《中华人民共和国防洪法》	1998年1月1日起施行；2016年7月2日修订，中华人民共和国主席令第四十八号
4	《中华人民共和国防震减灾法》	1998年3月1日起施行；2008年12月27日修订，2009年5月1日起施行，中华人民共和国主席令第七号
5	《中华人民共和国抗旱条例》	2009年2月26日起施行，中华人民共和国国务院令第552号
6	《铁路交通事故应急救援和调查处理条例》	2007年7月11日公布，2007年9月1日起施行；2012年11月9日修订，2013年1月1日起施行，中华人民共和国国务院令第628号
7	《关于推进城市安全发展的意见》	中办发〔2018〕1号
8	《国务院安委会办公室关于进一步加强安全生产应急预案管理工作的通知》	安委办〔2015〕11号
9	《突发事件应急预案管理办法》	国办发〔2013〕101号
10	《生产安全事故应急预案管理办法》	2009年4月1日公布，2009年5月1日起施行；2019年7月11日修订，自2019年9月1日起施行，中华人民共和国应急管理部令第2号
11	《生产经营单位生产安全事故应急预案编制导则》（GB/T 29639—2020）	2020年9月29日发布，2021年4月1日起实施，是在GB/T 29639—2013的基础上进一步修订

《中华人民共和国突发事件应对法》(以下简称《突发事件应对法》)对突发事件的应急原则、监测与预警、应急处置与救援、事后恢复与重建等都做出了规定，但由于管理分散、行政和执法主体多元，突发事件应急管理法规制度尚未形成统一的体系。随着我国工业化城镇化不断发展，气候环境变化加剧，自然灾害增多，重特大事故频发，威胁公共安全的突发事件时有发生，给我国应急管理提出了挑战，现行的应急管理法律法规已经不能适应新形势、新要求。

一是"一案三制"中的法制和体制、机制建设有待加强，应急管理法律法规不健全，现行的部分应急管理法律法规权责界定不够清晰，缺乏法律的约束和规范，各级各类应急预案针对性、可操作性不强，缺乏具体的实施细则、实施办法，尤其是针对紧急行政程序的法律规范严重不足。

二是我国地区之间、部门之间的合作机制和应急协作规范制度不健全，缺乏标准化、模块化的应急指挥组织规范，在信息通报、资源共享、联合演练、协同处置等方面呈"碎片化"零散状态，在平时缺乏标准化、程序化的信息交流和联动合作，在紧急情况下缺乏重要救灾要素的快速集成机制。

三是社会力量参与应急救援在政府购买服务、资金保障、保险保障、费用补偿、伤亡抚恤、荣誉奖励、突发事件现场准入和培训考核等方面，存在法律法规相关政策不健全的问题，企业、社会组织和志愿者缺少有效的组织协调，没有建立规范化、程序化的社会合作机制。

四是应急管理法律法规宣传教育和普及工作薄弱，如《突发事件应对法》等法律法规的公众知晓度、认同度、适应度和配合度等，亟待进一步提高。[25]

目前，美国联邦政府有关突发公共事件的法律法规有100多部，配套的行政法规涵盖反恐、自然灾害、事故灾难等各个方面，相应地各州和地方政府也都制定了较为健全的应急法律。因此在联邦和州两个层面形成由专门、相关和其他应急管理法律三类法律体系(图1-2)。[26]

联邦宪法奠定了美国应急法律的基础；专门应急管理法主要围绕着应急对象、范围、职权划分和联邦协调等几个方面，对联邦和州政府的应急管理职责和关系做出了法律规定，是应急管理法律的主线；而相关应急管理法和其他应急管理法是对开展更加专业和更加全面应急管理工作的具体要求和规定，更是对主线法律的补充和完善，对具体工作的开展具有很大的指导意义。归纳起来，美国应急管理法律主要有以下七个特点：①明确规定了应急管理的对象和范围；②明确规定了政府应急管理的职责权限；③明确规定了政府相关部门在应急管理工作中的职责；④明确规定了应急救援指挥权限；⑤明确规定了州政府在联邦应急管理介入后的职责；⑥明确将更多社会力量纳入应急管理体系；⑦明确对特殊群体提供精准应急服务。[26]

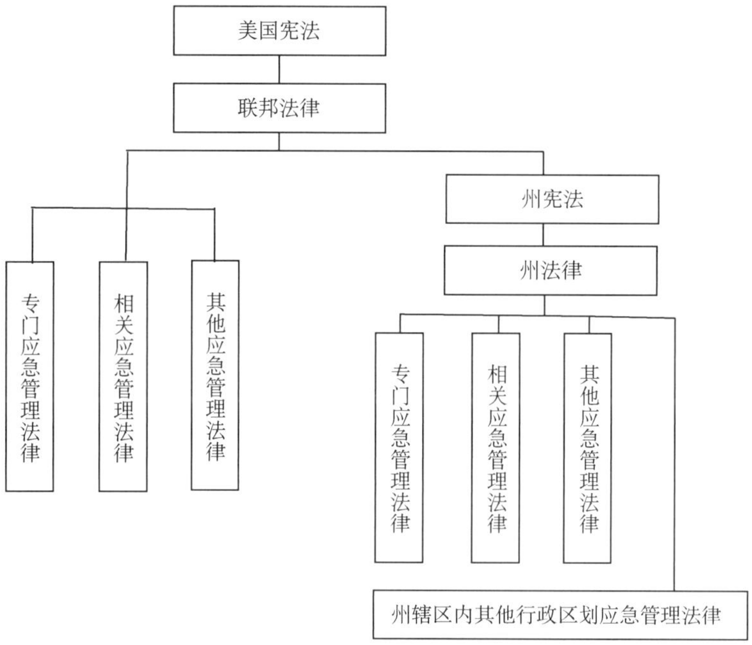

图 1-2 美国应急管理法律体系概况图

1.3 城市风险管理人才队伍建设的迫切性

1. 人才队伍建设是城市风险管理的基础性工作

对突发事件的应急管理，需要训练有素的专业应急管理人才。拥有优质高能的人才是实施人才强国战略的重要保障，人才是我国经济社会发展的第一资源，应急管理人才是应急管理体系的主体和基本支撑，加强我国突发事件应急管理人才队伍建设是提高我国突发事件应急管理水平的根本保证。

当前中国正处于工业化和城市化的快速进程之中，在经济与社会转型的背景下，各种社会矛盾与社会问题积聚，加之中国多样复杂的地理状况和自然条件，事故灾难、自然灾害、社会安全事件、公共卫生事件等各类突发事件频繁发生。与此同时，中国的应急管理实践也日益暴露出了一个严重的问题：专业化、高素质应急管理人才的缺乏使中国的各类突发事件的应急管理不尽如人意，甚至遭受了诸多批评，已成为制约中国应急管理事业发展的一个瓶颈。

现代城市突发事件的复杂多样性（既有自然灾害，又有人为事件），增加了应对风险的难度，只有接受过系统教育训练、具有较高知识与技能的职业化应急管理从业者才能有效地预防和处置各种灾害并降低灾害造成的损失。因此，城市风险管理亟需一支专业化、职业化的城市风险管理人才队伍。城市风险管理的理论研究与实践行为应成为一种专门的社会职业。从事该职业的人群必须具有专业化的城市风险管理知识、技能和从业资格，以其专业化应急管理知识与技能服务于政府或其他社会组织，从事与应急事务相关的预防、预警、处置、评估、恢复等工作，并遵守国家应急管理法律法规和职业伦理道德规范。

西方发达国家也为我们提供了很多值得借鉴的经验。美国应急管理的核心理念是“专业应急”，即应急管理中各个角色必须具备相应的专业能力。美国在地方、州和联邦的公共部门及许多私营部门都设有专门的应急管理机构，提供了大量各种级别的（初级、中级和高级）应急管理职位。这些人员数量庞大、专业性强，且要求具备应急管理资格证书才能上岗。同时，美国联邦应急管理署着力推动完善应急管理人才队伍的职业化体系，应急管理学院设有应急管理“职业发展系列”和“高级职业系列”，每一系列都可提供专业培训，为应急管理者提供职业开发机会。美国的应急管理从业者在上岗之前一般都必须接受系统的培训与学位教育，并取得相应的执业资格，如成为注册应急管理师。应急管理人才队伍的职业化大大提高了美国社会应对灾害与风险的能力。在英国，据不完全统计，有27所高等学校提供应急管理类的硕士课程，高校层级分明，学科区分度大、专业性高。其中世界顶级大学伦敦大学学院、伦敦政治经济学院也开设了该类课程。[27]英国大学的硕士课程主要围绕对（大不列颠）联合王国境内人民福利造成严重威胁的事件或形势、对（大不列颠）联合王国境内的环境造成严重威胁的事件或形势、对（大不列颠）联合王国的安全造成严重威胁的战争或者恐怖主义三类突发事件开设。

我国应该借鉴美国等发达国家的做法，建立应急管理人才培养机制，加强应急管理学科、专业的建设，加快应急管理人才的资质认定与培训工作，大力培养专业化的应急管理队伍。

2. 人才队伍不足严重制约城市风险管理水平

根据《国家突发事件应急体系建设“十三五”规划》，到2020年，建成与有效应对公共安全风险挑战相匹配、与全面建成小康社会要求相适应、覆盖应急管理全过程、全社会共同参与的突发事件应急体系，应急管理基础能力持续提升，核心应急救援能力显著增强，综合应急保障能力全面加强，社会协同应对能力明显改善，涉外应急能力得到加强，应急管理体系进一步完善，应急管理水平再上新台阶。

但从目前看，城市风险管理人才队伍成为制约目标实现的瓶颈，主要表现在：城市风险管理人才队伍的数量规模没有达到要求；城市风险管理队伍的能力素质无法满足要求；城市风险管理队伍的整合程度没有达到要求。

当前，我国基本形成了以公安消防、武警、解放军为骨干和突击力量，以防汛抗旱、抗震救灾、森林防火、海上搜救、铁路事故救援、矿山救护、危险化学品事故救援、核应急、医疗救护、动物疫情处置等行业领域专业队伍为基本力量，以企事业单位专兼职队伍、社会救援力量、应急志愿者为辅助力量的应急救援队伍体系。同时，目前正在建设国家级危险化学品、油气输送管道等应急救援队伍。此外，水上搜救、海上溢油、核事故应急、紧急医学救援、铁路、防汛抗旱等专业救援队伍的建设也在稳步推进。但这些专业救援队伍仍需补充大量的专业人员。

具体到城市风险管理，一些城市的风险管理队伍建设还有很大的缺口，如我国部分超大城市的消防员占人口的比率仅为0.04%，距纽约、巴黎、东京、中国香港等城市约0.14%的水平尚有一定差距。同时，与这些发达城市相比，高层次人才数量不足更成为城市风险管理和应急处置的短板。

因此要充分发挥各级政府在规划、标准、投入等方面的主体功能，统筹规划专业应急救援队伍的种类、数量、层次、布局等，制定各级各类救援队伍的建设标准及管理办法，保障人员、装备、资金等方面的持续稳定投入，推动专业应急救援队伍建设和运行进入可持续发展的轨道。

我国综合应急救援队伍能力建设还有待提升。救援人员的装备配备、日常训练、后勤保障及评估考核需要进一步加强，以提高队伍综合应急救援能力，做到一专多能。专业应急救援队伍布局需要不断优化，要扩大单支应急救援队伍的有效保障范围，拓展应急救援服务行业领域，积极推进行业领域专业救援基地和队伍建设。应急救援技术装备水平需要不断提高，要积极应用先进科技成果，加强机动灵活、适应性强的专业救援装备配备，提高救援队伍的信息化能力，切实提升应急救援队伍的专业救援本领。

现有的应急管理人才体系不能有效整合各方面的应急管理人力资源，具体表现为：一是没有对应急管理人才进行有效分类，从而不能依据突发事件的性质、类型、危害程度来有效配置应急管理人才，可能犯供给与需求不对称的错误；二是没有把内部人才资源和外部人才资源进行有效调配，从而不能把各种人才的思维方式、知识、技能进行优势互补；三是没有建立突发事件应急管理人才数据库，特别是没有将民间研究机构的专业人才纳入专家库。因此要在坚持和完善"一案三制"的应急管理核心内容体系的基础上，建设"一部（局）三方"，即以应急管理部（局）为中坚力量，做到政（政府）、军（军队）、民（民间）的三方协同；要加强应急管理的能力建设，实现"一网三化"，即大力建设以物联网、移动互联网为主的应急管理信息网，并实现应急管理的敏捷化、精准化、智能化。

3. 城市风险管理人才队伍建设的突破点

城市风险管理人才队伍建设的突破点将在以下几个方面。

（1）实施应急管理从业者资格认证。职业化的一个首要特征就是拥有明确的从业资格标准和认证机制，提高从业者的进入门槛，提升从业者的职业荣誉感，并将不合格的人排除在外。为实施资格认证，国家应针对综合救援力量、专业救援力量和城市风险管理的不同特点，制定明确的任职资格要求和认证标准。如参照英国的做法，实行"金、银、铜"三级风险管理及应急处置人员分级，改变目前绝大部分应急管理从业者都是半路出家或是兼职身份现状。社会要建立起对应急管理从业者的资格认证机制和专门针对应急管理从业者的资格考试及权威而独立的应急管理行业协会机构，促进大部分从事应急管理实践的人员都通过严格系统的应急管理教育与培训实现职业化发展。

（2）开展应急管理从业者学位教育。一个成熟的职业，应有系统的、专业化的教育支撑。2007 年颁布实施的《突发事件应对法》明确规定：国家鼓励、扶持具备相应条件的教学科研机构培养应急管理专门人才。目前，中国越来越多高校成立了应急管理专业或学院，发展应急管理本科教育。尽管有越来越多的高校成立了城市风险管理研究院、应急管理研究所（中心）等，然而尚无一所大学成规模的开展以城市风险管理或应急管理研究为主的研究生教育，更不具备颁发应急管理硕士或博士学位的资格。国家应明确支持一流大学开展城市风险管理的研究生学历学位教育，要求每一个行政区内至少有一所高水平大学能够根据本区域的灾害特点开设城市风险管理本科专业，鼓励更多大学将城市风险管理课程融入各个专业的教育中，以满足中国城市风险管理实践领域对专业化管理人才的需求，促进城市风险管理走向职业化的发展。

（3）加强应急管理人才队伍培训。与学位教育相比，培训更容易实行。在应急管理职业不太成熟，系统的学位教育体系还没有完全建立起来的时候，培训成为应急管理从业者获得认同的另一种途径。尽管应急管理培训在中国已经得到重视，并有了一定程度的发展，提供应急管理培训的组织机构也越来越多，如各级党校、行政学院、高等院校、科研院所等，但依然存在较多问题，主要表现在：缺乏对应急管理培训组织体系的系统化架构，各培训机构之间缺乏协调联动；缺乏社会力量的参与；培训对象只限于政府相关人员，对社会组织、公民的培训严重不足；培训内容零散，缺乏对应急管理全流程、专业技能、协同与沟通等全方位、系统的规划，等等。

（4）强化应急管理队伍职业伦理建设。任何一个成熟的职业，都应具备相应的职业伦理标准或职业道德标准，如医生职业道德规范、教师职业伦理等。城市风险管理人员的工作，事关生活在城市中的人民群众的生命与财产安全，与其相关的职业伦理或职业道德的标准应该更高、更严。目前中国尚未出台应急管理从业者职业伦理规范，理论界与实践界对应急管理从业者职业伦理问题的研究与讨论也较少。实践中的应急管理从业者缺乏相应指导，在应急管理行动中，他们更多依靠自己的理解与判断，或者完全机械地按照上级领导的指示与命令去应对突发事件，这不可避免地会造成一些伦理问题，导致外界对应急管理手段的合法性与正当性产生怀疑。同时，与此相关的法律的建设也存在空白点，亟须完善，为城市风险管理人员的行动提供法律保证。

（5）加强职位设置与晋升通道规划。数量众多的应急管理职位与机构的出现是应急管理作为一个职业而获得社会认可的一个重要标志。在欧美的一些发达国家，无论是在公共部门，还是在私营部门，都出现了大量专业化的应急管理职位与机构。国家机构改革后，国家层面成立了应急管理部，相应地地方政府成立了应急管理局，属于常设机构，有一定数量的公务员专职从事城市风险管理与应急处置方面的工作。但这些岗位的工作更多地着眼于日常行政管理职能。城市风险管理大量的岗位应该面向一线的专业化人员。在原公安消防部队、武警森林部队转制为国家综合性消防救援队伍后面临着新的职级体系建设以及新组建的专业救援力量的职级体系与之对接的问题，都需要创新性地做好顶层设计，为加快救援理念、职能、方式、力量、装备、机制等的转型升级鼓舞人心，为吸引更多的人才加入应急管理和救援的队伍创造环境。

参考文献

[1] 黄津孚.人才是高素质的人——关于人才的概念[J].中国人才，2001(11)：31.

[2] 夏建刚,邹海燕.人才概念内涵探析[J].中国人才,2003(4):22-24.
[3] 王通讯.人才成长的八大规律[J].决策与信息,2006(5):53-54.
[4] 全刚.人才成长规律初探[J].中国人才,2018(5):48-49.
[5] 尚智丛.当代中国科技人才成长规律的几点认识[J].今日科苑,2016(11):18-20.
[6] 要树义,赖福顺.浅谈跨世纪人才的培养[J].航天工业管理,1996(7):33-34.
[7] 张莉,朱庆华,徐孝娟.国际科技人才成长特征及其演变规律分析——基于文献计量的分析[J].情报杂志,2014(9):64-71.
[8] 叶忠海.普通人才学[M].上海:复旦大学出版社,1990.
[9] 王竹萍.会计本科高等教育创新人才成长规律的研究[J].湖北经济学院学报(人文社科版),2005(5):151-153.
[10] 郭新艳.科技人才成长规律研究[J].科技管理研究,2007(5):223-225.
[11] 常玮,张颖,殷洁.年轻科技人才成长规律及培养对策研究[J].科技创新导报,2014(4):221-222.
[12] MACCOBY M. “Winning” and “losing” at work[J]. IEEE Spectrum,1973,10(7):39-48.
[13] STYBEL L J. Linking strategic planning and management manpower planning[J]. California Management Review, 1982, 25(1):48-56.
[14] 孙丽丽,陈学中.高层次人才集聚模式与对策[J].商业研究,2006(5):131-134.
[15] 李乃文,李方正.创新型科技人才集聚效应研究[J].徐州工程学院学报(社会科学版),2012(2):26-31.
[16] 徐秋韵.人才集聚理论综述[J]. 商情,2016(49):173.
[17] 李光红,孙丽丽,李文喜.演化博弈视角下人才集聚关键影响因素及发展路径研究[J].东岳论丛,2013(11):141-144.
[18] 贺继红,杜恒波.基于生态学理论的企业人才集聚对策[J].商业时代,2016(13):48-49.
[19] 江卫华,蔡仲.风险概念之演变——从贝克到拉图尔[J].自然辩证法通讯,2019(5):103-109.
[20] 钟开斌.伦敦城市风险管理的主要做法与经验[J].国家行政学院学报,2011(5):113-117.
[21] 宿洁,连捷,周玲,等.风险登记:提升我国社区风险管理效率的有效途径[J].风险灾害危机研究,2016(1):77-85.
[22] 曹策俊,李从东,王玉,等.大数据时代城市公共安全风险管理模式研究[J].城市发展研究,2017(11):76-82.
[23] 向良云.地方政府区域应急协作的制度框架:美国的经验与启示[J].社会主义研究,2009(5):113-116.
[24] 彭碧波,郑静晨.我国应急管理部成立后应急救援力量体系建设与发展研究[J].中国应急救援, 2018(6):4-8.
[25] 贺定超.如何推进中国特色应急管理法律法规体系建设? 看专家怎么说[J].中国应急管理,2018(6):39-41.
[26] 吴大明,宋大钊.美国应急管理法律体系特点分析与启示[J].灾害学,2019(1):157-161.
[27] 何元增,杨立华,邵邦.中国应急管理人才队伍职业化建设研究[J].北京航空航天大学学报(社会科学版),2013(6):21-24.

2 构建政府-企业-社会三元互动的城市风险管理人才组织体系

2.1 城市风险管理的社会需求

2.1.1 安全是城市居民美好生活的重要内容

2010年上海世博会的口号是“城市，让生活更美好”。近五年来，我国常住人口城镇化率每年提高一个百分点以上，2020年我国常住人口城镇化率已达63.89%。长期以来，我国的城乡二元结构体制造成了城乡发展的严重不平衡，与农村相比，城市聚集了更加丰富的优质资源。在城市，人们有更多的就业机会、更好的医疗条件、更优质的教育资源、更便利的购物环境，人口城市化反映了人们对美好生活的追求。

城市让生活更美好的基本前提是安全。在党的十九大报告中，习近平总书记首次将人民获得感、幸福感、安全感并列提出。在获得感、幸福感和安全感中，获得感是基础，幸福感是目的，安全感是保障。内外环境的安全以及由此产生的安全感为人们的获得感和幸福感提供了最基本的保障。一方面，只有在安全的生产环境、生活环境中，人们的获得才是实实在在的，才不用担心随时失去所获；另一方面，幸福首先在于基本的生命财产安全，其次在于内心的安宁，还有社会的和谐与安定。只有确保人们的内外安全，才能拥有现实的、此岸的幸福体验。

十八大以来，以习近平同志为核心的党中央对各领域的安全问题高度重视，强调要始终把人民群众生命安全放在第一位，切实维护国家安全和社会安定，建设美丽中国为人民创造更好生态条件，做好网络安全和信息化工作等，以上都是围绕保障人民安全提出的具体要求。党的十九大报告中强调，“以人民安全为宗旨，以政治安全为根本，统筹外部安全和内部安全、国土安全和国民安全、传统安全和非传统安全、自身安全和共同安全，完善国家安全制度体系，加强国家安全能力建设，坚决维护国家主权、安全、发展利益。”可以看出，人民安全是党的整体安全观中的落脚点和归宿，增进人民安全感是党赢得民心的必然要求。人民的安全感提升了，获得感和幸福感才能相应提升。

以城市风险管理的理论与技术指导并实施城市风险管理，有效提升城市的安全程度，是落实以习近平同志为核心的党中央的决策部署的重要途径。

2.1.2 三元互动的理论基础——治理理论

全球治理委员会于1995年对治理做出如下界定：治理是各种公共的或私人的个人和机构

经营管理其共同事务的诸多方式的总和。它是使相互冲突或不同利益得以调和并且采取联合行动的持续的过程。它包括有权迫使人们服从的正式制度和规则,也包括各种人们同意或以为符合其利益的非正式制度安排。

通过这个定义,我们可以得到治理的四个特征:①治理不是一套规则,也不是一种活动,而是一个过程;②治理过程的基础不是控制,而是协调;③治理既涉及公共部门,也包括私人部门;④治理并不意味着一种正式制度,但确实有赖于持续的相互作用。

罗伯特·罗茨(Robert Rhodes)认为,治理意味着"统治的含义有了变化,意味着一种新的统治过程,意味着有序统治的条件已经不同于前,或是以新的方法来统治社会"。他列举了六种关于治理的理解,分别是:①作为最小的国家管理活动的治理,指的是国家削减公共开支,以最小的成本取得最大利益;②作为公司管理的治理,指的是指导、控制和监督企业运行的组织机制;③作为新公共管理的治理,指的是将市场的激励机制和私人部门的管理手段引入政府的公共服务;④作为善治的治理,指的是强调效率、法制、责任的公共服务体系;⑤作为社会-控制体系的治理,指的是民间、公共部门与私人部门之间的合作互动;⑥作为自组织网络的治理,指的是建立在信任与互利基础上的社会协调网络。

格里·斯托克(Gerry Stoker)是一位研究治理理论的权威。他在梳理了各种治理概念后认为学者们对作为理论的治理提出了五个主要观点:①治理是指一系列来自政府,但又不限于政府的社会公共机构和行为者的复杂体系;②治理意味着在为社会和经济问题寻求解决方案的过程中,存在界线和责任方面的模糊性;③治理明确肯定了在涉及集体行为的各个社会公共机构之间存在着权力依赖;④治理意味着参与者最终将形成一个自主的网络;⑤治理意味着办好事情的能力并不限于政府的权力、政府的发号施令或运用权威。在公共事务的管理中,还存在着其他管理方法和技术,政府有责任使用这些新的方法和技术来更好地对公共事务进行控制和引导。

上述治理的概念和理论为城市风险管理提供了很好的视角和指导。首先,城市风险管理是一个复杂体系。不仅风险源多种多样,甚至相互叠加,而且城市风险管理的主体也不能仅限于政府这样的公共部门,必须要民间、公共部门和私人部门合作互动,才能达到以最小成本获得最大效益的效果。其次,城市风险管理是一个过程,由监测、识别、评估到决策、处置等环节构成一个闭环。在每个环节上,都需要不同的群体发挥作用,有时难以说清楚到底应该由哪个机构或个人承担责任,因而既责任模糊、又相互依赖。最后,在城市风险管理中政府起着主导作用,但市场机制也大有可为。如保险作为风险管理的重要手段,可在城市风险管理、预防自然灾害、防止人为因素的各类事故方面发挥作用,已被世界各国高度认可,成为全球城市管理的有效工具之一。

2.1.3 城市风险管理人才的层级性

按照社会危害程度、影响范围等因素,自然灾害、事故灾难、公共卫生事件分为特别重大、重大、较大和一般四级。相应地，城市风险管理人才也应有一定的层次性，组成一个金字塔结构，并通过积极实施“拔尖战略”“壮身战略”和“扩基战略”形成“塔尖尖、塔身壮、塔基实”的人才格局。

将城市风险管理人才划分为一定的层级有利于搭建城市风险管理人员的晋升通道，是城市风险管理人员职业化发展的体制保障，能促进他们在岗位上不断进取；有利于有针对性地开展业务能力提升培训和人才培养，优化使用培训资源；有利于明晰职责，促进多层分工，形成上下联动以及跨部门有效合作。

以处置应急事件为例，英国在地方层面的应急指挥机制是一个很好的案例。地方层面的应急管理中，英国采用“金、银、铜”三级应急指挥机制。“金级”指挥的主要机构是战略协调中心（Strategic Coordination Centre，SCC）与战略协作小组（Strategic Coordinating Group，SCG），通常由警察总局的高级警察官担任总指挥，SCC 与事发当地的一类、二类响应者一起协调各部门的应急处置。SCC 主要考虑的战略问题包括：突发事件的原因；事件可能对经济、政治、社会、环境等方面产生的影响；总体上需要采取的措施与手段；与媒体的关系，等等。“银级”指挥与在离事件现场恰当距离的位置上多个机构的管理人员一起工作，根据金级下达的目标与计划，对任务进行分配，迅速向铜级官员下达命令，直接管控相关应急资源与人员调配。“铜级”指挥主要设在现场具体实施应急任务，决定正确的救援或处置方式如封锁、疏散、交通管理、安排休息中心等完成“银级”下达的任务，直接使用应急资源。

我们可以把英国的这套体制理解成：“金级”指挥是城市风险高层（市级）管理团队的领导者，“银级”指挥则是城市风险中层（区级）管理团队的领导者，而“铜级”指挥则是城市风险管理基层（街道、企业）的领导者。在日常的城市风险管理中，基层风险管理者的工作主要以监测、识别为主，包括已有风险点的监测和潜在风险点的识别，并上报给中层管理者，及时消除潜在风险的苗头。基层风险管理者的工作需要用“显微镜”，不遗漏一丝风险点。中层管理者则对基层管理者上报的数据进行分析评估，判断管控区域内各类风险点发展的趋势；对基层上报的潜在风险点是否被列入需监测的风险点提出建议；对一些事件苗头，指导基层风险管理者进行处置或提出处置建议并上报。中层风险管理者的工作需要用“望远镜”，要见微知著。高层风险管理者则需要接受来自中层和跨部门的各类信息，进行综合分析，必要时做出决策，进行预警，并指导下级采取预防措施或进行处置。高层风险管理者的工作需要用“雷达”，要能够判断蝴蝶扇动翅膀可能引起的“蝴蝶效应”。

2.1.4 城市风险管理人才的多样性

城市风险管理不仅需要日常的一线风险管理人员和各层级的领导者、监测预报预警人员、城市风险管理的技术装备研发人员、城市风险数据采集挖掘与综合分析人员以及金融保险领域的人员等，在应急事件发生后还需要现场指挥人员、工程技术人员、舆情分析与发布人员、救援人员等。每一类人员的专业素养和技能要求都不一样。对不同应急事件的处理，所需要的专业知识和技能也天差地别。

以上海市轨道交通4号线越江隧道工程事故处置为例。2003年7月1日凌晨，上海轨道交通4号线浦东南路站至南浦大桥站越江区间隧道联络通道在施工过程中突发险情：隧道进水、地面沉陷、房屋倾斜、防汛墙坍塌……事故发生后，上海市政府立即成立抢险指挥部，由时任副市长杨雄担任总指挥，指挥部组成如图2-1所示，其中专家组的组成如图2-2所示。同时，在第一时间启动了紧急抢险预案程序，调动一切人力、物力和资源为抢险提供有力保障，至7月4日险情趋于平稳。经过专家组讨论一致认为：《冻结法施工方案调整》存在缺陷，施工中冻土结构局部区域存在薄弱环节，忽视了承压水对工程施工的危害。承压水突涌是事故发生的直接原因。缺乏风险意识、对风险估计不足以及应对风险准备不充分是导致本次事故的主要因素。

图2-1 上海轨道交通4号线越江隧道事故处置指挥部构成

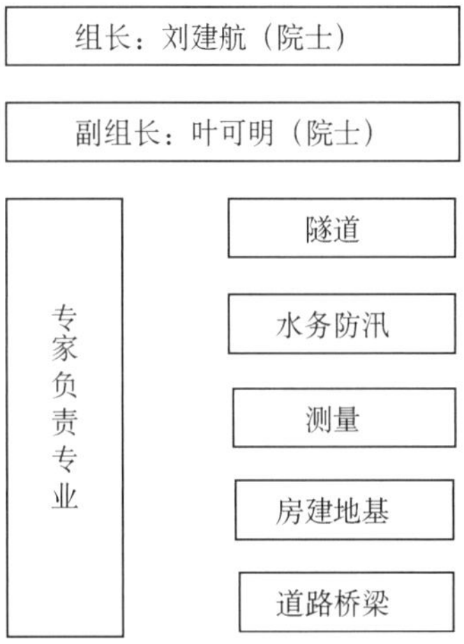

图2-2 上海轨道交通4号线越江隧道事故处置专家组构成

在这个应急事件中，我们可以看到在抢险的过程中有工程技术人员（包括专家）、交通指挥人员、治安管理人员和新闻舆情人员，工程技术人员与专家又分别负责多个不同领域，充分体现了城市风险管理对人才多样性需求的特征。

福尔摩斯说："大脑就像一个楼阁，不能把有用的、没用的一股脑的全装进去，因为它的空间是有限的，所以得把有用的装进去。"在城市风险管理中，我们要建设一支综合性的队伍，在当前风险种类愈来愈多、专业知识划分越来越细的情况下，多样化的专业队伍建设势在必行，包括各类专家队伍。要通过长期不间断的培训和情景模拟演练，培养他们快速反应、快速处置的能力。特别是在应急事件的处置中，往往是在千钧一发的时刻要做出重大决策，既需要深厚的专业知识和实践经验，也需要从容不迫、镇定自若的心理素质，还需要能够长时间付出体力与脑力的健康身体状态，这些都是缺一不可的，必须通过一定的训练才能达到这样的要求。

2.2 政府的城市风险管理人才队伍建设

2.2.1 政府在城市风险管理中的主体职责

地方政府承担着城市风险管理的主责。近年来,党中央和国务院出台了多项党内制度和法规,进一步明确地方政府及其党政主要负责人在城市风险管理中的责任,如中共中央办公厅、国务院办公厅于 2018 年 4 月 8 日印发《地方党政领导干部安全生产责任制规定》、于 2019 年 2 月印发《地方党政领导干部食品安全责任制规定》等,进一步明确了地方政府及其党政主要负责人在具体领域中的风险防控和治理责任。参考一些地方政府根据《突发事件应对法》等国家法律法规制定的工作办法[如北京市人民政府《关于加强公共安全风险管理工作的意见》(京政发〔2010〕10 号)],可以总结提炼出政府机构在城市风险管理中的职责,包括五个方面。

(1) 完善公共安全风险管理体制机制

建立健全风险分级分类管理体系。逐步建立"横向到边、纵向到底"的公共安全风险管理体系,对自然灾害、事故灾难、公共卫生事件和社会安全事件以及各专项风险实施分类管理。完善风险分级管理机制,重点推进专项风险管理体系、区域风险管理体系和综合风险统筹协调机制建设。

建立健全专项风险管理体系。根据职责分工,按照"谁主管、谁负责"的原则,建立健全本领域、本行业、本系统的专项风险管理体系;建立并完善风险管理工作体制、机制、规范、流程、标准和要求;组织做好相关风险评估、控制与监测工作,并对区域风险管理相关工作进行指导与检查。

建立健全区域风险管理体系。城市重点区域应当建立健全区域风险管理体系,组织开展行政(管理)区域内的风险管理工作,强化重点区域的风险管理;配合相关部门开展风险评估,并落实相关风险控制任务。

建立健全综合风险统筹协调机制。政府应建立综合风险统筹协调机制,应急管理部门具体负责统筹、组织、协调、督促和检查各单位开展风险管理工作,并协调综合风险评估与控制工作。加强沟通协调,及时解决工作中存在的问题和可能出现的职责不清、职责交叉、管理缺位等现象。

(2) 做好风险评估与动态监测

全面开展风险识别和隐患排查。各级应急管理部门应会同其他部门认真分析可能发生的各种突发事件,全面梳理各种风险,掌握风险源、风险点、危险源,掌握事故隐患的种类、数量和状况,建立排查、登记建档制度,准确掌握本领域、本行业、本系统和本地区的各类风险情况。

系统开展专项风险评估和区域风险评估。各级应急管理部门要按照系统性、专业性、综合性和实效性并重的原则做好风险评估工作。开展城市专项风险评估工作,综合分析风险承受能力、控制能力等要素,评估风险的可能性及后果,确定风险等级和风险管理策略,完成专项风险评估报告。

统筹组织重大风险综合评估。城市应急管理部门应统筹组织相关单位和专家，对各专项和区域风险评估报告中提出的重大风险进行综合评估，结合城市经济社会发展总体形势，分析面临的主要风险，确定若干项重大风险，明确风险控制和应急准备工作的重点，提出相关工作建议。

推进重大活动和重要时期风险评估。城市应急管理部门应针对政府主办或承办的重大活动和重要或敏感时期，开展安全风险评估并制定风险控制方案，并可在涉及民生及社会关注度高的政策、规划、工程项目出台或启动时，参照开展相应的风险评估工作，采取控制措施，做好预案准备，将风险控制在源头。

完善风险监测与动态更新机制。城市应急主管部门应当建立专项和区域风险的监测和定期更新制度，根据情况变化和风险控制的成效、存在的问题，密切监测相关风险的变化情况，调整风险等级和风险控制策略。原则上，应每季度完成1次风险动态更新。在做好各专项和区域风险监测的基础上，进一步强化城市运行综合监测能力，建立综合风险动态更新制度。

(3) 抓好风险控制与应急准备

明确风险控制责任。城市风险管理部门应根据风险的等级和常态管理责任，逐项划分风险控制责任，并在专项风险评估报告中明确。每一层级的专项风险管理牵头部门负责制定风险控制方案，并督促、指导有关主体责任单位采取风险控制措施，在规定时限内有效控制风险，下级部门和相关部门给予支持、配合。对于跨区域、跨领域的风险，原则上应列为城市级风险，由城市政府负责，并向上一级政府汇报，请求对相关问题进行协调。

落实风险控制措施。各级应急管理部门应当坚持"边评估、边控制"，根据风险等级和可控性，科学、详细地制定风险控制工作方案，落实风险控制措施。建立风险管理台账，根据风险控制责任、完成时限、控制措施和风险更新结果，对风险控制工作的进度和落实情况实施监控。

做好应急准备工作。对于确实难以消除、难以控制的风险，要及时发布风险预警信息，并全面做好预案、演练、队伍、物资、资金、技术等各方面的应急准备工作。

重点做好城市级重大风险控制工作。城市级重大风险控制工作应列入城市政府年度重点工作，由政府统筹、协调、检查、督促，相关主责部门具体负责、相关单位密切配合，全力落实风险控制措施。

(4) 加强配套制度和保障机制建设

加强风险管理组织和人员保障。高度重视公共安全风险管理工作，由主要负责人任第一责任人，加强领导、理顺机制、统筹力量、落实责任，要指定相关工作机构并配备专人具体承担风险管理的组织协调工作。加强专业培训，推进风险管理专业人才队伍建设。逐步推行在风险管理重点部门成立或明确风险管理专门机构的工作。

研究建立风险管理规范和标准体系。组织制定公共安全风险管理实施指南；结合各自的风险管理工作特点和实际情况，研究制定相应的风险管理实施细则与工作规范。分工负责研究并制定综合风险评估标准和专项风险评估标准，推进风险评估地方标准体系建设。探索建立城市公共安全指标体系。

建立风险管理资金投入保障机制。根据城市各级政府分级负责的公共安全风险管理工作责任，各级政府财政分别负担风险评估与控制相关经费，确保风险管理工作的顺利实施。

强化风险管理科技支撑。组建公共安全风险管理专家组，包括相关专项、区域风险管理专家组，指导公共安全风险管理工作。积极整合资源，支持公共安全风险管理相关标准、规范及技术研究和示范等工作。鼓励和培育一批能够为风险管理工作提供有效专业支撑的科研机构；探索建立依托相关科研机构、专家团体和企业的第三方专业化风险评估机制，研究建立相应的资质认定机制。

搭建完善风险管理信息化技术平台。利用物联网等新兴技术，建立公共安全风险管理信息化体系。充分发挥城市运行监测平台作用，做好公共安全风险监测。城市各级政府及其部门按照“谁评估、谁管理、谁维护”的原则，做好风险数据的维护更新工作，实现信息资源共享。进一步完善预警信息发布平台，做好风险预警发布工作。

建立健全风险管理年度考核机制。研究制定风险管理考核与奖惩办法，按照过程与结果并重的原则，指导、督促、检查风险管理工作的全过程和风险控制工作的实际成效，推进各级政府及其应急管理部门积极履行风险管理职责。

(5) 积极推进社会共同参与

督促企事业单位积极履行风险管理主体责任。城市各级政府的应急管理部门要指导和督促企事业单位依据本单位实际情况，落实风险隐患排查整改要求，完善风险管理制度与操作流程；要对本单位的风险隐患登记建档，并及时报当地政府相关部门。指导矿山、建筑施工单位和易燃易爆物品、危险化学品、放射性物品、病原微生物等危险物品的生产、经营、储运、使用、处置单位，以及供水、排水、供电、供煤、供油、供气、供热、交通、通信、有线电视网络等公共设施的经营和管理单位，应定期开展隐患排查和风险评估，及时采取措施消除隐患，确保安全运营。大型群众性活动按照“谁承办、谁负责”的原则，由承办单位开展安全风险预测或评估。

引导公众树立风险防范意识。通过形式多样的宣传教育活动，引导公众树立风险防范意识，充分发挥社区、乡村、企业、学校等基层单位在风险识别与隐患排查、风险监测与控制过程中的重要作用，推进建立政府主导和社会参与相结合，全民动员、协调联动的风险管理工作格局。

加强风险信息沟通与交流。加强与专家、社会组织、媒体及公众之间的风险信息交流，建立面向社会、多方参与的风险信息共享和沟通机制，争取社会各方面对政府风险管理工作的理解与支持；应当按有关规定及时向社会公布危险源和危险区域，积极引导或依法责令风险涉及的相关单位和人员提前做好风险防范准备并采取安全防范措施。

2.2.2 政府的风险管理组织架构

城市风险管理工作组织架构的设计要符合城市风险的特点，满足城市风险管理的需求，涵盖城市风险管理相关法律法规规定的职责要求，因此在组织架构设计中除了要遵循一般的组织设计原则外，还要具有自己的特殊性。

1. 基于职能分工的组织设计

城市风险管理体制的转变带来了城市风险管理部门的职责变化、功能变化、模式变化，根据国家应急管理统一指挥、专常兼备、上下联动、平战结合的建设方向，可以将城市风险管理部门内部的组织架构分成三个系统。

第一部分是应急指挥系统，相当于人民解放军的战区，职责是管“战”，如大多数城市在应急管理机构下设的应急指挥中心。当城市风险累积到一定程度发生危机事件，由应急指挥系统的主管发出统一的指令来协调相关政府部门和组织的参与。该系统由五个主要职能领域构成：指挥、运作、计划、后勤、财务与管理。对其要求是系统统一指挥，指令上传下达迅速，指令具有权威性、强制性。

第二个部分是专业业务系统，相当于人民解放军的军种，职责是管“建”。根据城市风险和危机的种类及危机应对的主要功能，在城市风险管理机构内设置若干专业部门，如火灾防治、危险化学品管理、安全生产管理、自然灾害应对以及风险监测和综合减灾、救援协调和预案管理等，也可设立交通、通信、医疗服务等专业组。这些部门日常负责制定完善法规、依法对相关业务监测检查、编制预案并组织演练、培训下一层次的风险管理者、数据情报收集分析、专家库建设与专家联络、公众教育等。危机发生时，这些部门则应调动本专业领域的专家、社区基层救援力量、社会救援力量，在应急指挥中心的统一指挥下参与危机应对工作，特别是在大规模、复合型的危机中与其他业务部门紧密协作，与参与应急管理各个环节的组织及时沟通信息、整合分配资源和协调行动。这就要求处于这些岗位上的公务员，都应该是专家型的公务员。

第三部分是基础保障系统，包括组织人事、科技、财务、信息、国际合作及办公室等部门。这部分的工作以内业为主，对于整个组织的发展却起着至关重要的作用。如人事部门招募到的人才的能力和水平直接关系到城市风险管理的绩效，科技部门规划的研究课题的水平以及发掘高水平研究机构和研究者的能力关系到城市风险管理的能力建设。

遗憾的是，目前大部分城市应急管理机构的部门设置中比较忽视信息化建设这个领域。面对超预期的大灾害，为做到迅速地传递正确信息，建立起发达、完善的防灾通信网络体系，将损失控制在最小范围内非常重要。这个网络体系，不但需要有国家、城市层面的整体防灾信息网络，还要有社区层面的防灾信息网络，也要有专业类型的防灾通信网络，如气象通信网、警用通信网等，同时既要有无线网络，也要有有线网络。在当前自媒体十分发达的情况下，建设好权威的、覆盖面广的防灾应急通信网络，可以有效地在各类组织间共享信息，消除危机时的恐慌情绪，指导民众自救和他救。

应急管理中的组织间多层级性，由跨越公私部门的多类组织构成的特点，要求应急管理系统从传统的管理结构向合作式的管理结构转变，形成多部门化、多主体参与的应急管理网络结构。为了将城市风险管理及危机应对落到实处，城市风险管理机构内的部门职能必然有一定的重叠，在这些涉及多部门的功能领域要规定相关的主要责任机构和辅助组织。组织结构设计中既要有计划性的一面，又需要有较强的适应性，以便面对危机事件时做出有效的调整。

2. 基于法律保障的组织设计

《中华人民共和国突发事件应对法》明确了从预防与应急准备、监测与预警、应急处置与救援、事后恢复与重建的城市风险管理各环节中政府及有关部门、企业、公众的责任和义务。通过对这些责任和义务的分解，可以得到在城市风险管理中政府及相关部门各个阶段的工作明细表，再将这些分门别类，就成为架构城市风险管理机构相应部门职责的依据。在此基础上，结合当地的自然条件和产业特点，如城市处于地震多发区域，或城市内化工产业集中度较高，相应地在部门的岗位编制上就应强化这些部门的力量。

城市风险管理相关部门所履行的职责应有法律支持，使部门能够依法开展工作。在日常风险管理工作中，城市风险管理者进入企业进行安全检查、数据监测，对违规企业进行处罚等均应有详细的法律制度保障。当风险转化为危机事件，社会进入失范状态，政府及相关部门在这种情况下要根据《突发事件应对法》等法律法规，采取应急管理措施，以超常手段应对应急事态。在应急处置与救援阶段，所有行为的主要目的是抢救人的生命和安置受灾灾民的基本生活，当应急状态结束后，政府尽快将失范的社会秩序引导至正常的理性回归状态。其中每一项行动和行为所涉及相关人群的利益，需法律来明确各相关主体的关系，如政府与受灾群体的救助关系、捐赠中的受托关系、重建中土地权属关系以及财产继承、未成年人保护等民法问题。

因此，在目前我国城市风险管理领域法律法规还不健全的情况下，国家和地方的城市风险管理机构应加强对法律制度的研究，向西方发达国家学习，从我国危机事件的应对实践中总结经验教训，结合地方城市的地理地质条件、产业发展状况、人文文化特点等制定出具中国特色的城市风险管理法律制度体系。

3. 基于能力提升的组织设计

每一项业务都对人的核心能力有要求，核心能力是业务成功的关键。核心能力建设应作为建构应急体系的重中之重。曲国胜在调研分析的基础上构建了我国地震应急准备能力评估的三级指标体系框架，其中的Ⅰ级指标体系如图 2-3 所示。[1]

美国应急管理核心能力的逻辑框架是由以下六个方面组成的一个闭环：①确认和评估风险；②评估能力需求；③建设和保持能力；④将能力规划至应用阶段；⑤验证能力；⑥进行审查和更新。美国应急管理 31 项核心能力，包括计划、公共信息和预警、协调三项通用任务能力，还包括在预防、防护、减缓、响应、恢复等领域的具体能力：①预防领域包括取证和归因、共享情报和信息、封锁和中断、筛查搜索和侦查等；②防护领域包括准入控制和身份识别、网络安全、共享情报和信息、封锁和中断、物理防护措施、防护计划和行动的风险管理、筛查搜索和侦查、供应完整性和安全等；③减缓领域包括社区复原力、长期减少脆弱性、风险和灾害复原力评估、识别威胁和风险等；④响应领域包括关键的交通运输、环境响应、健康和安全、遗体处理服务、基础设施系统、大规模治疗护理服务、大规模搜救行为、现场安全与保护、操作沟通行为、公共和私人服务部门和资源、公共卫生和医疗服务、情势评估等；⑤恢复领域包括经济复原、健康和社会服务、住宅供给、基础设施系统、自然和文化资源等。

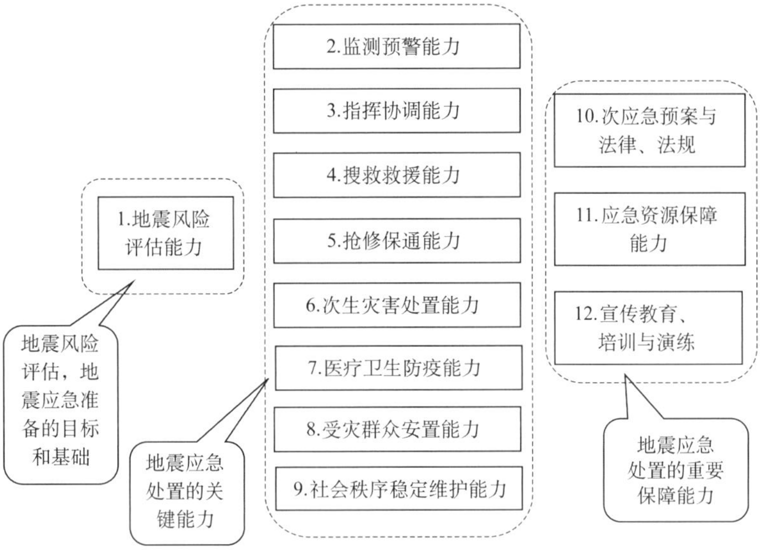

图 2-3　地震应急准备能力评估的指标体系框架中的Ⅰ级指标体系

应急管理的这些核心能力之间相互高度依赖，要求政府主管机构使用既有网络和活动，加强培训和演练，促进应急管理工作创新，并确保行政、财政和后勤系统各就各位，以对这些目标能力提供强有力支持；同时核心能力可以为应急准备时的资源分配提供指导，为当前和将来年度预算计划、决策以及资源分配方案提供支撑。因此，政府应急管理体系的构建必须从充分发挥各级应急部门和系统的功能与效能、提高处置应急事件的能力出发，才能获得期望的应急体系，最大限度地发挥应急管理部门的职能。因此，要将能力作为构建应急体系的出发点，一切工作围绕处置应急事件所需的能力展开。

何红悦等在研究应急指挥体系架构时，提出主要从能力、业务、人员和技术四个维度来指导应急指挥体系构建，给出了四个维度构建架构的核心元素（表 2-1）。四个维度构成了面向能力需求的应急指挥体系架构描述框架，如图 2-4 所示。[2]

表 2-1　应急指挥体系架构核心元素

元素	含义
应急事件	突发的某种情况、自然灾害等需要处置来保护人民财产安全
任务	一系列将要采取的业务活动的结果，多个任务完成处置某种事件
能力	在某些约束下，通过执行一系列活动来实现某个使命任务的能力
业务	为实现任务所开展的工作，能够将特定的输入转换为预想的输出或改变事件的状态
规则	业务执行中必须遵守的规章制度等
角色	应急指挥机构中执行业务的单位类型
系统	执行业务的平台、信息系统或自动化设备类资源
信息	用于传递数据的载体类型

4. 基于全民参与的组织设计

社会公众是城市风险的承担者，要通过城市风险管理政府机构的建设，带动社会公众关注城市风险，并逐步转化为城市风险的民间管理者。在法国 24 万 6 900 名消防救援队员中，78%是志愿消防者，17%是专业消防人员，5%是军队消防人员。

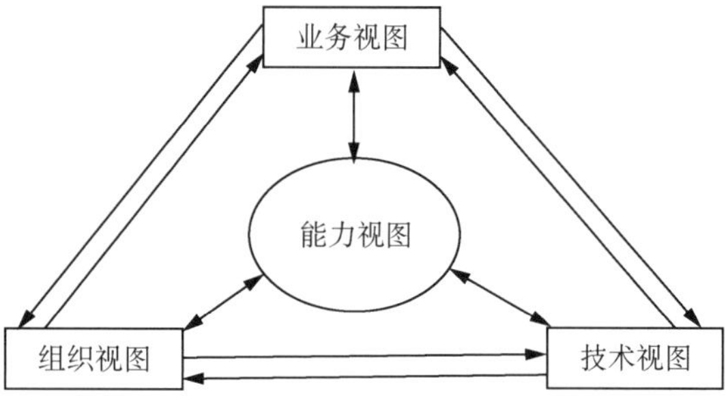

图 2-4　应急指挥体系架构视图构成

在政府的城市风险管理机构中要设置专门的宣传教育部门，负责城市风险管理方面的知识普及，要针对城市的特点，教育社会大众学会识别、防范身边的风险，并主动消除一些风险因素，并使其在危机事件发生时具备基本的自救能力。比如在上海，四通八达的地铁为城市居民和游客提供了便捷的交通条件，但由于地铁客流量大，进出地铁的自动扶梯就是一个风险点。特别是在春运期间，由于大量人员携带较多较重的行李，下扶梯时很容易因为行李来不及搬离造成挤压踩踏事故。因此就要教育引导那些携带大件、笨重行李的乘客搭乘无障碍电梯。城市风险主管机构的宣教部门应针对一个时期社会上易发、多发的风险点，印制、散发、张贴一些宣传单页，或通过社区的志愿者向大众宣传，提醒社会大众加以关注，减少损失。

面向公众的城市风险管理知识普及仅仅是全民参与城市风险管理的浅层次工作。城市风险管理的主管机构应该通过创设各种条件，增强多重保障，教育引导公众有序参与城市风险管理各个方面的工作。一是加强制度环境建设。制度环境是指公众在有序参与城市风险管理活动中所面临的宪法、法律、规章制度、行政法规、规范性文件等制度层面的外在条件，公众将参与制度的评估、制定和执行环节。良好的制度环境能够激发公众的社会责任感，又能将政府及公共机构的工作人员置于公众的监督之下，做到切实向公众负责，对于公众参与有序进行具有极大的推动作用。二是提升文化氛围。文化氛围既包括政府文化氛围，又包括社会文化氛围。政府文化氛围指政府对于公众有序参与的认知和态度。在参与性政府文化中，社会公众能够意识到自己的主体地位，并主动参与公共决策，推动社会发展和进步。利用媒体的手段，通过网络、手机、电视等平台，积极开展城市风险管理工作，形成良好的城市风险管理文化氛围，将有利于激发公众的参与意识，加快推动有序参与的进程。三是要增强公众的信任意识。公众参与意识的增强，是把双刃剑，在教会公众追求自身的合法权益、有序参与灾害应急救助过程的同时，特别要教育公众理解政府和专业救援队伍所采取的危机处置措施，信任专业化的救援，不在舆论和行动上盲目干涉专业救援，做到帮忙而不添乱。四是提高社会的自组织程度。经验研究表明，公众的自我组织不仅促进了社会稳定，更推动了公共政策的有效实施。社会自组织程度高，意味着社会公众的能力素质更为成熟、对于人生价值的实现和社会地位的提升有更高的向往。发达的社会自组织网络带动参与形式的多元化，有利于激发公众将应急知识应用于实践的表达欲望、增强参与动机，从而更加活跃地参与到城市风险管理活动之中。

目前，在应急救援工作中，民间力量已经开始走上舞台，并逐步发挥出应有的能量。但与发达国家相比，我国民间力量有序参与的深度和广度还不足，需要大力提升。美国全国各大城市均设有大量志愿者性质的应急服务机构，他们拥有自己的办公场所、应急车辆、通信器材以及各种专业性的应急设备设施，且地方警察、消防、卫生等部门会定期组织志愿者进行相关知识和技能的培训，协同开展演练工作，一旦遇到突发事故即能迅速投入救援。

因此，城市风险管理的政府主管机构在组织设计时应充分考虑与社会公众的对接职能，除宣教部门外，各业务部门都应该有与公众交互的友好界面，有专门的岗位负责相应的志愿者团体工作，为社会公众参与城市风险管理搭建平台，为志愿者队伍定期开展知识和技能培训，开发一些适合志愿者使用的便于携带、易于操作的设施设备和器械工具，根据预案组织志愿救援队伍与专业救援队伍开展协同演练等。

案例　上海市应急管理工作体制

上海市应急管理工作体制如图 2-5 所示，市级突发事件议事协调机构和基层应急管理单元分别见表 2-2 和表 2-3。[3] 市应急管理委员会统揽全局，下辖市应急委成员单位 61 个、区应急委 16 个、市级基层应急单位 10 个。

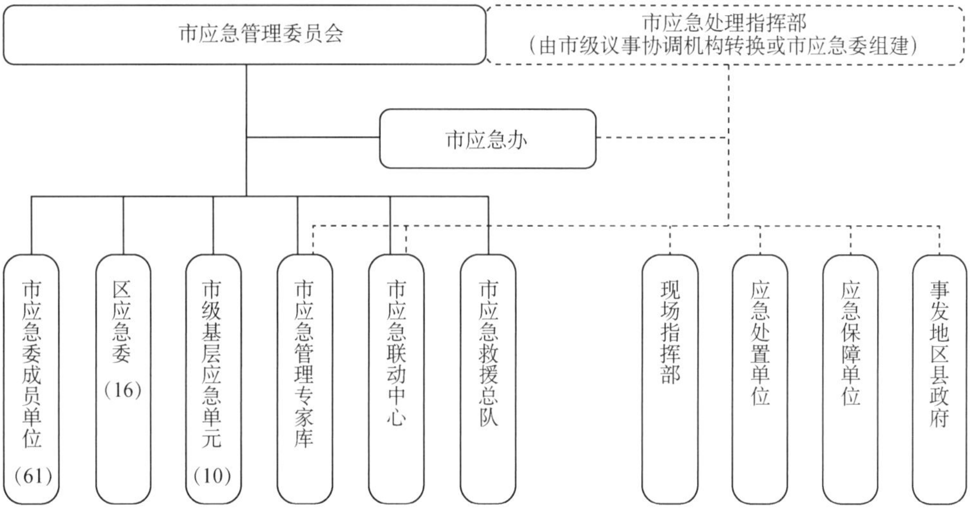

图 2-5　上海市应急管理工作体制

表 2-2　　上海市市级突发事件议事协调机构

序号	类别	议事协调机构名称	办事机构
1	自然灾害	市防汛指挥部	市水务局
2		市防震减灾联席会议	市地震局
3	事故灾难	市安全生产委员会	市安监局
4		上海海上搜救中心	上海海事局

（续表）

序号	类别	议事协调机构名称	办事机构
5	事故灾难	市网络与信息安全协调小组	市经信委
6		市消防安全委员会	市消防局
7	公共卫生事件	市防治非典型肺炎指挥部	市卫计委
8		市重大动物疫情防治指挥部	市农委
9		市食品安全委员会	市食药监局
10	社会安全事件	市处置劫机事件领导小组	市公安局
11		市反恐工作协调小组	市公安局
12		市维稳工作领导小组	市委政法委
13		市网络信息安全领导小组	市委宣传部

表 2-3　　上海市市级基层应急管理单元

序号	单元名称	牵头部门
1	虹桥商务区应急单元	虹桥商务区
2	洋山岛港区应急单元	上港集团
3	上海化工区应急单元	上海化工区
4	铁路上海站和上海南站应急单元	上海铁路局
5	轨道交通站点应急单元	申通集团
6	民防工程及地下空间应急单元	市民防办
7	宝钢应急单元	宝钢集团
8	上海石化应急单元	上海石化
9	虹桥交通枢纽应急单元	虹桥商务区管委会
10	上海国际旅游度假区管理委员会	上海国际旅游度假区管理委员会

上海市应急管理工作体制的案例充分体现了上海市城市的特点，与城市管理充分融合：在组织架构上融合，体现“平战结合，一体两面”；在工作机制上同步，体现“立足平时，一体两翼”；在管理单元上共治，体现“资源整合、共建共享”；在基础建设上延伸，体现“重心下移、社会协同”；在技术集成上共享，体现“数据融合、智慧治理”。

2.2.3　城市风险管理队伍的建设

1. 城市风险管理领导力量建设

2020 年突如其来的新冠肺炎疫情对世界各国政府的治理能力提出了挑战。疫情暴发伊始，习近平总书记就提出“坚定信心、同舟共济、科学防治、精准施策”的总要求，为做好新冠肺炎疫情防控工作提供了重要遵循，我们以最快的速度、最小的牺牲打赢了疫情防控这场“人民战争、总体战、阻击战”。但在疫情防控过程中，部分地方党政领导干部仍然表现出危机防范意识不强、处理措施失当等问题，不能在疫情防控阻击战中积极主动履职、有效发挥作用，疫情重灾区湖北省黄冈市在一个月内免去了 6 名党政领导干部的职务。

领导干部是国家和党各项工作的组织者、实施者和承担者，在突发事件中，既是化解危机的中枢与关键力量，也是问题与矛盾的焦点。其对突发事件的定性、处置是社会和公众的“风向标”，直接影响着突发事件的走向，如处置不善可能导致人心向背；其应对突发事件的能力素质更集中体现了党和政府的治理水平和效率，是衡量执政党领导力、检验政府执行力、评判国家动员力的一个重要方面。

但现实中，部分领导干部风险意识不强，“重经济轻风险”“重处置轻防范”。危机处置能力不够，在危机面前要么手足无措贻误时机，要么盲目指挥酿成大错。面对媒体(舆论)要么采取“捂”和“盖”、“躲”和“堵”、“打”和“压”的严防死守式策略，要么采取放任自流不管不问的态度。

在风险社会和全媒体时代，党政干部要树立风险管理的底线意识，对所领导的地方、负责的部门可能存在的风险有充分认识。在工作中学会一边抓经济发展，一边抓风险防控，要经常过问应急管理部门的工作，把城市风险防控预案的编制、城市风险防控专家队伍建设、城市风险机制体制改革等纳入自己的工作范畴。要善于从城市运行的小事故，举一反三，防控城市危机的大事件。平时多与相关领域的专家沟通，听得懂专业语言，在危机应对时善于听取专家的意见、尊重专家的意见，让科学把关说话。善于面对媒体，日常工作中主动与媒体打交道，在突发事件中承担起新闻信息的及时发布者、权威定调者、自觉把关者，引导舆论往好的方向发展，从而稳定民心、坚定信心。要在小的事故处理中磨炼自己，锻炼临危不乱的控制能力。

各级党校应该把领导干部的风险管理能力提升列入党校培训课程体系中。在党校的城市风险管理培训中，一方面要强化领导干部的风险管理意识，帮助领导干部了解与城市风险(应急)管理相关的国家法律法规，熟悉所在地方、部门的应急预案，掌握应急事件处置的流程；一方面要提升领导干部面对危机事件的处置能力，如在应急状态下如何高效地组织专家会议，如何科学快速地做出决策，如何面对媒体向公众传递危急情况与处置安排，如何协调资源等。两方面内容可以分别通过课堂讲授式教学和情景模拟式教学进行。建议可以采用表 2-4 所示的课程体系。

表 2-4　　领导干部风险管理能力提升培训课程体系

序号	课程名称	授课方式	课时
1	国家总体安全观指导下的新时代应急管理工作	课堂讲授	4
2	国家应急管理相关法规解读	课堂讲授	4
3	应急预案的编制要点与政府部门的应急管理职责	课堂讲授	4
4	城市风险的识别评估基本方法与处置原则(可细分为自然灾害、生产事故、公共卫生、社会安全等)	课堂讲授	4 (16)

（续表）

序号	课程名称	授课方式	课时
5	城市风险管理体系的构建与改革	课堂讲授	4
6	应急管理中资源的协调与联动	情景模拟	4～6
7	应急状态下专家会议的组织与决策机制	情景模拟	4～6
8	应急状态下舆情监测与信息发布	情景模拟	4～6

德国危机管理、应急规划及民事保护学院(AKNZ)的培训方法值得借鉴。AKNZ针对不同学员对象将培训目标清楚地分为6级，每一级都在认知、态度、行为三个方面设定目标，因此培训的针对性比较强。在培训中采用所谓“循环领导”原理(在德国被称为“ARD演练原理”)。即通过行动A(Action)—反思R(Reflection)—发展D(Development)的循环过程，花费较多的时间对学员进行演练，使学员积累应对突发事件的基本经验，提高应急决策与沟通协调能力。ARD演练原理有两个关键点，即反思和循环。反思包括学员的自我反思和教师引导的反思，通过反思找出演练过程中存在的不足。[4-5]

案例 德国AKNZ的应急管理培训体系

AKNZ的应急管理培训课程是一个完整的三级课程体系。培训的课程内容主要强调应激状态下的沟通协调和应急状态下的决策两个方面。其中，Ⅰ级课程中的演练课程主要以静态的桌面推演为主，但桌面推演不是一次性的，而是要按照ARD演练原理。针对不同演练场景进行2～3次桌面推演。每次推演结束之后都要进行评估总结，然后针对推演中出现的薄弱环节，如危机沟通的方法、决策的完整性和前瞻性等，进行理论讲解。接着再进行下一次桌面推演。Ⅱ级课程中的演练课程主要以指挥部演练为主，但指挥部演练也不是一次性完成的，而是通常将其分为两节，第一节指挥部演练结束后行评估总结，针对演练中存在的问题，如应急决策、危机沟通等进行理论讲解，然后再进行第二节的指挥部演练这样，在下一次桌面推演或第二节的演练中就可以检验学员对薄弱环节的改进情况以及对所讲授知识的掌握情况，从而达到循环上升的培训效果。Ⅲ级课程中的演练课程主要以联合指挥部演练主。课程安排也具有同样的特点。

从AKNZⅢ级课程体系的整体情况来看，也体现了一种A—R—D反复训练的循环领导培训模式。如从桌面推演到指挥部演练再到联合指挥部演练，这本身就是一个不断循环、没有终点的培训过程。即按照从低到高、从易到难，循序渐进的思路，通过行动、反思和提高的不断循环上升的过程，培训对象的能力将不断得到提升。

AKNZ拥有先进的现代化教室和应急演练设施，其中包括4个模拟应急指挥中心的教室，每个教室都装备了各种实况模拟、情景模拟等教学设备。每个教室旁边还专门配备一个导演室，可以了解每一位学员演练中的表现并且根据需要设定新的情况，加强各救灾组织机构之间的协同能力。从中看出，教学方法、教学设施对于达到教学效果的重要作用。

2. 城市应急救援力量建设

国家和地方政府是城市风险管理的核心主体，承担着保护公民人身安全、维护社会和谐稳定、提供财政技术支持等重要责任。国家和地方政府除了在政府中设置负责城市风险管理的主管机构，还要主导建设应急救援力量，以备危急时刻之需。

2018 年 10 月，根据中共中央《深化党和国家机构改革方案》，公安消防部队、武警森林部队退出现役，成建制划归中华人民共和国应急管理部，组建国家综合性消防救援队伍。初步实现了应急工作的综合管理、全过程管理，应急力量资源的优化管理以及向多元灾害事故救援的转变。根据纳入应急管理部的城市火灾(公安部消防局)、森林火灾(武警森林部队等)原有队伍的情况，我国国家综合性消防救援队伍应有 30 余万人。

在安全生产领域，“十二五”期间，中央财政投入资金 37 亿元，主要依托企业，建设了 7 支国家矿山应急救援队、14 支区域矿山应急救援队、47 支央企应急救援队，形成了共 68 支计 1.24 万人的国家级安全生产应急救援队伍，配备了一批应对重特大、复杂事故的先进救援装备，主要承担矿山、危险化学品等行业领域的应急救援任务。目前，正在建设国家级危险化学品、油气输送管道等应急救援队伍。此外，水上搜救、海上溢油、核事故应急、紧急医学救援、铁路、防汛抗旱等专业救援队伍建设也在稳步推进。截至 2018 年年底，全国共有安全生产专职应急救援队伍 7.2 万余人，形成了以国家队为核心、行业对为骨干、企(事)业对为基础的专兼结合、优势互补、功能综合的应急救援队伍体系，基本涵盖了我们国家各个领域、各个专业。国家级的综合性消防救援队伍和专业救援队伍，成为特重大灾害应急救援的核心力量。

国家应急管理部成立后建立了特别重大灾害由应急管理部牵头处置和一般性灾害由地方各级政府负责、应急管理部统一响应支援的应急处置机制。因此，地方各级政府承担着较大的属地责任和主体责任。而且由于城市风险管理和应急救援黄金时间的时效性要求，地方各级政府在任何一级风险和事故面前都有不可推卸的责任。地方各级政府要在第一时间做出反应，必须建有一支可靠的风险管理和应急救援队伍。

2009 年 10 月 18 日国务院办公厅发布《关于加强基层应急队伍建设的意见》(国办发〔2009〕59 号)，针对县、乡镇级基层应急队伍快速发展中存在的组织管理不规范、任务不明确、进展不平衡等问题，提出了基层应急队伍建设的原则和目标，对完善基层专业应急救援队伍体系、管理机制、制度给出了指导意见。在城市，基层的街道或镇应建设基层综合性风险管理和应急救援队伍。街道或镇政府应将辖区内的民兵、预备役人员、退伍军人、医护人员、志愿者等具有一定专业技能和应对能力的社区骨干人员组织起来，进行培训演练，成为基层风险管理和应急救援的基本核心力量，带动一批社区志愿服务力量。街道或镇政府的风险管理与应急救援部门进行业务指导，并提供财政支持，为专业性应急救援队伍提供专业技术支持。

在城市层面，则应抓好专业风险管理与应急救援力量。要根据城市的气象、地质以及人文、产业等特点，针对常发、易发的灾害或公共安全事件组建多支专业化应急救援队伍。城市风险管理政府机构负责对这些专业化应急救援力量进行业务指导，申请、拨付经费，并进行协调与考核等。这些专业化的应急救援力量同时负责对街道或镇组建的社区综合应急救援队和非政府组织成立的应急救援队伍提供技术指导。

为了提高城市风险管理与应急救援效率，无论是作为城市风险管理的政府职能机构、专业化的应急救援队伍，还是基层的综合性风险管理队伍，以及非政府组织性质的应急救援队伍，都应该采用一体化管理和标准化管理。城市风险管理的政府职能机构要把各种风险管理与应急救援力量纳入整个城市的队伍体系进行建设，同时要是全方位多层次的管理，大家有一致的工作目标、能力培养路径和考核认证手段。围绕建立一体化管理的目标任务要求，确立培训演练、专业联动与交流合作、综合保障、考评考核等方面标准化的运行机制。这样才能在具体的应急救援行动高度协同，形成 1＋1＞2 的效果。

2.3　企业的风险管理人才队伍建设

城市中企业的生产、经营行为是城市风险的一个重要来源。风险是客观、普遍存在的，对企业来说，生产和风险就像一枚硬币的两面。企业面临的风险多种多样，有政治风险、财务风险、法律风险等，这里我们主要讨论安全风险。

企业的城市风险管理人才队伍建设有两层含义：一方面是提升企业自身的风险管理水平和能力，确保企业生产经营的安全；另一方面是以市场机制增加城市风险管理的服务供给，政府和企业可以通过购买服务的形式进行社会公共风险或生产经营风险管理。

当前，国家正在推进城市风险管理领域的改革。如 2019 年 5 月中共中央办公厅国务院办公厅印发《关于深化消防执法改革的意见》(以下简称《意见》)，提出“坚持放管并重、宽进严管”的原则，强调加强和规范事中事后监管，加强事故责任事后倒查。从该《意见》中可以得出，企业作为市场的主体，要为自己生产经营中的安全风险负责，政府主管部门则聚焦于监管、执法等环节。

2.3.1　企业安全生产管理及其人才培养

任何一家企业都会存在安全风险，所有企业都应对自己的安全生产负责。企业必须落实企业主要负责人是安全生产应急管理第一责任人的工作责任制，层层建立安全生产应急管理责任体系。这个体系包括设置安全生产管理机构，配备专兼职安全生产管理人员，建立专、兼职应急救援队伍，加强企业安全生产预案编制，强化对一线生产经营人员的安全教育与培训等。

企业必须依法设置安全生产风险管理机构或职能，配备专职或者兼职安全生产应急管理人员，建立起系统的风险管理工作制度。轨道交通、建筑施工和危险物品的生产、经营、储存、运输等企业属于危险性较大的企业，在这些企业中，风险上升为危机的概率大，危机发生后造成的危害也大，更应该加强自身风险管理体系的建设。

风险管理机构及其管理人员是企业全面开展风险管理工作的基本前提，在企业的应急管理工作中发挥着不可或缺的重要作用。一些危险性比较大的企业，应当按照《安全生产法》的强制性要求，设置专门的应急救援机构和安全管理人员。

企业风险管理机构的规模、人员结构、专业技能等，应根据不同企业的实际情况和行业性质确定。为了保证应急管理机构和人员能够适应应急管理工作需要，应对应急管理人员进行必要的培训演练，使其适应工作需要。如从事危险化学品生产、经营、储存、运输企业的安全管理人员根据《危险化学品安全管理条例》的要求，应经过专业技术培训并考核合格。规模较小的企业可以不设置专职安全生产应急管理人员，但必须指定兼职的安全生产风险管理人员。兼职风险管理人员应该具有与专职风险管理人员相同的素质和能力，能够承担企业日常的风险管理工作，并在企业发生事故时具有相应的事故响应和处置能力。

对于一些规模大、行业危险性较大的企业应建立专职应急救援队伍，或与区域内相同性质的企业合作建立专职应急救援队伍，或与邻近专职救援队签订救援协议，并配备相应的应急救援装备和物资。企业的专职应急救援队伍应熟知企业的生产经营特点、空间布局和应急预案，在事故发生时，能够在第一时间迅速、有效地投入救援与处置工作，防止事故进一步扩大，最大限度地减少人员伤亡和财产损失。同时，企业救援队也能为政府应急救援队的精确施救提供现场的数据和材料，增强政府应急救援力量的救援效率和效果。

海因里希法则认为，当一个企业有 300 起隐患或违章时，非常可能要发生 29 起轻伤或故障，且另外还可能有 1 起重伤、死亡事故。这一法则告诉人们，为了防止重大事故的发生，必须减少和消除无伤害事故，并重视事故的苗头和未遂事故。因此，企业要通过持续的风险评估，找出企业存在的危险因素较多、危险性较大、事故易发多发的区域和环节以及重大危险源，把这些作为企业风险管理的重点岗位，制定重点岗位的应急处置卡，有计划性、有针对性地组织应急培训和演练，通过日常的风险管理，避免事故发生或者降低事故造成的损失。企业要开展全面细致的风险评估，对各种危险因素进行综合地分析、判断，掌握其危险程度，针对危险因素特点和危险程度制定相应的应急措施，形成既符合企业自身特点又与地方政府应急预案相衔接的企业应急管理预案。

企业应按照《生产安全事故应急预案管理办法》和《生产安全事故应急演练指南》的要求，对应急预案定期组织演练，使企业主要负责人、有关管理人员和从业人员都能够身临其境积累“实战”经验，熟悉、掌握应急预案的内容和要求，相互协作、配合。同时，通过组织演练，也能够发现应急预案存在的问题，及时进行修改完善。若企业关键、重点岗位从业人员及管理人员发生变动时，必须组织相关人员开展演练活动，并考虑增加演练频次，使相关人员尽快熟练掌握岗位所需的应急知识，提高处置能力。

当企业发生安全生产事故时，作为岗位从业人员，在事故发生后第一时间开展自救互救、避险逃生，对于减少事故造成的人员伤亡具有十分重要的作用。企业要抓好岗位从业人员安全生产与应急救援意识和能力提升培训，筑好企业安全生产的第一道防线。这既是全面提高企业应急处置能力的要求，也是有效防止因应急知识缺乏导致事故扩大的迫切需要。

企业的可持续发展，既需要经营方面的人才、研发方面的人才，也需要风险管理方面的人才。风险管理方面的人才是企业发展的守护神，没有安全生产的根基，企业就是”台风眼”中的一叶扁舟，随时会倾覆。因此，一个有远见的企业家一定会重视风险管理方面人才的培养。

2.3.2 市场化风险管理模式及其人才培养

除了政府要担负起主体责任，企业要担负起直接责任外，还要培育、构建城市风险管理的良好生态，形成城市风险管理的产业服务生态系统，其中包括保险企业、研发企业、专业化的救援和咨询企业等开展城市风险管理方面业务的企业。

1. 发挥保险的社会稳定器功能

保险是风险管理的重要工具，也是社会保障体系的重要组成部分，具有经济补偿、资金融通、社会管理三大功能。在新型城镇化的大背景下，如何通过保险的事先防灾减损机制和风险调节机制来引导人们提升风险意识，从而降低社会风险水平，这是事关城市发展和民生问题的重大课题。

在“城市风险管理服务体系”的建设过程中，保险业是重要参与者，要充分发挥保险业在城市风险管理与预防中的作用。其中，保险中介服务机构在体系建设中有其自身优势，一是角色定位，二是专业性，三是服务能力。

建立城市风险管理服务体系设想实现“政府和市场的结合”，即政府可以将城市公共风险、基础风险、民生风险的管理责任承担起来，把市场能做的且善做的风险管理、咨询服务、中介服务和外包服务等交给市场，通过引导和调动各级各类社会力量和资源投入城市的风险管理工作，充分发挥风险管理和现代保险服务业在经济金融、社会保障、农业保障、灾害救助和社会管理中的作用。

2014 年 8 月印发的《国务院关于加快发展现代保险服务业的若干意见》(国发〔2014〕29 号)，提出运用保险机制创新公共服务提供方式，政府通过向商业保险公司购买服务等方式，在公共服务领域充分运用市场化机制；发挥责任保险化解矛盾纠纷的功能作用，强化政府引导、市场运作、立法保障的责任保险发展模式，把与公众利益关系密切的环境污染、食品安全、医疗责任、医疗意外、实习安全、校园安全等领域作为责任保险发展重点，探索开展强制责任保险试点；将保险纳入灾害事故防范救助体系，增强全社会抵御风险的能力，减少灾害事故发生，促进安全生产和突发事件应急管理；建立巨灾保险制度，逐步形成财政支持下的多层次巨灾风险分散机制。

保险公司参与城市风险管理，可以充分发挥保险在人才上的优势，有利于建立一套行之有效的科学方法，对城市风险进行量化分析，在政策、法律上明确社会主体的风险承担责任，同时构建风险标准、风险模型、风险数据库，建立科学的城市灾害评价体系、转移体系和补偿体系。

2. 发挥科技研发的强大支持作用

城市风险的防控离不开科学技术的支持。随着信息技术的发展，基于智慧城市建设的“城市大脑”已成为城市建设的关键基础设施，为城市风险的监测、识别、评估、决策等提供了智能化的支撑平台。目前我国已有超过 500 个城市开始试点智慧城市建设，90%的副省级城市、80%的地级城市在地方政府工作计划中提出要建设智慧城市。智慧城市的建设为产业界提供了更多的应用场景，阿里在 2016 年就提出“阿里城市大脑”，华为于 2017 年提出“城市神经网络”，腾讯和科大讯飞于 2018 年分别提出“城市超级大脑”和“城市超脑”。

案例 北京市海淀区的“城市大脑”

北京市海淀区的“城市大脑”整合区域内各政务系统，将信息资源集纳整合，开发“城市大脑”综合系统，即一张感知神经网、一个智能云平台、两个中心（大数据中心、AI 计算处理中心）、*N* 个新应用，综合运用大数据、云计算、人工智能等技术，将多个部门的数据信息实时共享，对区内公共安全、城市环境、交通出行、环保生态等问题进行智能分析，“对症下药”解决问题。

“城市大脑”利用人工智能、大数据、物联网等先进技术，为城市交通治理、环境保护、城市精细化管理、区域经济管理等构建一个后台系统，打通不同平台，推动城市数字化管理。城市大脑将有力地推动城市提升风险管理水平。

城市大脑通过各类传感器，并结合车联网，对交通出行所需要的数据进行深层次、多模态的系统收集，以立体的方式感知来自外部刺激的每一丝“神经冲动”，可以为用户提供定位导航、通信传输、气候监测、桥梁监控监测、隧道监控监测、地质灾害监测等不同模块的风险管理服务。商场、广场的人流和街道上的人流、车流数据也会被传感器感知并实时将信息上传到数据库和处理控制中心，根据实际情况进行安全评价，一旦出现异常状况，预警子系统向上发出分级预警，从而达到全面监控、及时消除安全隐患的目的。

5G 技术促进智慧城市建设更快发展。建设智慧城市需要政府与产业充分对接，使政府在公共安全管理中的难点、堵点、痛点、热点在建设的需求中得到全面、系统的反馈，这样智慧城市才能成为政府进行城市风险管理的有力助手。因此，政府也必须有相应的人才，能够从需求调研到系统开发再到使用维护各阶段成为与企业对接的桥梁和纽带。

除了信息技术，城市风险管理还需要其他多方面的科技力量的支持。科技部“十三五”国家重点研发计划“公共安全风险防控与应急技术装备”重点专项共设立了 7 项重点任务，其中第7 项就是“综合应急技术与装备”。涉及应急技术及装备重点研究内容包括：公共安全突发事件动力学演化机理与规律，承灾载体灾变机理、风险评估与监测预警原理和方法，应急技术装备设计原理与应急服务方法，重大火灾预防与控制，金属非金属矿山及石油天然气开采安全保障，危险化学品及工贸企业生产事故防控，国家物资储备库安全保障技术与装备研发，大区域电网安全保障技术，油气及危险化学品储运设施安全监测与防护技术，大区域电网安全保障技术，涉水重大基础设施安全保障技术，城镇综合防灾与安全规划技术研究，事故灾难现场的保障技术装备研发，生命救护技术装备研发，抢险救援技术装备研发和应急服务技术产品开发 16 个方面。[6]

近年来，我国企业在应急救援领域自主研发了大量的装备，如三一重工股份有限公司的远程操控应急救援车辆，超高层建筑消防车等；由新兴际华集团有限公司联合清华大学公共安全研究院、中国安全生产科学研究院、中科院电子所、中国人民解放军后勤工程学院等行业顶尖机构共同发起成立的“技术应急救援装备产业技术创新战略联盟”研发的应急平台系统、城市应急综合体、远程大功率应急供排水装备、分布式雷达生命探测仪、应急供排水装备等。这些装备技术在应急救援中都发挥了重要的作用。大型化、智能化、速度快、效能高的应急救援装备将为今后的应急救援提供更强有力的支撑。

可以看到，在各个企业投入城市风险管理科技研发的背后，很多都有强大的政府科研经费的支持。政府科研经费的投入起到了很好的引导作用，帮助企业看到政府、社会的深层次需求，综合利用企业的研发力量，面向城市风险管理领域开发实用产品。同时，政府科研经费的投入也起到了很好的杠杆作用，带动了企业在城市风险管理领域产品研发的投入。政府也应把企业的优秀拔尖人才纳入政府的人才开发体系，通过政府科研部门的人才计划支持企业人才的研究工作。

3. 扶持企业化的专业力量发展

《突发事件应对法》第三十四条规定：“国家鼓励公民、法人和其他组织为人民政府应对突发事件工作提供物资、资金、技术支持和捐赠。”《生产安全事故应急条例》第九条规定：“国家鼓励和支持生产经营单位和其他社会力量建立提供社会化应急救援服务的应急救援队伍。”2016 年 12 月中共中央、国务院发布的《关于推进安全生产领域改革发展的意见》提出，要“将安全生产专业技术服务纳入现代服务业发展规划，培育多元化服务主体”，并“支持相关机构开展安全生产和职业健康一体化评价等技术服务，严格实施评价公开制度，进一步激活和规范专业技术服务市场。鼓励中小微企业订单式、协作式购买运用安全生产管理和技术服务。”这些文件为企业以法人身份参与城市风险管理和防控提供了法律依据。

首先要鼓励企业将自建的应急救援力量参与社会应急救援。根据国家法律，大型危险品生产、经营、运输、储存的企业等应建立企业的应急救援专业队伍。各类企业应急救援队伍分布广、种类多，并具有自身独特的专业技术优势、资源优势，如参与政府社会救援工作，能够有效弥补政府救援力量不足和技术不专的缺陷，是各类事故应急队伍体系不可或缺的重要组成部分。同时，企业的专业救援力量不纳入国家行政编制，减轻了国家财政供养负担，且国家依然能够行使资源整合和配置的职能，使应急救援运转协调、执行顺畅。地方政府要不断完善与企业救援力量的协同机制，通过政府购买服务、与企业签订“服务协议”、搭建大企业与同行业中小企业协作服务平台等形式，支持引导企业救援力量有序、有效参与社会应急救援行动。企业救援力量更好地参与社会应急救援关键在于完善政府对企业以“购买服务”为主的补偿机制、伤亡抚恤机制等。

发展培育城市风险管理领域的咨询中介企业是建设城市风险管理产业生态的重要一环，能大力促进企业专业化力量参与城市风险管理。要大力支持和发展行业协会、安全评估机构、技术咨询机构、保险机构等社会中介服务体系，支持他们开展风险评估、隐患监测治理、管理咨询、应急检测检验、教育培训等活动，一是满足《关于深化消防执法改革的意见》等城市风险管理体制机制改革后，企业在加强风险管理方面的迫切需求，通过社会化的力量解决中小企业在风险管理方面的人才不足和能力缺陷；二是以项目制或购买服务等方式承担地方政府的城市风险管理职能，为各类应急事件的处理培养并储备一批高水平专家队伍。

2.4 城市风险管理的公共参与及社会组织建设

公民社会的成熟发展、公民素养提升和参与需求的增长，使之从被动服从的角色逐步向主动参与的角色过渡，城市风险管理体系应该体现时代特色，即构建公众参与新型城市风险管理体系。公众参与城市风险管理有着多重必要性，它不仅是公众自身权利、义务的体现，也是社会治理与和谐的要求所在。在城市风险管理中公众参与具有不可替代的价值：公众人数众多可以快速发现无处不在的城市风险，有利于政府风险管理部门第一时间对风险进行预控，最大程度将潜在风险消灭在萌芽状态；即使在灾害发生后，社会公众自救、互救等措施，也能够有效地减少损失、消除恐慌、纾解心理。

各发达国家在城市风险管理中都特别强调社会公众的参与。2011 年 3 月 11 日，日本发生的东日本大地震对美国社会产生了强烈震动，美国参议院迅速召开了专门听证会，考虑如何应对类似的重特大突发事件风险。2011 年 3 月 30 日，美国总统奥巴马签发《总统政策第 8 号指令》（以下简称《指令》），以应对包括恐怖主义行动、网络攻击、流行病和严重自然灾害的威胁，强调需要建立和维持必要的应急管理能力，以应对最大危险的国家安全威胁。该《指令》正式确立了"全社会参与"（Whole of Community）理念。"全社会参与"是指包括居民、应急管理实际工作者、组织者和社区领导者，以及政府官员能够共同理解和评估各自社区的需求，并决定用最好的方法来组织和保护他们财产、能力和兴趣的方式。全社会参与的主体既包括个体和家庭，也包括以信仰为基础的社区组织、非营利组织、学校和研究机构、媒体，还包括联邦政府、州政府、地方政府、部落政府、领地等在内的政府，并将其落实在具体的应急管理政策中。在应急管理的重要文件《全国响应框架》中，更加明确了公民、社区、民间机构、地方政府、联邦政府部门、总统等在应急中的职责。

2.4.1 社会公众风险意识和技能的教育

城市风险与城市居民的生活环境、人身财产安全有着非常紧密的联系，公众参与到城市风险管理之中也是维护自身合法权益的主动选择。要建立城市风险管理机制，首先需要唤起公民参与意识，使公众意识到自身在风险管理中的主体地位，强化参与风险管理的责任感，认识到参与风险管理的必要性和重要性，增强防范风险的紧迫感和自觉性，逐渐成长为理性的参与型公民。

政府应构建系统的舆论体系来做好宣传引导工作。政府可以综合利用地方电视台、网络、广播和报纸乃至新型媒体，如政府官方微博、公众号等向公众传播城市风险管理的内涵以及公众参与其中的意义、自身承担的责任，以提升公众的参与意识与参与欲望。

政府要做好城市风险管理的教育工作。要强化义务教育阶段学生的风险应急教育，将风险意识教育和应急演练纳入学校日常教育中，内容涵盖各类突发事件应对等方面系统科学的教育，包括意识、技能、心理素质、各类急救知识的培养和训练，并应定期举行火灾地震逃生演练。这是对青少年的保护措施，同时也对他们长大后主动参与城市风险管理大有裨益。要加强对社区居民的风险应急教育，以社区街道为主，对易发灾害（火灾、地震、台风、水灾）进行演练，使社区居民每个人都了解和掌握相关应急技巧。

要发挥公众在城市风险管理中的风险识别、分析、处理和反馈各环节的作用，关键在于培养提高公民参与城市风险管理的技能。一是政府的专业救援队伍要深入社区、学校有计划地组织开展面向社会公众的风险救援训练和救灾演习工作，通过应急知识的宣传和应急能力的情境训练，进一步强化公众的风险防范意识和应急技能，增加公众识别、应对风险的实际经验，提高心理承受能力以及实际操作能力，为公民有效参与城市风险管理提供能力储备。二是培育社区志愿者组织，支持他们通过各种方式在公共安全的信息宣传以及公众预防、避险、自救、互救的技能教育培训方面，协助政府部门工作，发挥一定的补充和辅助作用。这样不仅能加强公众的避灾和救援能力，还可以形成风险事件中公众行动的社会规范，使其更为理性、有序地应对风险，避免因惊慌失措而造成更大损失。三是注重在社区基层培养城市风险管理方面的专业人才，形成一支活跃在基层的掌握风险管理知识、熟悉风险管理流程和风险管理技术的队伍。在日常风险管理中，他们能对身边的风险进行识别，制定社区风险防控预案，协助专业人员处置安全隐患。在风险事件发生时，这些专业人才能够有效引导、组织公众的参与行为，维护正常的城市秩序，最大限度地降低风险事件可能造成的混乱和损失。四是地方政府主管机构应通过自己的微博、公众号、网站畅通信息沟通渠道，披露公开危机信息，传播政府权威解释，提高公众对各种信息的辨别能力，也动员社会公众参与风险管理和危机应对。

2.4.2 城市风险管理的社会组织培育

城市风险管理中应急救援具有需求波动性大、需求时限短、需求种类难以预测的特点，因此，仅仅依靠政府的救援力量、政府渠道提供的应急救援资源难以迅速地满足其资源需求，这时就必须有效地从社会渠道筹集救援资源，即社会救援资源动员，支持应急处置与救援工作。

案例 美国化学品运输应急中心(CHEMTREC)

1971 年，鉴于当时社会各界对加强危险化学品安全生产管理的呼声不断增强，美国化工协会组织成立了化学品运输应急中心，参与危险化学品运输泄漏等相关生产安全事故发生后的响应工作，并对危险化学品安全运输和事故预防等提供支持与帮助。一般来说，当与危险化学品相关的灾害和事故发生后，企业负责人、员工或相关合作商会致电化学品运输应急中心，寻求进一步科学处置的指导办法和帮助。基于已有的数据资源和专家，化学品运输应急中心能够快速提供危险化学品专家、应急处置专业人员、毒理专家、医疗和工业卫生专家等的智力支持，并综合考虑事故的基本情况选择合理的解决办法,在最短时间内控制事故危害。

这种依托协会成立的民间应急咨询组织既有利于集结行业的专家,在平时不断完善应急预案,在危机处置中快速给出科学有效的处置建议,也有利于督促行业内的企业更好地履行社会责任,促进危机后的社会和谐稳定。[7]

发达国家在风险管理与危机应对的资源动员中,除了靠政府动员广泛的人力、物力和财力资源,还有大量的非政府组织参与其中,包括红十字会、教会、志愿者组织等。社会力量作为应急管理的参与主体,在应对各类突发事件中发挥着积极作用。美国、英国、日本等发达国家政府与第三部门建立起协同联动机制,并形成一套比较完善的管理体系和行之有效的办法:一是将红十字会等非政府组织以及其他私人组织的合作直接纳入国家的应急计划;二是从政策、法律、资金、培训上支持并鼓励第三部门,如给予税收优惠,提升第三部门在风险管理上与政府协调配合的能力;三是通过加强监管、权威人士担任荣誉会员或高层职务等措施增强第三部门公信力,如英国皇室成员做红十字会会长等。

目前,我国逐步与国际接轨,在应急管理中注重与非政府组织的合作,注重社会力量的参与,在一些重大的应急救援中非政府组织都发挥了重要作用。2008 年汶川地震发生后,我国有 263 家非政府组织参与抗震救灾,直接促成了我国非政府组织的功能创新和参与模式创新,并间接催生了一大批非政府组织。[8]

但由于政府的重视程度不够、非政府组织本身公信力缺失等因素,在风险管理和危机应对方面,政府与第三部门合作机制还有待进一步健全和完善。第一,政府主管机构应以开放、共享的理念将非政府组织纳入正规的城市风险管理体系,为他们提供固定化和规范化的参与渠道,在相关政策法规中明确规定非政府组织的责任和权利,使其成为应急管理体系建设的组成部分。第二,支持和促进非政府组织发展和壮大,政府可以通过购买服务、财政补贴、税收减免优惠等在经费上给予保障,在业务指导、安全装备和培训演练等方面为非政府组织提升参与应急管理能力提供必要的帮助。第三,积极搭建非政府组织与政府专业救援力量、非政府组织与国际上同类非政府组织以及不同非政府组织间的交流平台,分享经验和技能,为应急救援中的协作联合以及跨国参与救援活动奠定信任基础。第四,指导非政府组织通过建立健全组织章程,完善其内部管理,培养非政府组织的独立性,减少官办色彩,加强外部监督和行业内部自律,建立信息公开机制,自觉接受社会监督,提高社会公信力,加强志愿者的培训,广泛吸引社会公众成员参与,使其成为应急管理中不可或缺的力量。

非政府组织的发展,人才是关键。但长期以来,在我国的非政府组织中政府官员挂职或者兼职的现象十分严重,阻碍了优秀人才在非政府组织中的发展,影响了进一步提升内部的组织质量和非政府组织的发展。一些非政府组织由专业人士牵头组建,因管理经验不足,缺乏相关的组织管理知识和能力,在组织发展过程中难以协调好组织的制度、架构、目标等一系列问题,阻碍了组织成长;由于缺乏有效管理,非政府组织工作效率低下,部分组织人员的自制力较差,对金钱等抵制力较低,贪污腐败的现象时有发生,严重影响公信力。因此,在非政府组织的发展中，政府主管机构要对非政府组织的核心人员加强指导和培训，提升他们对内的管理能力，对外与政府、民众、媒体合作的能力，使非政府组织能够可持续地发展壮大。

2.4.3 城市风险管理公共参与的机制与模式

1. 完善法律制度保障机制

社会公众在城市风险面前不是不同的“受保护者”，而是主动的“参与者”，是城市风险管理的主体之一。社会公众参与城市风险管理的主体性及其责任义务必须有明确的法律依据和相应的制度安排。《突发事件应对法》第六十一条明确规定：“公民参加应急救援工作或者协助维护社会秩序期间，其在本单位的工资待遇和福利不变；表现突出、成绩显著的，由县级以上人民政府给予表彰或者奖励。”《安全生产法》第八十二条规定：“任何单位和个人都应当支持、配合事故抢救，并提供一切便利条件。”但与美国等发达国家相比，我们在公众参与城市风险管理和危机应对方面的法律和制度比较简单粗略，难以实施操作。

完善和落实公众参与城市风险管理的法律法规和相关制度既要学习发达国家的经验，也要体现中国特色社会主义制度下人民当家做主、以人民为中心的特色。首先，亟须制定和完善公众参与风险管理的相关法律法规，明确公众在风险管理中要担负的责任和义务，使其清楚如何参与，怎样配合政府，既要确保公众参与城市风险管理的权力、地位得到保证，又要规范公众的参与行为。相关的法律制度要针对公众危机参与的新情况、新要求，界定清楚城市风险事件的防范、处理程序，对公众在城市风险管理中的责任、义务及参与程序和参与权的司法救济做出具体规定，确保公众参与的有效行使和参与渠道的通畅。二是要加强相关法律法规的普法宣传，使公众认同并明晰自己在城市风险管理过程中应承担的主体责任，特别是在应对危机事件时，了解自己应该如何配合和支持政府做好处置工作，从根本上改变公众参与的经验模式，确保参与的有效性。其次，为了充分发挥社会公众对城市风险识别、防范和预控的能动性，需要建立保障、规范其参与行为的制度体系。具体包括三类制度：一是责任性制度，以此确定社会公众在参与城市风险管理中的行为边界，即可为与不可为的相关规定；二是保障类制度，提供社会公众与政府实现城市风险协作管理的必要保障，包括公众参与的政策依据、权力设置、参与途径、具体环节等；三是追责类制度，社会工作的参与需要在制度框架内依法进行，其参与行为需有序规范，对自己的参与行为承担应有的公共安全责任，接受法律和社会舆论的控制和监督。[9]

2. 构建有效信息沟通机制

在信息社会下，社会公众有多种渠道了解城市风险管理方面的信息，但政府作为城市风险管理的主导者，仍然有必要、有义务构建一个有效的风险信息沟通机制，努力消除政府与公众间的信息不对称，促进二者的良性互动，增加公众对政府的信任感，并使公众的知情权得到满足，从而有序参与城市风险管理活动。而且，在风险管理过程中积极与公众、媒体进行有效的沟通，也体现了一个负责任政府的信心和能力。因此，政府部门应在风险防范、预警信息发布、风险应对和事件调查处理、追责等各个环节及时公布信息，保持与公众和媒体的有效沟通，随时了解公众的需求和反馈。

在政府与公众的沟通中要重视媒体的正面作用。“2019 中国信用小康指数”对中国 30 多个职业群体的诚信度调查中，军人、普通公务员、警察、教师、记者的诚信度名列前五。记者维护社会公平正义的职业性质得到了较高的肯定。因此，通过召开新闻发布会，借助公共媒体报道的渠道将风险事件的真实情况及时、准确地向公众公布，特别是那些涉及重大灾害的风险信息和涉及公共利益的各类信息，更要及时准确地提供给公众，声明政府的立场，帮助公众克服恐慌，引导公众有序参与风险防控与危机应对。地方政府要努力建立媒体沟通机制，与媒体进行开诚布公的对话与合作，形成政府与媒体的良性互动，在日常工作中，城市风险管理机构应主动通过媒体，引导社会公众监督自己的工作，在媒体上开辟公众反馈建议和意见的媒体平台，并及时对合理化建议做出激励。

政府主管机构也应加强自己的政府网站公布、微信公众号、微博等新媒体和自媒体的建设，重视并发挥新媒体传播信息的优势功能，进行风险警示、应急处置信息发布和紧急社会动员，引导社会公众有序参与城市风险管理。同时还可利用其双向沟通的特性，通过监测社交媒体及时了解公众的反馈和需求。

注重发挥基层社区在城市风险管理方面与公众的沟通作用。基层社区的工作人员与社区群众长期接触，具有一种天然的信任纽带，在沟通体系中具有不可替代的作用。在一些特殊的时期，通过基层社区将政府的需求宣传个社区居民，动员他们行动起来，防范风险，是中国式城市风险管理的成功经验，也应该继续发扬光大。

3. 建立协同演练动员机制

在城市风险管理中，应急演练发挥着重要作用。一是应急演练既可以执行、检验、纠正应急预案，提升其科学性、合理性和可操作性，实现理论—实践—理论的螺旋式上升，又能够帮助相关各部门、社会救援力量和公众明确各自在应急状况下的分工与定位，熟练掌握应急救援的技能，提升应急救援的能力和水平。二是能够加强人们的应急观念，让人们正确认识城市生活、工作中存在的各类风险，正确处理生活、工作中的风险隐患，增强突发事件的危机感，不再抱有侥幸心理，在心理层面提升面对突发事件的应对能力。

公众参与城市风险管理和危机应对的内容应包括在应急预案中。各级政府在编制应急预案时都不应忽视公众参与的内容，对社区居民、社会组织和志愿者的动员和参与的形式路径要有全面的设计和安排，以便在应急事件发生后政府能够迅速整合社会各界的资源，形成统一的意志和力量。

政府主管机构应着重基层社区的风险应急演练，指导社区按照应急预案组织社区风险管理的骨干群众开展针对地震、台风、火灾以及公共卫生等不同应急场景的桌面演练，并组织社区群众参加实战演练，包括特定应急场景下的自救、他救以及如何与外部救援力量协调配合。通过社区的公众参与，与企业的风险教育培训形成互补，使城市内公众的主体都在不同的程度上具备风险意识，掌握应急技能，这样即使在北京、上海这样流动人口较多的超大型城市，都可以有效进行风险管理，应对各种应急事件。

政府应该牵头畅通沟通渠道，通过政策、资金等资源的扶持，在社区、社区内的企业和非政府救援队伍间搭建协同演练的平台，既能够使社区的风险管理得到来自企业救援队或非政府救援队的专业指导，又为非政府救援队伍日常发挥作用、凝聚团队创造机会，更可以使一个社区内来自不同方面的风险管理与应急力量在平常就能够得到磨合，从而能在应急时高效应对。

2.4.4 城市风险管理社会组织的人才培养

风险管理是一门专业性很强的系统性工作，需要一定的专业能力和专业技术支撑，且需要管理政策、资金、人力等政策与物质资源保障。此外，城市公共安全需求越来越呈现出个体化、多元化的特点，对社会组织安全供给能力提出了更高要求。

当前，社会组织还存在着诸多缺陷，阻碍社会组织参与城市风险管理的绩效。首先，社会组织从专业能力来看，专业结构失衡、专业化服务类型单一，与城市风险管理需求匹配度有差距。其次，在“有限理性”作用下，基于组织利益考量，促使社会组织异化为利益集团而丧失其社会性功能，在实践中表现为社会组织存在一定的“经济人”倾向，依据“成本-收益”原则，倾向于选择预期带来更多利益的活动方案，诱发其变通服务内容、控制活动规模、减少服务项目等。最后，社会组织的志愿属性和公众的非组织化使得有效配置城市风险管理资源的难度增大，加上组织吸引力低、成员流动性强，造成社会组织在满足社会需求、提供志愿服务等方面产生功能缺陷和效率困境。

为了克服社会组织的缺陷，提升社会组织公共安全服务能力，加强社会化的城市风险人才的培养是一个重要且有效的途径，可从以下几方面着手：首先，政府要帮助社会组织扩大宣传力度，为贡献突出的社会组织背书，吸引更多专业人员参与社会组织，扩大社会组织的志愿者队伍基础。其次，政府风险管理部门和应急救援队伍的专业人士要经常性深入社会组织开展培训和教育，提升组织成员的专业技能，帮助构建完善的业务培训体系。同时，探索建立与政府、高校、科研机构的人才交流合作机制，拓展志愿者人才来源渠道，吸纳更多的专业人才志愿参与社会组织中，为社会组织参与风险管理提供源源不断的智力资源。再次，要帮助社会组织中成员厘清价值追求，维护社会组织的公益属性，把维护公共利益作为社会组织参与城市风险管理的活动导向和价值追求，增强其责任感、使命感，通过社会荣誉的激励，克服“经济人”倾向。最后，要在实践中培养社会组织的人才，增加拓展社会组织参与风险管理的广度与深度。在日常面向市民的风险意识与技能教育、社区与企业应急预案编制以及应急演练中，政府风险管理机构要有目的地让相关城市风险管理社会组织参与进来，使得这些社会组织的成员有事可为，保持较强的凝聚力和战斗力，并增强社会组织与社区、企业、政府在应急救援中协调的通畅性。

对于城市风险管理方面的社会组织，其人才需求不仅限于掌握应急知识技能的人才，而且需要对组织自身进行管理的人才。对社会组织来说，是否具有自我造血能力，实现财务独立非常重要。因此，社会组织的骨干应知道筹集资金的渠道和方式，如积极参与政府购买服务和市场竞争，在提供服务产品的同时获取组织发展资金；创建服务品牌，扩大知名度，吸引企业与公众捐款，并通过规范的资金管理、自觉的信息公开等取得更多公众的信任。[10]

2.5 构建政府-企业-社会的人才互动机制

2.5.1 组建常规性的城市风险管理论坛

城市风险管理的参与主体众多，但在各主体之间如何确立一种有效的人才培养和人才互动机制，是一个重要的问题。而建立一个常规性的城市风险管理论坛应是一个有效的解决之道。

提起城市风险管理论坛，我们很容易想到前文中介绍的英国伦敦"地方应急论坛"(Local Resilience Forum, LRF)。该"论坛"与当前中文语境下的"论坛"有较大不同，LRF有些类似于"领导小组"或"协调小组"。它是由各相关部门的主要领导所组成的决议机构，下设一个被称为"伦敦应急团队"(The London ResilienceTeam，LRT)的日常办事部门。大伦敦地区有6个"地方应急论坛"，每个LRF负责协调5～6个自治市。这些LRF的重要职责是识别并评估各自区域的风险。[11]

这种风险管理论坛也不同于我国一些城市已举办的一般性城市风险管理论坛。我国举办的一般性论坛理论性、综合性更强，而对具体城市风险管理的针对性、操作性不强，只能解决人才培养的理论基础问题，对城市风险管理人才实战能力的帮助有限。如2017年开始每年在上海举办的"城市风险管理高峰论坛"，专家学者云集，对城市风险管理话题的理论研究讨论愈来愈深入、广泛，对促进我国城市风险管理理论研究的提升具有重要作用(表2-5)。

表2-5　城市风险管理高峰论坛情况

年份	2017年	2018年	2019年
主题	城市运行中的风险管理	风险视角下的城市安全发展	精细化管理与城市风险防范
主题报告	1. 城市安全的新挑战及危机应对(王德学) 2. "一带一路"之下港口安全与风险管理(徐祖远) 3. 城市运行中的风险管理(孙建平)	1. 智慧安全韧性城市(范维澄) 2. 市民素质与城市安全(徐祖远) 3. 全球保险形成与发展 中国保险功能与作用——观察和思考(周延礼) 4. 城市分线管理的特征探索(孙建平) 5. 气候变化与城市韧性规划与发展：阿姆斯特丹经验启示(格哈德·范登普) 6. 自然灾害预防与应对的方法探讨(大卫·约翰斯顿)	1. 基于精细化管理的城市安全风险防范(徐祖远) 2. 新时代城市安全发展机遇与科技问题(张兴凯) 3. 当好城市CEO(葛红林) 4. 风险管理复杂挑战的新要求(奥尔特温·雷恩) 5. "π"理念在城市风险管理中的探索(孙建平)
分论坛	1. 分时租赁(共享经济)热潮下城市管理的机遇与挑战 2. 城市大客流风险管理的要素与对策	1. 城市风险管理学科建设 2. 长三角一体化发展和风险防控 3. 风险预警与应急管控平台	1. 2020：智慧应急 2. 火灾风险与防控 3. 城市建筑与基础设施运行风险管理 4. 城市生态环境风险防控

而专属于一个城市的城市风险管理论坛则应具有上述两类论坛的共性职能。这样的论坛定位于以下几个方面。

1）凝练问题

聚焦于一个城市一段时期内城市风险的主导性问题。在论坛前城市风险管理的主管部门应与气象地质、宣传舆情、公共卫生、食品、经信等部门对城市下一个阶段的风险因素进行综合分析，提出今后一个时期可能影响城市运营的潜在主导风险因素，城市风险管理论坛以此进行深入的交流和讨论。

2）组织论坛

论坛的参加者应包括政府主管部门和相关部门的领导，政府专业救援队伍和企业化救援队伍的领导和研究人员、风险管理领域内非政府组织的负责人、大型企业的安全负责人和社区负责人以及相关领域的专家等。论坛应围绕以下几项内容展开。

（1）培训：围绕潜在主导风险因素，邀请专家为地方城市风险管理者提供前沿理论知识和分析工具，介绍国内外的风险管理和危机应对案例，拓展各级城市风险管理者视野，凝聚大家共识。

（2）交流：不同类型风险管理主体的领导和专业人才根据提供的相关资料，交流对潜在城市风险因素的认识，共同研判不同风险因素爆发的概率，独自或同时爆发对城市安全构成的危害及其程度，以及自己所在机构在这些风险的管理方面所具备的能力，在应急状态下能够做的主要工作。这个过程是了解“形势将如何”和“谁能做什么”。

（3）展示：安全行业的企业可以对自己研发的新产品的功能进行介绍，推广普及最新城市风险分析技术、救援技术的设备与软件，推动现代化技术在城市风险管理中的应用，提高城市风险管理的技术能力。

（4）分工：城市风险主管部门的领导根据城市的具体情况划定协作分区。片区内的相关机构对自己片区内的潜在风险进行识别和评估，在城市风险管理预案的指导下制定片区的应急对策，划定各部门和机构的应急职责，提出需要外部支持的各类资源。同时片区间分享方案、专家点评、取长补短。这个过程是明确“谁做什么”。

3）组织演练

选择一个片区，就下一个时段一项概率高、危害大的城市风险的管理和应急事件应对进行沙盘推演，来自不同领域、部门的城市风险管理者围绕特定的应急事件情境展开救援，检验管理和应急方案的可行性以及不同应急力量间协作的效率和效果，不断修订协同方案。在这些常规突发事件的应对演练中，参与的各方力量就如何搭建战略和战术指挥架构、如何实现高效的统一指挥、如何开展协同应急等关键性问题进行磨合，为战时的衔接顺畅、高效协同打下扎实的基础。

通过这样常规性的城市风险管理论坛，每个城市对自己的城市风险定期进行梳理，了解每个阶段的工作重点，来自政府、企业、社会不同机构间面对面交流讨论达成共识，每个风险管理主体在风险管理和危机应对的策略制定中都充分贡献自己的智慧，清楚明确自己在城市风险管理中的责任以及在危机应对中的协作机制，将会极大地促进城市风险管理人才在实战中尽快成长成熟，提高他们全面应对处置城市风险和危机的能力和水平。

2.5.2　编制风险管理执行规范与应急预案

编制风险管理执行规范和应急职能的目的，在于针对一个城市风险管理的现状和突发事件的特点，实现以下目标。

在日常风险管理中：

(1) 帮助风险管理主体明确风险准则，即评价风险重要程度的标准，包括以下因素。

① 可能发生的后果的性质、类型以及后果的度量；

② 可能性的度量；

③ 可能性和后果的时限；

④ 风险的度量方法；

⑤ 风险等级的确定；

⑥ 利益相关者可接受的风险或可允许的风险等级；

⑦ 多种风险的组织影响。

(2) 帮助风险管理主体明确风险识别、分析和评价的工具和方法，对风险进行准确评估。

(3) 帮助城市风险管理主体准确记录风险的内容，并将城市风险按照规定的途径及时上报到大数据平台，根据风险性质等级提醒主管部门，并预先采取措施消除或降低风险等级。

(4) 帮助城市风险管理主体正确认识和理解城市风险地图，时时观测风险点的变化，为主管部门及时应对提供保障。

在突发事件应对中：

(1) 通过整合政府、企业、社会各种突发事件应急管理机构的资源，完善突发事件应对体制机制和工作程序。

(2) 通过规范突发事件的分级分类，确定各类突发事件的启动程序，明确城市风险各类管理主体的职责和权力。

(3) 通过整合现有突发事件应急资源，完善分工明确、责任到位、优势互补、常备不懈的突发事件应急保障体系。

(4) 通过整合现有突发事件的信息资源，实现信息资源共享，进一步形成机制优化、反应灵敏的信息支撑系统。

(5) 通过实施总体应急预案，切实加强基础工作，理顺管理体制和机制，实现防范系统化、决策科学化、指挥智能化、保障统筹化，进一步提高应对突发事件的能力。

城市风险管理执行规范和应急预案就是要让城市风险管理的各类主体，在城市日常运行中和危机处置中都能够明确自己的职责，形成协同效应，而不是各自为战，更不能互相添乱。

在城市风险管理执行规范和应急预案的制定中，一定要将当地企业的风险管理和应急力量、非政府组织等社会管理力量、社区基层的力量等多元主体的资源充分考虑在内，不能仅仅依靠各级政府的力量和资源。政府主管部门在日常资源调配、能力建设、机制建设和政策制定中都应该为其他城市风险管理主体提升能力、发挥作用留有一席之地。特别是在能力建设环节更应该加强对社会与社区风险管理人才的挖掘和培养投入更多的财力、物力和人力，为社会和社区风险管理培育核心骨干人才，为构建复合型的城市风险管理结构打下人力资源基础。

2.5.3 建立分级共享的大数据平台

数据共享是各类城市风险管理主体协同合作的基础，也是发挥各类城市风险管理主体中人才智慧，从多角度对城市风险进行综合研判的基础。政府是掌握城市风险数据的主要机构，特别是随着5G的加速布局，城市大脑等城市管理大数据平台的功能愈来愈强大，收集到的城市风险数据也越来越多，但受制于每个人的知识和经验，这些数据在不同人手上会得出不同的结论，因此建立一个分级共享的城市风险大数据平台，将相关数据授权给一些专业组织、非政府组织和社区基层，发动各方面的人才力量研究分析数据并从中发现潜藏的安全风险点，是提升不同城市风险管理主体中人才敏锐性与全局性的有效手段，也是促进不同主体中人才互相学习成长的有效途径。

2007年国务院颁布《中华人民共和国政府信息公开条例》，其中要求行政机关应当主动公开政府信息，还详细规定了信息公开的方式、程序、监督和保障措施等。2017年5月中央网信办、国家质检总局、国家标准委经中央网络安全和信息化领导小组同意，联合印发《“十三五”信息化标准工作指南》，提出“加快构建政务数据资源、社会数据资源、地理信息空间数据资源、互联网数据资源一体化的数据资源标准体系，开展数据资源语义描述、数据资源目录体系、数据质量管理标准研制，为部门间网络联通、信息共享、业务协同提供标准支撑”。城市风险数据平台涉及政府部门、私营部门、社会组织等多元主体，数据的交互共享既有数据安全的要求，又要有统一规范的标准体系。

当前，政府数据开放共享多在政府部门之间，企业数据共享则要靠交易实现，政府和企业以及公众之间数据开放共享还有较多的挑战，主要是政府部门在数据开放共享中存在“不愿开”“不敢开”“不能开”“不会开”的问题。随着信息技术的发展，城市风险数据开放从标准到技术都能够提供较高水平的保障。大数据平台敏感数据安全共享的解决方案已经比较成熟，能够保护用户敏感数据的安全性，有效实现这些数据的安全共享，同时使数据拥有者完全掌握自身数据的控制权。政府依据政府数据的敏感程度确定数据类别，进行数据分级，从而为不同类别数据的开放和共享施加不同程度的管控。要实现这个目标，关键在于政府主管部门要能够打破本位思想，放手发动各级政府、企业和其他社会力量共同做好城市风险管理。

2.5.4 培育城市风险应急管理产业

依据国务院办公厅《关于加快应急产业发展的意见》(国办发〔2014〕63号)，应急产业是为突发事件预防与应急准备、监测与预警、处置与救援提供专用产品和服务的产业;其重点方向包括监测预警、预防防护、处置救援和应急服务 4 个领域、15 个发展方向。"工欲善其事,必先利其器"。通过应急产业发展,提升应急技术装备适应性、可靠性、安全性,提升基础设施和生产经营单位本质安全水平,提升突发事件应急救援能力,提升全社会抵御风险的能力,对于保障人民群众生命财产安全、维护国家公共安全具有重要意义。

《关于加快应急产业发展的意见》对人才队伍的建设予以高度关注,提出"建立多层次多类型的应急产业人才培养和服务体系,着力培养高层次、创新型、复合型的核心技术研发人才和科研团队,培育具有国际视野的经营管理人才,造就一批领军人物。支持有条件的高等学校开设应急产业相关专业。依托有关培训机构、高等学校及科研机构,开展应急专业技术人才继续教育。利用各类引才引智计划,完善相关配套服务,鼓励海外专业人才回国或来华创业。"

如果有一大批人才汇集在应急产业,他们为了满足应急市场的产品和服务需求,必然要专心研究城市风险管理的各方面问题,对各类城市风险管理主体进行广泛市场调研,分析应急市场的产品和服务痛点、热点、难点,以便能够研发关键技术、装备,向政府部门和应急救援专业队伍提供更先进的应急产品和服务。

应急产业是城市风险管理的经纬线。良好的应急产业发展有利于促进城市风险管理一线救援和管理中的人才积极思考自己的工作,将自己的创新点子分享给应急行业市场的营销与研发人员,帮助他们开发适应性强、安全可靠的新产品,从而在应急状态下更好地保护自己、战友和群众的生命财产,提高日常管理的效率。

参考文献

[1] 曲国胜.基于风险和应急准备能力评估的应急救援能力建设[J]. 安全,2019(5):1-6.

[2] 何红悦,牛彦杰,吴春晓,等.基于能力需求的应急指挥架构方法[J]. 指挥控制与仿真,2018,40(6):25-27.

[3] 容志.与城市管理相融合的应急管理体系建设:上海经验及其启示[J].城市观察,2019(3):127-137.

[4] 王彩平.基于应急管理的培训课程体系构建[J].理论与改革,2012(5):87-89.

[5] 国家行政学院课题组.英国、德国、瑞典应急管理教育培训的主要做法及启示[J].中国浦东干部学院学报,2009(5):118-121.

[6] 张兴凯.我国安全生产应急救援科技装备现状与发展[J].劳动保护,2018(2):52-55.

[7] 莫迪,吴大明.美国危险化学品应急管理体系[J].劳动保护,2019(1):29-31.

[8] 萧延中,谈火生,唐海华,等.多难兴邦:汶川地震见证中国公民社会的成长[M].北京:北京大学出版社,2009.

[9] 刘雅静.城市风险管理中的公众参与问题探析[J].中共乐山市委党校学报(新论),2017,19(3):89-92.

[10] 董幼鸿. 社会组织参与城市公共安全风险管理的困境与优化路径——以上海联合减灾与应急管理促进中心为例[J].上海师范大学学报(哲学社会科学版),2018(4):50-57.

[11] 严荣.英国伦敦的城市风险评估体系及其启示[J].北京规划建设,2010(6):51-53.

3 城市风险管理人才的胜任力模型

3.1 城市风险管理阶段概述

良好的城市风险管理体系能够有效预防风险、处置风险，为了更明确地划分职责来推进城市风险的管理，城市风险管理的内容可被划分为事前预防、事中处置、事后恢复。事前预防对应于风险发生前的风险识别、风险评估和应急规划阶段，事中处置对应于风险变为事故时的应急处理阶段，善后恢复对应于事故发生后的恢复阶段。各阶段都有不同的风险管理方式，但不论选择何种方式，都应以本国家或本地区法规以及相关的国际标准为基础，结合考虑多方可用信息，协调各方力量，推进风险的管理与解决。

3.1.1 城市风险管理人才定义

在城市风险管理过程中，人才往往是推动风险识别与解决的中坚力量。城市风险主要分为自然灾害、事故灾难、公共卫生事件和社会安全事件四类。在管理自然灾害和事故灾难类风险时工程技术是主要手段，而社会安全事件类风险的管理舆情公关是主要手段。因此，本章主要研究城市风险管理的工程技术人才、公共卫生人才、舆情公关人才和应急指挥人才的胜任力。

工程技术人才是能够担任工程技术和工程技术管理工作，具有工程技术能力和丰富专业技术工作经验的人员。在城市风险管理方面，工程技术人才主要涉及的领域有土木工程、机械工程、化学工程、交通运输工程、建筑工程、电力工程、计算机科学与技术和大数据、工程管理等。其中，城市建设、更新过程中土木工程领域的风险无处不在，工程事故危害大，故本书主要聚焦土木工程类风险管理人才的培养问题。

公共卫生人才是指熟练掌握基础医学、临床医学、预防医学的基本知识，以及公共卫生事业管理理论、管理技能和管理方法，并能将理论知识运用于日常卫生监管和解决突发公共卫生事件的高级管理人才。[①] 在城市风险管理方面，其主要涉及的领域有公共卫生与预防医学、食品药品卫生与检验、流行病与卫生统计、环境卫生、社会医学与卫生事业管理。

舆情公关人才是指通过与媒体建立良好关系，对舆情进行有效实时监控并在此基础上分析、研究及引导舆情，使舆情氛围有利于风险管理的人才。伴随互联网技术的飞速发展，网络舆情管理成为舆情管理的重点，同时各媒介之间的界限也逐渐模糊，这要求舆情公关人才熟悉各

① https://baike.baidu.com/item/公共卫生管理/8093483?fr=Aladdin.

渠道的舆情管理模式，能够利用信息手段及时发现舆情、管理舆情。①

应急指挥人才是指能够在突发事件发生时及时打破各种调度手段之间的通信屏障，实现各部门统一调度、分级调度并快速协调调动各种资源，指挥处理突发事件的人才。在我国，当突发事件发生时，由各级政府应急管理部门牵头成立应急管理小组指挥应急处置。

3.1.2 城市风险管理人才的职责划分职能

3.1.2.1 识别阶段的主要职责

风险识别是指人们运用各种方法对大量来源可靠的信息资料进行科学系统地了解和分析，认清项目存在的各种风险因素，进而确定项目所面临的风险及其性质，并把握其发展趋势的行为。此过程需要人们对风险点、风险源、风险面做出界定，寻找导致风险发生的条件因素，把握风险特征，进而归纳确定风险类别。[1]与此同时，风险的复杂多变性决定了风险识别是一个动态持续的过程，风险管理人员需要定期辨识风险，及时更新风险信息，既要基于过去总结经验，也要着眼未来有效预测。在城市风险管理过程中，风险识别是最为基础也是最为关键的一步，风险识别成果将直接影响后续风险管理的工作。若漏识风险，将错失处理风险的最佳时机，被动地自留风险；若误识风险，将造成后续投入资源的浪费。只有及时、准确、全面地辨识风险，才能主动采取有效手段降低风险。

1. 工程技术人才的职责

在风险识别阶段，工程技术人才的主要工作职责包括以下几个方面。

(1) 整理汇编已发生的城市风险事故，依据国家政策标准和专业技术知识分析事故原因，定义并描述致灾因子，罗列关联风险，制定标准规范。

(2) 建立各类型城市风险的风险监测系统。

(3) 识别城市总体风险，主要分为以下三个步骤。

首先，通过实地走访调研，采集风险基础信息，核实相关部门所提供的安全材料，对信息进行汇总、梳理、统计，根据资料分析城市内各社区、各行业安全风险管理现状及问题，登记所存在安全隐患的种类、数量和状况，撰写风险调查报告。

其次，对信息进行风险分类和描述，细化并归纳各类安全风险的风险源、风险点、危险源、薄弱环节及重点防护目标等，将风险内容以空间化形式呈现。

最后，运用互联网技术，建立风险数据库和管理信息系统，及时储存各类风险源，编制城市安全风险清单，绘制城市安全风险电子地图。利用城市监测系统、大数据和人工智能等新兴技术，及时获取城市产业、基础设施、公共场所等方面的数据，将数据分析转换为与安全风险相关的有效信息，掌控风险源的动态变化情况，及时补充更新城市安全风险清单、城市安全风险地图的信息。

(4) 识别在建工程风险。有效监管城市各项在建工程，分解工程风险因素，对工程建设全

---

① https://wenku.baidu.com/view/fe1a1fa15901020206409c59?pcf=2.

过程进行风险识别。工程建设前结合自然环境、工程地质和水文地质排查施工地点及施工周围环境的安全隐患，为安全施工创造条件，确保后续施工的进度和质量。工程建设过程中结合工程自身特点以及工程管理等方面内容对施工所使用的机械设备、施工地点的用水用电情况，施工队伍、技术操作规范进行安全隐患排查，辨识非法违法、违规违章行为，检查相关企业、部门单位各环节责任是否落实到主体。工程竣工后，识别验收交付使用过程中的各种风险，该过程包括相关产品保护手续的验收、对外条件的确认、产权移交等内容，确保工程顺利投入运营状态。[2]

2. 公共卫生人才的职责

在风险识别阶段，公共卫生人才面临的风险主要有医药风险、食品安全风险、传染病疫情风险，对应的工作职责包括以下几个方面。

(1) 关注国内外重大公共卫生事件，总结其特点、原因，查阅相关文献资料，利用风险识别方法分析得出关键风险、监管薄弱环节、责任主体，制作公共卫生风险清单。

(2) 识别医药风险。定期抽调检查医药相关企业、医院，充分利用各监测系统对药品、医疗器械在研制、生产、流通、使用、补偿环节的数据进行信息化采集，依据国家法律法规和相关标准判断药品、医疗器械是否合法安全，第一时间识别各阶段可能存在的风险因素，确保药品药械质量。分析药品、医疗器械的临床前动物实验报告、临床试验报告以及投入使用后的反馈信息，辨识并描述药品、医疗器械可能产生的不良反应。罗列未明确责任主体的药品、医疗器械。

(3) 识别食品风险。对食品进行“从农田到餐桌”的全程监控，充分利用各监测系统搜集食品在生产、加工、流通、餐饮消费环节的数据。识别食品、食品添加剂中会对人体健康造成的不良影响生物性、化学性和物理性危害。定期深入调研，排查食品制造工厂、饭店、校园食堂及周边、外卖和网店的环境卫生隐患，通报环境污染、食品污染情况。

(4) 识别传染病疫情风险。关注各卫生系统监测数据的异常变化，分析国内外疾病和突发公共卫生事件的特点及趋势，根据不同区域、不同季节、不同传播途径的特点进行传染病疫情风险的分类和描述。

(5) 识别重大事件后的卫生风险。及时识别自然灾害与事故灾难后的医药、食品、传染病风险，全面识别大型活动存在的公共卫生安全隐患。

3. 舆情公关人才的职责

在风险识别阶段，舆情公关人才的主要工作职责包括以下几个方面。

(1) 识别政务舆情风险。时刻关注国际国内政策、决策动向，及时发现异常的社会行为和现象并通报，辨识境内外异见分子的危险举措。

(2) 识别民生舆情风险。日常获取群众对政府部门的态度及意见，关注社会敏感关系的发展，及时准确搜集事故发生过后群众对事件本身及相关民生问题的态度和行为倾向。

(3) 日常识别。全面监测境内外新闻网站、论坛、报刊、电视、广播和知名微博、微信、直播平台等社交平台，多领域、多渠道进行舆情数据的抓取、挖掘、聚类、分析和研判，跟踪公众关注的焦点。及时发现为博取关注度、追逐利益而发布的不能客观、公正反映事实的煽动性报道和言论。按职能、源头、地域等对负面舆情做细分分析，将舆情风险按照获取渠道、内容涉及领域进行分类，归纳其产生的条件。[3]

(4) 重大事件识别。对热点事件可能引发的舆论及时进行预测和排查。

3.1.2.2 评估阶段的主要职责

风险评估是指对已经识别的风险进行风险承受力及控制力分析，测评风险的发生可能性及后果危害性，包括影响时间、影响范围、危害程度等，有效预测风险状态变化，科学评定风险等级的行为。其目的是确定风险程度及其是否在可承受范围内。相比于识别阶段对风险的定性认识，风险评估更偏重于对风险进行定量评价，这有助于更深入准确地把握风险，使得后续风险应对方案的制定更具有针对性和可行性。经过风险评估得出风险给人们的生活、生命、财产等各个方面所带来的影响，为风险的安全宣传教育提供依据，使得各部门单位及民众在认识风险、加强风险意识的过程中有据可依。同时，风险等级的确定可帮助决策者对城市风险进行排序，明确需要优先处理的风险事件，确定应急救援响应等级，充分利用有限资源最大程度地缓解城市风险，节约风险管理成本。

1. 工程技术人才的职责

在风险评估阶段，工程技术人才的主要工作职责包括以下几个方面。

(1) 运用风险评估方法对风险识别阶段确立的风险进行定性定量分析。综合其历史发生概率、风险对应对象的现场管理水平和自身风险承受能力等方面分析发生突发事件的可能性大小，预测风险后续动态变化并确定各种变化的可能性。预测风险所对应事故的影响时间，清楚描述事故对人、行业、社会、政府造成的损失，列出损失参数、预测损失规模并提供判定依据，确定损失等级。综合对风险可能性与后果严重程度进行定量分析，由所得的评估结果确定风险等级，找出监管重点。

(2) 评估城市总体风险。做到“点—线—面”评估相结合，全方位评估风险。“点评估”指对单个风险源进行等级评估，计算风险指数。“线评估”指对某行业或某类风险进行评估，运用适当的计算模型，根据该行业或该类风险的风险点数量、单个风险的风险等级，将评估结果进行汇总得出整体风险等级。根据风险紧急程度和必要程度对评估结果进行排序，建立行业风险的处理顺序。“面评估”指整个区域整体风险程度的评估。运用科学适当的评估模型，对某区块存在的各类风险进行叠加，确定区块整体风险等级，以图像形式显示各区域安全风险情况，按照风险等级由高至低标注红、橙、黄、蓝颜色，对区域进行排序，直观显示重点监管区域。运用互联网技术，补充完善城市安全风险清单和城市安全风险电子地图，使电子地图实现所有风险分级分布查看、行业整体风险展示、区域整体风险展示等功能。[4]

(3) 评估在建工程风险。有效监管城市各项在建工程，将施工作业过程分解为若干环节，根据工程建设的环境特点、自身结构特点、建设规模等条件，利用专业知识估测各作业内容的危险程度、影响范围，划分一般风险源和重大风险源，对重大风险源进行量化评估。估测工程整体安全风险大小，确定静态条件下的安全风险等级。

2. 公共卫生人才的职责

在风险评估阶段，公共卫生人才面临的风险主要有医药风险、食品安全风险、传染病疫情风险，对应的工作职责包括以下几个方面。

(1) 评估医药风险。根据国家药品相关标准、现有医疗水平和药品质量属性确认风险评估参数，系统地量化所识别风险发生的可能性、影响范围，预测风险后续变化。从药品天然风险、药品质量风险、药品存储风险、不合理用药风险多角度全方面地构建风险评估模型，综合评价风险等级，对风险危险程度进行排序，总结重点监测对象。与药品风险相关主体沟通交流，根据实际情况完善药品风险评估体系。

(2) 评估食品安全风险。利用专业知识研究确认食品安全风险所对应的有害物质对人体产生危害的摄入量，分析描述危害进入食物链的方式、所污染食物种类、在食物中的含量、可能影响人群及发生频率，总结该危害可能引起的健康问题。量化食品供应链中各环节风险因素的风险概率、风险影响，综合评定食品安全风险因素风险等级，进行重要性排序。制定风险指标，综合各项指标对餐饮相关场所进行风险等级评定，确定重点关注对象。[5]

(3) 评估传染病疫情风险。利用风险评估方法和专业知识综合考虑传染病的致病力、传播规律、易感人群、人群对风险的承受能力和应对能力，公众关注程度、政府应急处置能力和社会可利用资源等因素，分别量化不同区域、不同季节发生传染病风险的可能性和影响程度，有针对性地确定风险等级，确定不同区域、不同季节的监管重点。[6]

3. 舆情公关人才的职责

在风险评估阶段，舆情公关人才的主要工作职责包括以下几个方面。

(1) 统计已知舆情内容出现的频度，根据回复转发程度、媒体报道力度等分析媒体、群众、专家对舆情主题的关注度，确定风险发生的可能性。预测风险对个人、企业、政府的影响，量化舆情热度可能的持续时间、所涉内容影响的地域范围、波及的行业范围、话题敏感度、公众对舆情风险的承受程度，分析事件背后的矛盾构成、利益构成，制定评判标准，评定舆情风险等级。[7]

(2) 日常评估。日常评定热点人物、热点话题热度、负面评价占比程度，预测舆情发展轨迹。

(3) 重大事件评估。综合考虑、评价重大事故发生后的措施信息发布时机、发布机构对舆情导向的影响。

3.1.2.3 应急规划阶段

应急规划指面对突发事件如自然灾害、重特大事故灾害、环境公害的应急管理与社会救援计划等，通常应建立在综合防灾规划的基础之上。我们将应急规划系统划分为以下几个重要的子系统：完善的应急政治管理指挥系统；强有力的应急工程救援保障体系；综合协调、应对自如的相互支持系统；充分备灾的保障供应体系；体现综合救援的应急队伍，等等。其中，应急管理及救助中心被称作事故灾害的“神经中枢”，它必须具备通信、预警、灾情评估和监视、确定行动重点地带、协调及分配救灾力量等职能，同时承担着发布信息的功能。

应急规划应包括应对不同危机的不同方法，安排好危机中、危机后，各个工作环节中负责处理各种问题的适当人选，同时应确保这些人员清晰了解面对不同危机时的责任和应该采取的措施。

应急规划旨在建立一套规范化、程式化、可操作性强的操作流程与方案，让相关管理者牢牢把握主动权。有效的应急规划方案能够更好、更快地推动风险事故中期、后期的各项工作，最大限度降低安全风险事故造成的损失与伤害。①

1. 工程技术人才的职责

在应急规划阶段，工程技术人才的主要工作职责包括以下几个方面。

(1) 构建工程信息整合平台，保证每个工程从招标到完工形成完整的信息链。确保相关部门可以通过平台上的工程信息对其进行实时跟踪。从材料、技术、设计变更、操作规范、施工现场环境等因素切入，建立风险综合评价体系，防止施工部门出现偷工减料、操作不规范等问题。

(2) 实地走访，基于工程各阶段可能发生的安全风险大致拟定所需配备的应急处理人员人数及应急小组各分支职能，为施工单位提供应急处置参考意见。

(3) 对已经存在的安全风险问题，依据《施工企业安全生产评价标准》，通过相应的指标体系和评价标准，根据已划定的风险等级对工程进行相应的干预措施：对A级、B级工程中存在的问题，进行风险预警；对C级工程中存在的问题，出具相应文件责令其限期整改；对D级工程中存在的问题，责令相关工程部门停工整顿。

(4) 构建工程后期追踪平台，持续关注工程竣工后的实际使用以及保养维修情况。建立起设计方、施工方、控制方以及客户之间的联通平台，使得安全风险发生时能够做到快速联动。

(5) 依据识别、评估阶段做出的风险划分制定通俗易懂的培训手册以及行之有效的应急处理方式，通过信息整合平台发送给各单位，并通过平台监督各单位的员工培训工作开展情况。

2. 公共卫生人才的职责

在应急规划阶段，公共卫生人才面临的风险事件主要有可预见的公共卫生事件、大型活动、不可预见的传染病事件、突发事件，对应的工作职责包括以下几个方面。

(1) 规划可预见的公共卫生事件风险的应急方案。对于部分具有可预见性的公共卫生事件，例如季节性流感，应当制定事前预防、事中控制、事后总结完善的具体操作流程，并建立网上信息互通平台，提高政府、卫生部门、医院及其他相关部门之间的信息传递，提高此类事件的应急反应速度以及处理能力。[8]

(2) 规划大型活动风险的应急方案。在大型活动前针对可能出现的公共卫生突发事件制定详细的应急计划，例如配备相关医护人员、应急药物以及绿色通道等，并组建应急管理小组，

---

① https://wenku.baidu.com/view/f1939865f5335a8102d220ba.html.

明确各方责任，确保安全事故现场各方交流顺畅、各司其职。同时，在大型活动开始前应组织进行突发公共卫生事件应急演练，在实践中修正完善应急计划。[9]

（3）规划不可预见的传染病事件风险的应急方案。构建信息联通平台并要求卫生部门、各大医院上传病例，确保传染病防治最新研究成果、特殊案例分析等实时共享。依据《中华人民共和国传染病防治法》，疫情暴发时在疫情发布、疫情控制、医疗救治、人员物资调配等方面迅速实施联动，防止疫情扩散。

（4）规划突发事件风险的应急方案。建立相关信息连通平台，及时更新可用医疗资源信息，保证发生突发事件时可以迅速集结医护人员、医疗器械、药品等，使公共卫生安全的影响降到最低。

（5）依据识别、评估阶段做出的风险划分制定通俗易懂的培训手册以及行之有效的应急处理方式，借助媒体平台发布，结合各单位、机构的培训工作，使得每个人都掌握基本的公共卫生安全应急处置方式。

3. 舆情公关人才的职责

在应急规划阶段，舆情公关人才对应的工作职责包括以下几个方面。

（1）构建信息传递平台，使得安全风险预警信息发布系统与各大网络平台、媒体、电视移动终端、广播等有效对接，使得相关预警信息能够在安全风险事故发生之时更高效地传递。

（2）着力提高各层级信息发布平台的对接，构建健全的应急信息传输流程。流程主要包括四个方面：①制作播发；②调度分发；③传输覆盖；④终端接收。应提高政令传达效率，同时确保所发布信息具备足够广泛的受众面。[10]

（3）提出有关健全国家应急信息发布体系运行制度和相关标准规范的建议，提升面向公众的突发事件应急信息传播能力。以高密度、高信度的信息发布来引导舆论、稳定人心。

（4）通过互联网建立信息收集平台，收集来自群众的反馈意见，为安全风险事故的处理提供参考。

（5）提出建立舆论引导工作的规范化流程：识别社会舆情的大致方向→对舆情进行分类→将舆情信息派送至相关部门→从相关部门获得舆情引导建议→发布舆情引导信息→发布信息来引导舆论走向→获得反馈。

（6）协助工程技术人才、公共卫生人才等推进培训内容、应急处置参考办法的发布工作。

3.1.2.4 应急处理阶段的主要职责

风险应急处理是指人们根据风险管理的目标和宗旨，在科学的风险识别、风险评估、风险宣传教育和风险规划的基础上，面临风险时从可以采取的回避、自留、预防、抑制和转嫁风险等各种行动方案中选择最优方案的过程。应急处理的程序通常包括：通知各类人才，启动应急处理方案，在风险现场进行应急处理和通过各类媒体发布风险状况等。风险处理的主要任务就是根据以最低的代价获得最大的安全保障这一风险管理的总目标，从各种风险处理方案中优选最佳方案，或将各种风险处理方案有机地结合起来，取长补短，选择最佳方案。应急处理是整个风险管理的核心环节。一旦应急处理工作启动,表明对城市风险的应急处理工作正式开始。风险应急处理可以制止风险带来的系列不良反应,最大限度地降低风险所造成的损失,对恢复社会秩序、维护社会稳定、保持社会和谐起到了积极作用。优秀的应急处理可以有效地为日后恢复阶段的建设做铺垫。

1. 工程技术人才的职责

在应急处理阶段,工程技术人才对应的工作职责包括以下几个方面。

(1) 在应急处理阶段,通过研究风险管理的最新发展趋势,根据风险进展情况和形势动态,借助风险应急系统等一系列信息系统的建设与管理,对风险的实际情况进行实时评估与分析,对风险造成的危害范围、发展趋势做出科学预测,切实做好二次风险的监测、预警、预报工作,分析风险再次发生的可能性。

(2) 对特别重大或重大突发事件的发生和发展趋势、救灾方案、处置办法、灾害损失和恢复方案等进行研究、评估与改善,并提出相关建议。从而提出合理的应急处理方案和建议,为相关部门的决策和指挥提供科学依据。[11]

2. 公共卫生人才的职责

在应急处理阶段,公共卫生人才面临的风险主要有医药风险、食品安全风险、传染病疫情风险,对应的工作职责包括以下几个方面。

(1) 处理医药风险。及时阻止相关问题药品在市场的流通,并进行科学的销毁。对涉及问题药品的医药公司、医院等机构进行访问,查明问题药品的来源,从而查明产生药品风险的根本原因。对于风险中医药公司或医院等机构所产生法律责任的行为,通过相关司法机构的介入,要求其进行相应的赔偿并承担一定的社会责任。及时慰问因问题药品而受伤的人们,对其进行相应的赔偿,及时跟进伤员的病情。

(2) 处理食品风险。在处理食品安全风险时,首先,根据对食品安全风险的评估与规划,确定该风险的级别,从而采取相应的措施。其次,通过现有的医疗设施与资源,组织指导相关的公共卫生人才对因该风险而受伤的人们进行救治。最后,及时组织相关机构开展对该风险源的流行病学调查与检测,相关部门及时组织检验机构开展抽样检验,尽快查找食品安全事故发生的根本原因。找到风险产生的原因后,应当依法强制性就地或异地封存事故相关食品及原料和被污染的食品用工具及用具,责令食品生产经营者彻底清洗消毒被污染的食品用工具及用具,消除污染,防止风险的蔓延。若涉及违反犯罪的行为,需要相关司法机构及时介入,开展相关违法犯罪行为的侦破工作。

(3) 处理传染病疫情风险。处理传染病等风险时,要根据现场实际情况,本着“先救命后治伤、先救重后救轻”的原则,全力开展医疗卫生救援工作。在此过程中,既要积极开展救治,又要注重自我防护、确保安全,防止病情的传染。到达现场的医疗卫生救援应急队伍,应迅速将伤病员转送出危险区,并按照国际统一的标准对伤病员进行检伤分类,分别用蓝、黄、红、黑四种颜色对轻、重、危重伤病员和死亡人员做出标志(分类标记用塑料材料制成腕带),扣系在伤病员或死亡人员的手腕或脚踝部位，以便后续救治辨认或采取相应的措施。对于急需送到相关医疗机构进行救助的伤员，应就地先给予抢救、治疗，做必要的处理后在监护下转运，并将伤病员合理分流到各个医疗机构。在转运过程中，必须密切观察伤病员病情变化，确保治疗持续进行。在转运过程中要科学搬运，避免对伤病员造成二次损伤。[12]

3. 舆情公关人才的职责

在应急处理阶段，舆情公关人才对应的工作职责包括以下几个方面。

(1) 风险稳定前。应当及时向社会发布风险造成的人员伤亡数、财产损失和风险救助工作动态及成效、下一步安排等情况，让社会大众及时了解风险发生后的情况与应急处理的情况。风险稳定后，应当评估、核定并按有关规定发布风险造成的损失情况，为恢复阶段的重建做铺垫。

(2) 风险稳定后。与风险发生区保持密切联系，及时掌握并按照实事求是、及时准确、公开透明的原则发布风险实况和应急处理工作动态信息，正确引导舆论导向。信息发布形式包括授权发布、组织报道、接受记者采访、举行新闻发布会、重点新闻网站或政府网站发布等。[13]

4. 应急指挥人才的职责

在应急处理阶段，应急指挥人才处理事故的步骤主要划分决策、执行、统筹，对应的工作职责包括以下几个方面。

(1) 决策阶段。提出现场应急处理行动原则，明确各部门相应的职责，明确应急处理工作开展的轻重缓急，明确奖惩制度，为应急处理阶段的工作职责建立一套基本的标准，以便可以有条不紊地处理工作。

(2) 执行阶段。派出风险应急处理小组赶赴风险现场慰问群众，核查风险的实况，协助指导各部门开展相关应急处理工作；协调受风险威胁的周边地区对风险源的监控工作，使周边地区可以有效地配合风险现场进行应急处理工作；协调相关部门将风险现场确定为重点防护区域；协调各级、各专业应急力量进行应急处理工作，使各级、各专业之间进行有效的配合，使其能力得到充分的发挥。

(3) 统筹阶段。及时向上级申请风险补助资金，以便于风险处理的快速落实，并分配下拨风险补助资金。紧急调拨生活救助物资，组织各部门加强对物资运输的协调，做好运输保障工作。然后根据受风险影响的不同程度，下发生活救助物资。[14]

3.1.2.5 恢复阶段的主要职责

恢复阶段是指风险发生区在各方面援助下恢复达到或超过风险未发生时的水平，恢复其原有生命线与生产线的全过程，以及提出并实施加强未来风险防御能力方案的过程。恢复阶段的主要程序包括风险情况的评估、恢复重建目标的定位、恢复重建方案的决策、恢复重建规划和行动计划、工程建设设计与施工等方面的工作。这是减轻风险、降低未来风险发生可能性的重要措施之一。在此过程中，人们要坚持以人为本、科学规划、统筹兼顾、分步实施、自力更生、国家支持、社会帮扶的方针，努力实现全面恢复和更高水平的建设，科学编制恢复重建规划体系，以便未来可以有效地规避风险。使风险过后人们的基本生活水平和城市的经济社会发展水平达到或超过风险前水平，为人们提供生态文明、安全和谐的新家园，为经济社会可持续发展奠定坚实基础。

1. 工程技术人才的职责

在恢复阶段，工程技术人才对应的工作职责包括以下几个方面。

（1）恢复阶段初期。可以根据实际条件，因地制宜，为风险现场的群众安排临时住所。临时住所可以采用帐篷、篷布房，有条件的也可以采用简易住房、活动板房。安排临时住所确实存在困难的，可以将学校操场和经安全鉴定的体育场馆等作为临时避难场所。[15]

（2）恢复阶段中后期。人们先对风险状况和区域进行分析与研究，确定恢复重建原则和目标、恢复重建区域范围、恢复重建空间布局、恢复重建任务和政策措施，致力于将城市的工程建设恢复到风险前的水平甚至高于风险前的水平。对因风险而受损的基础设施或公共服务设施进行重建或加固建设，从而改善并提高工程对风险的预防能力。[16]

2. 公共卫生人才的职责

在恢复阶段，公共卫生人才面临的风险主要有医药风险、食品安全风险、传染病疫情风险、群众心理健康风险，对应的工作职责包括以下几个方面。

（1）医药风险事故恢复。对医药公司、医院等医疗机构进行定期的抽查与严格的监督。制定严格、规范化的行业标准，明确惩罚制度，以此让医疗机构承担起一定的社会责任。对于药品的宣传要符合相关法律法规，不得过度宣传药品的功效来获取利润。创建有效的激励机制，鼓励消费者积极举报问题药品，保证药品市场的健康与稳定。

（2）食品安全风险事故恢复。建设管理食品安全的专门机构，加强在日常生活中对食品安全检测的力度，完善食品生产与流通的过程，将食品安全标准具体落实到日常生产生活中。保证消费者的知情权，对一些特殊的食品，如有机食品，进行标记；对餐饮业制定相应的食品安全标准，使消费者可以安心消费。创造有效的激励机制，制定完整的举报流程，鼓励消费者反映和举报日常生活中出现的食品安全问题。

（3）传染病疫情风险事故恢复。针对灾区较高水平医务人员匮乏和风险过后部分减员的问题，加强医务人员的补充和培养，要制订中长期人员补充和加强计划。第一，对公共卫生人员展开有计划的培训，提高当地医务人员诊治疾病的水平。第二，尽快补充医务人员。应采取特殊政策，吸引外来地区有一定医疗经验的、有资质的医务人员来此代职。第三，除了一线医务人员，将有管理背景的卫生干部和较高层次的医学专家派往灾区，充实基层的医疗机构，让他们担负指导公共卫生重建和诊治疑难杂症的职能。第四，组织其他地区有经验的专家指导灾区的恢复建设。相应地，将部分本地医务人员派往医疗水平较高地区进行学习与进修，以便更好地为灾区的恢复建设做准备。[17]

（4）心理援建。风险过后，一方面，对受风险影响而产生心理创伤的群众实施心理康复工程，采取多种心理干预措施。同时也要关注特别需要心理援助的一些特殊人群。对在其中经历了风险，或目睹风险而留下心理创伤的伤病员进行心理疏导与伤残康复治疗，帮助他们提高自我调节能力，克服、减少或减轻风险过后的不良心理应激反应，促进他们的身心健康发展，使他们重获生活的希望，从而有利于社会的和谐与稳定。[18]另一方面，指导和帮助群众尽快恢复重建自主管理的社区组织，构建和谐和睦、团结互助的邻里关系，发挥社区对安定人心、增进情感、反映民意、化解矛盾、提供服务等方面的重要作用。尤其要营造关心帮助孤儿、孤老、孤残的社会氛围，通过邻里之间的互帮互助和科学的心理治疗，真正使他们走出悲痛，迎接未来的美好生活。

3. 舆情公关人才的职责

在恢复阶段，舆情公关人才对应的工作职责包括以下几个方面。

(1) 要安排能力出色的报道员，在一些影响力较大的报纸的重要版面发布关于恢复工程建设的进展成效。通过选好题目、找准角度、营造氛围来推动工作，充分发挥新闻舆论对社会大众的导向作用和教育作用。其中，要特别突出做好恢复生产的宣传报道，为广大群众在风险过后仍有信心来重新建设自己的美好家园的行为鼓劲加油。

(2) 要在深入基层采访的基础上，集中推出一批恢复工程建设中的先进典型，充分发挥新闻舆论在危难之际凝聚人心的感染作用。要大力宣传社会各界、各部门在恢复建设过程中的感人行动，热情赞美参与建设中的相关工作人员的付出与努力，从而鼓舞广大人民在面对风险时对取得最后胜利仍有勇气与决心。

(3) 要牢牢把握正确的舆论导向，实事求是地报道恢复建设工作的进展和面临的困难，做到全面客观和准确有度。对于那些别有用心者蓄意制造的杂音和噪音，要及时澄清，以正视听，维护社会稳定。以谨慎的态度和准确的判断力对待网络上的新闻报道，对于网上的不实信息与谣言，要及时辟谣，引导正确积极的网络舆论。努力提高舆论引导的针对性和实效性，通过对社会舆论的关键词的锁定，判断社会大众的倾向性。从人民群众的关注点和兴奋点入手，深入基层、深入群众、深入现场，用事实说话，并不断增强宣传报道的吸引力和感染力。[19]

(4) 通过新闻报道引起社会舆论对恢复建设的关注，并在尊重他人意愿的前提下，鼓励公民、法人和其他组织为恢复阶段的建设捐赠款物，加快恢复阶段的建设进程，营造人们齐心协力、众志成城的美好氛围，弘扬中华民族互帮互助、团结友爱的优良传统。

(5) 通过传统媒介或互联网手段普及预防规避风险的相关知识，如印制含有应对风险的预防措施等相关内容的手册分发给人们；在网络上通过现代互联网媒体的方式宣传风险管理相关的知识，以此提高全民预防风险意识，培养全民预防风险的知识与技能。

4. 应急指挥人才的职责

在恢复阶段，应急指挥人才处理事故的步骤主要划分为决策、执行、统筹三步，对应的工作职责包括以下几个方面。

(1) 决策阶段。督促各部门根据制定好的总体安排方案开展工作，在按时保质完成各项工作的前提下根据建设过程中的实际情况做出科学的应变。加强各部门之间的衔接协调，组织各部门在建设过程中及时交流，互通信息，从而为未来的建设制定最优的建设方案，使各部门的能力与作用最大化。

(2) 执行阶段。定期召开会议，聆听各部门在前一阶段所做工作和所完成的任务并进行评价，对表现优异的行为进行肯定；对未达到理想状态的恢复建设，组织相关人才进行补救。安排部署各部门在下一阶段的工作任务，根据恢复建设的实际情况做出及时科学的调整，保证恢复建设有条不紊地进行。

(3) 统筹阶段。筹集争取恢复阶段所需的资金，并对资金的来源进行汇总，制定科学合理的资金分配方案。按照恢复项目建设的重要程度下发到各部门，如应当优先考虑风险现场的基础设施和公共服务设施以及关系国家安全的重点工程设施建设。应当公开接受捐赠的情况和受赠财产的使用、管理情况，接受政府有关部门、捐赠人和社会的监督，保证在恢复阶段的资金的安全使用。[20]

3.2 城市风险管理人才的胜任力模型调查与构建

3.2.1 胜任力模型的概念及意义

胜任力这一概念最初由哈佛大学教授 David McClelland 正式提出，他认为胜任力是一组相关的知识、态度和技能，它可以影响一个人工作的主要部分，是与工作的绩效相关、能够用标准进行测量并通过培训改善的个体特征[21]。胜任力是个体成功执行工作内容、完成目标而具有的能力集合，包含了内在动机、知识和技能、自我形象与社会角色等综合素质[22]。不同岗位的要求和标准不同，胜任力可将某一岗位中的表现卓越者与表现一般者区分开来。研究表明，个人的胜任力影响与制约着组织胜任力的发挥，组织的胜任力也会反向作用于个人。[23]

胜任力模型将前期获得的胜任力要素进行明确划分，从不同层次展示人才所需素质。李明斐认为，胜任力模型是指达到一定绩效目标的一系列不同能力要素组合，是一个能力结构。[24]对胜任力模型的早期研究主要专注于建立模型，其经典模型包括冰山模型、洋葱模型等。冰山模型由著名美国心理学家 McClelland 于 1973 年提出。冰山模型将个人的不同素质划分为表面的"水面部分以上"以及潜在的"水面部分以下"。"水面部分以上"主要包括的是基础知识、基础技能。这些表面的素质都是较易被量化并测量的，也是在人员培训中最常被训练到的部分。而"水面部分以下"主要包括的是社会角色、自我形象、特质与动机等。这些潜在的素质通常难以被准确地描述并量化，且难以通过短期的培训来获得或改变。然而，潜在的素质却对人的行为与表现等起到了关键性作用，通常也直接决定了某个特定个体在整个团队中的角色。洋葱模型由美国学者 Richard Boyatzis 在 McClelland 的冰山模型的基础上发展提出，他将胜任力要素由内到外进行划分，最内层包括动机、个性，中间层包括自我形象与价值观、社会角色、态度，最外层包括知识和技能。[25]洋葱模型将胜任力要素按照培养与评价的难度划分成层层包裹的结构，越往外层的要素，越易于培养与评价；越向内层的要素，越难以评价与习得。洋葱模型相比于冰山模型更突出强调了各要素之间的层次关系，展示了组织构成的核心要素，说明了胜任力要素可以被评价与衡量的特点。[26]

目前人们将注意力转向了胜任力模型的实践与应用。胜任力模型的构建步骤主要为：①划分工作或角色的相应职责；②通过调查提取出工作或角色所需的胜任力要素；③制定分类标准将胜任力要素进行合理划分；④选择合适的建模方式构建工作或角色的胜任力模型；⑤在胜任力模型的实际应用中对胜任力模型进行适当的修正。

胜任力模型的构建使人才的能力能够以量化的指标来被评价与表示，是一种行之有效的人才素质测评工具。同时，胜任力模型可以给指定的水平、工作或角色提供具备科学性、完整性和成功性的效仿模板，可以为人才的培训提供有效的借鉴。[27]构建胜任力模型可以帮助政府相关部门在对城市风险管理人才的管理过程中采取基于胜任力的管理模式，使传统人力资源管理转变为更具科学性和系统性的人才管理，在一定程度上促进城市安全风险问题的有效解决。

3.2.2 胜任力模型的构建思路与方法

为表现出具体清晰的胜任力结构，构建城市风险管理人才的胜任力模型可划分为以下三步。

第一步，根据各类人才的职责，初步确定各类人才所需的胜任力要素，并对相似的胜任力要素进行简单的合并，从而形成胜任力模型要素库。

第二步，拟采用专家调查法，通过设计问卷来得到各类人才所属领域专家对胜任力要素的反馈。问卷调研分为两个阶段，第一阶段问卷旨在对初步择选出的胜任力要素进行检验，并补充可能遗漏的其他要素，由来自金融、建筑、医药等行业的 15 名专家填写，根据问卷数据剔除可信度较低或争议较大的要素，从而进一步确定各人才所需的胜任力要素。第二阶段问卷由来自建筑公司、工程咨询公司、汽车制造公司、电信工程公司、城建置业公司、房地产公司等企业的 15 名专家填写。根据问卷回收数据筛选出总分较高的胜任力要素，并分为六大类：人格特质、认知概念、行动表现、知识、团队管理和人际影响力。

第三步，构建各类人才的胜任力模型，并对其胜任力要素的表现形式形成阐释与说明。

为科学准确地确定各类人才所需的胜任力要素，建立完善全面的胜任力模型，提高研究的可信度，在研究过程中主要运用专家调查法以达到最终效果。具体方法如下。

根据专家调查法的相关步骤，通过对各类人才所涉及领域的专家进行两轮问卷调查。在得到第一轮问卷调查的反馈后，剔除可信度较低或受争议较大的要素，增加有所遗漏但又有必要的要素。在得到第二轮的问卷调查的反馈后，对各类人才的胜任力要素进行权重的计算，并对其进行排序和进一步选择，最终确定各类人才的胜任力要素库。此方法需要一定的样本量来增加信息搜集的范围，并且对被调查的专家的水平有一定的要求，以此保证信息的准确度与可信度。

在拟发放给专家的调查问卷中，运用李克特量表(Likert scale)设计问卷内容。在专家对一项特定的胜任力要素进行确定时，对该要素有五种不同认可程度的表达，分别为“很不同意”“不同意”“说不准”“同意”“非常同意”，分别以数字 1 至 5 对五种答案进行计分，最后对各要素的分值进行求和，并计算总分。此方法能够用数字的方式较清晰地量化各专家对不同胜任力要素的认可程度。

3.2.3　城市风险管理人才胜任力模型的构建

3.2.3.1　工程技术人才

1. 人格特质分析

工程技术人才所发挥的作用贯穿于城市安全风险管理的全过程，由于每个阶段的职责有所区别，因此工程技术人才在各阶段中所展现出的人格特质也会有所不同。在风险识别与评估阶段，工程技术人才需要积极主动地进行实地调研，专注于每一个细节去发现可能存在的风险。同时，由于掌握信息的局限性，在风险的识别与评估过程中，工程技术人才还需与多方交流以获取多样化的信息来支撑自己的研究结果。在应急规划阶段，因为城市安全风险的多样性和复杂性，工程技术人才需要设计具有逻辑性、创新性的方案来切实有效地减少风险的发生概率或者为未来可能发生的风险提供行之有效的应急处理方案。为了保障方案的可行性，工程技术人才还应本着负责任的态度进行实地验证，保证方案措施并非纸上谈兵。在风险应急处理阶段，由于风险发生突然且情况紧急，工程技术人才需具备良好的抗压能力，从风险实况出发，沉着冷静地提出可行的应对方案。由于人民群众是风险发生后的直接受害人，因此工程技术人才还应具备人本精神。鉴于工程技术人才的理论支持来源于数据，在城市安全风险的管理全过程中，工程技术人才应始终保持理性态度看待数据与数据间的联系，避免主观臆断。

由以上分析可初步得出工程技术人才在人格特质方面的胜任力要素见表 3-1。

表 3-1　工程技术人才在人格特质方面的胜任力要素

编号	要素	编号	要素
1	注重细节	6	责任心
2	主动性	7	人本精神
3	聆听	8	沉着冷静
4	注重逻辑	9	理性
5	创新	10	敬业

2. 岗位职责所需能力分析

由于工程技术人才会参与城市安全风险管理的整个过程，所以从城市安全风险的阶段出发，从风险识别、风险评估、应急规划、应急处理和恢复五个阶段来划分工程技术人才的职责。

(1) 风险识别阶段的职责包括分析已发生事故的原因、定义致灾因子、实地排查风险、分解工程风险因素、制定城市安全风险清单。对应的胜任力要素主要有分析判断能力、现场洞察能力、归纳能力、规划能力和质量意识。

(2) 风险评估阶段的职责包括定性定量分析风险、建立行业风险处理顺序、对静态条件下的安全风险进行评级、预测风险的动态变化。对应的胜任力要素主要有工程技术知识技能、分析判断能力、数据分析能力、预测能力和归纳能力。

(3) 应急规划阶段的职责包括构建工程信息整合及后期跟踪平台、制定应急方案、实地验证应急方案可行性、编纂培训手册。对应的胜任力要素主要有规划能力、决策能力、资源寻求能力、关系构建能力、全局掌控能力和可持续发展意识。

(4) 应急处理阶段的职责包括风险实时评价、预测风险发展趋势、制定事故处理办法。对应的胜任力要素主要有灵活应变能力、统观全局能力、沟通能力、规划能力、创新能力、有效表达能力、监控能力和分析能力。

(5) 恢复阶段的职责包括寻找临时避难所可行地、制定恢复重建的原则和方法、提出风险的预防方法。对应的胜任力要素主要有灵活应变能力、分析判断能力、决策能力和资源寻求能力。

综合以上分析可得出工程技术人才的胜任力要素见表 3-2。

表 3-2　　基于岗位职责的工程技术人才胜任力要素

编号	要素	编号	要素
1	分析判断能力	11	关系构建能力
2	现场洞察能力	12	全局掌控能力
3	归纳能力	13	可持续发展意识
4	规划能力	14	灵活应变能力
5	质量意识	15	统观全局能力
6	工程技术知识技能	16	沟通能力
7	数据分析能力	17	创新能力
8	预测能力	18	有效表达能力
9	决策能力	19	监控能力
10	资源寻求能力		

3. 胜任力模型的构建

综合以上初步构建的胜任力要素库，利用专家调查法进行第一轮调查，筛选出平均得分在前 20 的胜任力要素见表 3-3。

表 3-3　　由专家调查法(第一轮)筛选的胜任力要素

编号	要素	编号	要素
1	分析判断能力	11	敬业
2	现场洞察能力	12	全局掌控能力
3	责任心	13	注重细节
4	规划能力	14	灵活应变能力
5	质量意识	15	理性
6	工程技术知识技能	16	沟通能力
7	数据分析能力	17	沉着冷静
8	预测能力	18	主动性
9	决策能力	19	监控能力
10	资源寻求能力	20	人本精神

将第一轮调查结果重新制作成问卷并进行第二次分发调查,依据第二轮调查结果对工程技术人才胜任力要素按平均权重分进行排序,筛选出高于 3.5 分的要素并按照五大种类进行重新排列。最后对各种类中要素进行二次筛选,保证各类别要素数量的相对平均,以此构建工程技术人才的胜任力模型。具体模型如图 3-1 所示。工程技术人才核心胜任力要素及其表现形式见表 3-4。

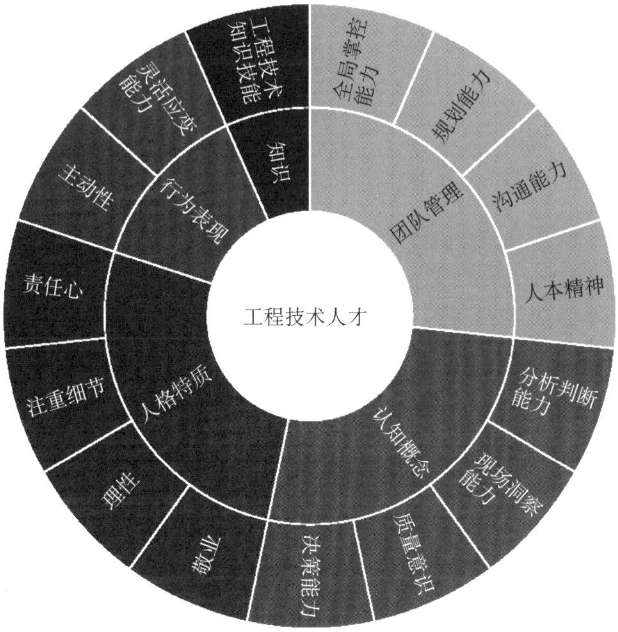

图 3-1　工程技术人才胜任力模型

表 3-4　　工程技术人才核心胜任力要素及其表现形式

序号	胜任力大类	核心胜任力要素	表现形式
1	人格特质	责任心	本着负责任的态度调查走访，避免纸上谈兵
		注重细节	从细微处发现问题，从源头处消除风险或最小化风险的负面影响
		理性	避免感情用事，关注数据间的联系，并以此来解决问题
		敬业	积极主动投身于工作中，尽最大可能降低工程技术风险
2	认知概念	质量意识	工程技术隐患造成的威胁较大，应将质量放在首位，遵循严格的质量标准对工程进行跟进和验收，对存在的质量问题及时给出相关整改意见，降低风险的发生概率
		决策能力	在紧急情况下，针对现有的应急方案进行果断拍板或修正
		现场洞察能力	在现场洞察过程时，快速掌握现场状况，收集解决问题的关键信息
		分析判断能力	能够对已知信息进行整合和定量分析，寻找潜在问题和解决方案
3	行为表现	主动性	主动跟进工程进度，尽可能排查并消减风险
		灵活应变能力	面对工程中多变的情况及时寻找对策
4	团队管理	全局掌控能力	及时跟进了解工程各方面的进展，明确存在的潜在风险
		规划能力	能够对工程中纷繁复杂的细节问题进行统筹规划
		沟通能力	与多方进行沟通以获取多样化的信息来支撑自己的研究调查
		人本精神	民众是风险发生的直接受害人，应当从人民群众利益角度出发办事
5	知识	工程技术知识技能	在实际工作中以扎实的工程技术知识作为支撑才能有效发现问题、解决问题

3.2.3.2　公共卫生人才

1. 人格特质分析

卫生健康安全与人民息息相关，公共卫生人才在其工作过程中要始终怀有一颗仁爱之心，把人民百姓放在首位，本着对社会负责的态度，综合考虑多方利益开展相关工作，坚决打击对人民健康利益造成损害的行为。在监督过程中，要坚持诚信原则，不受被监管企业、机构的不正当干扰，廉洁奉公，公平、公正、公开发布信息。同时公共卫生人才在日常工作中要积极主动地排查风险、预测风险，以严谨的态度对待各项监测数据。在突发公共卫生事件出现时对自己充满信心，遇事不乱、处变不惊，尽职尽责采取行动使百姓放心。

由以上分析可初步得出公共卫生人才在人格特质方面的胜任力要素见表 3-5。

表 3-5　　公共卫生人才在人格特质方面的胜任力要素

编号	要素	编号	要素
1	慈悲	3	社会责任感
2	人本精神	4	同理心

(续表)

编号	要素	编号	要素
5	正义感	9	积极主动
6	诚信正直	10	严谨
7	自我控制	11	自信
8	廉洁奉公	12	敬业

2. 岗位职责所需的能力分析

公共卫生人才在城市卫生安全风险的整个预防控制过程中发挥着重要的作用，所以可从城市风险管理阶段的角度出发，对风险识别、风险评估、应急规划、应急处理、恢复五个阶段公共卫生人才所对应的职责进行分析，总结其所需具备的能力。

(1) 风险识别阶段的职责主要包括总结分析公共卫生事故、实地调研生产环境和餐饮环境、采集样品和数据、分析报告、监测质量、识别风险可能性大的时间和地点、描述风险特征并分类。对应的胜任力要素主要有反思能力、分析判断能力、现场洞察能力、医学知识技能、学习能力、质量与秩序意识、有效监测能力、识别能力和表达能力。

(2) 风险评估阶段的职责主要包括根据国家标准和专业知识量化风险对人体健康的危害程度、确定风险发生的可能性和影响范围、评定风险等级、确定重点监管对象。对应的胜任力要素主要有医学知识技能、法制意识、前瞻性和分析判断能力。

(3) 应急规划阶段的职责主要包括制定应对公共卫生风险的计划流程、组建医护应急管理小组、组织培训相关人员、分配任务、下放权责。对应的胜任力要素主要有规划能力、系统思维能力、号召力、领导力、协调能力和分寸把控能力。

(4) 应急处理阶段的职责主要包括处理不合格食品药品、应对处理疾病疫情、组织开展医疗卫生救援工作、依法追究事故责任。对应的胜任力要素主要有执行能力、组织能力、协调能力和人际沟通能力。

(5) 恢复阶段的职责主要包括完善举报问题产品的流程、重新补充匹配医疗资源、对受影响人群展开伤残康复和心理援建工作。对应的胜任力要素主要有激励能力、协调能力、人际沟通能力和服务意识。

综合以上分析可得出公共卫生人才的胜任力要素见表3-6。

表3-6　给予岗位职责的公共卫生人才胜任力要素

编号	要素	编号	要素
1	反思能力	4	医学知识技能
2	分析判断能力	5	学习能力
3	现场洞察能力	6	质量与秩序意识

（续表）

编号	要素	编号	要素
7	有效监测能力	15	领导力
8	识别能力	16	协调能力
9	表达能力	17	分寸把控能力
10	法制意识	18	执行能力
11	前瞻性	19	组织能力
12	规划能力	20	人际沟通能力
13	系统思维能力	21	激励能力
14	感召力	22	服务意识

3. 胜任力模型的构建

综合以上初步构建的胜任力要素库，利用专家调查法进行第一轮调查，筛选出平均得分在前 20 的胜任力要素见表 3-7。

表 3-7　由专家调查法（第一轮）筛选的胜任力要素

编号	要素	编号	要素
1	反思能力	11	同理心
2	分析判断能力	12	人本精神
3	现场洞察能力	13	自我控制
4	医学知识技能	14	前瞻性
5	学习能力	15	协调能力
6	社会责任感	16	服务意识
7	敬业	17	执行能力
8	诚信正直	18	组织能力
9	廉洁奉公	19	人际沟通能力
10	法制意识	20	严谨

将第一轮调查结果重新制作成问卷并进行第二次分发调查，依据第二轮调查结果对公共卫生人才胜任力要素按平均权重分进行排序，筛选出高于 3.5 分的要素并按照五大种类进行重新排列。最后对各种类中要素进行二次筛选，保证各类别要素数量的相对平均，以此构建出公共卫生人才的胜任力模型。具体模型如图 3-2 所示。公共卫生人才核心胜任力要素及其表现形式见表 3-8。

图 3-2　公共卫生人才胜任力模型

表 3-8　　公共卫生人才核心胜任力要素及其表现形式

序号	胜任力大类	核心胜任力要素	表现形式
1	人格特质	社会责任感	在心里对社会上其他人有施以伦理关怀和履行义务的意识，愿为维护人民健康利益做出贡献。在公共卫生事故出现时，找到事故问题对应的分内职责，主动承担责任
		廉洁奉公	坚守职业道德和个人底线，不贪污腐化，一心为公，依照法规落实工作，自觉做到按规则、规矩办事，为百姓的健康利益无私奉献
		诚信正直	公平、公正、公开发布公共卫生信息，监管情况，行动上推动落实国家相关政策，履行向群众保证的改善公共卫生水平的承诺，不滥用权力谋取私利
		敬业	认真对待工作中的任务，在能够完成任务的基础上精益求精，在处理突发公共卫生事件时尽心尽力
2	认知概念	现场洞察能力	实地调研时，快速掌握现场状况，全面并准确地发现环境卫生隐患，找到引发卫生问题的原因。通过现场问题实况快速、精确判断风险类型以及可能的风险演变动向。注重细节，并能将观察到的细节转化为可操作的知识
		服务意识	发挥主观能动性，主动周到地满足百姓的期望和需求，并能从实际出发做好超前服务。对突发公共卫生事件中的受影响人群开展心理援建工作

（续表）

序号	胜任力大类	核心胜任力要素	表现形式
3	行动表现	执行能力	合理制定可行的卫生要求、有效实施举措以达到计划预期结果。面对复杂问题和突发事件时，不急躁、不拖延，运用最切实际的方法和方式高效高质处理违法违规行为，从根本上解决公共卫生问题
		前瞻性	具有长远眼光，能敏锐捕捉信息并提前做出判断。识别疾病疫情、事故灾难中由于连锁反应可能引发的公共卫生风险，根据历史规律及发展趋势预测风险发生的可能性和影响范围
		自我控制	不受被监管企业、机构等单位的不正当干扰，依规定做好监管工作。不求私利，不做有损国家和百姓利益的事情。工作中对自己进行监督、校正和调节，不断提升自身工作能力
4	团队管理	沟通能力	理解他人工作诉求，并让他人理解自己，避免误会和矛盾造成工作低效。通过沟通指导下属有效开展监管工作
		协调能力	识别下属的能力特点，应急事件突发时能根据个人能力妥善调配应急处理小组，站在全局工作的高度合理分配任务、下放权责。灵活应对解决处理过程中涉及部门间的冲突问题
		人本精神	树立以人为本的观念，以人为主体展开工作
5	知识	学习能力	捕获信息能力强，及时了解公共卫生领域前沿知识和发展趋势，能够采取行动让自身知识技能不落伍。善于思考、主动创新，不断在工作中寻求突破以提高工作效率
		医学知识技能	在医学、公共卫生安全领域有一定知识背景，学以致用将专业知识应用在问题处理中

3.2.3.3 舆情公关人才

1. 人格特质分析

舆情公关人才在面对风险的舆情公关时，应始终对其舆论情况保持一颗好奇心。凭借自身的影响力和专业技能，通过各类社交媒体，以敏锐的洞察力和具有战略性的眼光主动搜寻有关于风险的舆论并及时跟进舆论走向，获取第一手信息。无论舆论情况好坏与否，舆情公关人才的个人情绪不能被舆论所左右，始终要保持沉着冷静的心态，维持积极乐观的态度，逻辑缜密地分析公众在舆论背后所反映的信息。此外，舆情公关人才需要在风险的各阶段与公众建立良好的关系，所以需要其能够熟练地运用真诚的、具有信服力的文字向公众有效传达有关于风险的信息，以此来与公众沟通。在此期间，舆情公关人才作为信息的传递者始终要保持客观中立的态度，不能肆意篡改信息、引导错误的舆论，对于不实信息引起的舆论要及时制止与辟谣。要始终具有道德感、使命感，让舆论对风险管理的进行起到积极作用。舆情公关人才还需与各行各业的人员打交道，因此要扩大自身的社交圈、扩充人脉，增加信息收集、流通与发布的渠道，在进行舆论引导时，可以利用其来达到事半功倍的效果。

由以上分析可初步得出舆情公关人才在人格特质方面的胜任力要素见表 3-9。

表 3-9　　舆情公关人才在人格特质方面的胜任力要素

编号	要素	编号	要素
1	敏锐	8	战略眼光
2	影响力	9	真诚
3	主动性	10	道德感
4	注重逻辑	11	客观中立
5	冷静	12	好奇心
6	积极乐观	13	敬业
7	社交		

2. 岗位职责所需能力分析

舆情公关人才贯穿于风险预防与解决的整个过程，为城市风险管理各阶段提供舆情分析、舆情引导等保障。依据舆情公关人才在各阶段的职责，可从以下几个方面获取其能力要素。

（1）识别阶段的职责主要包括关注并识别国内外时局动态和民意调查、预测检查可能发生的舆论、进行策略分解和信息收集。对应的胜任力要素主要有监控能力、应变能力、创新能力、信息寻求能力、洞察力。

（2）评估阶段的职责主要包括舆情分类、划分舆情等级。对应的胜任力要素主要有信息处理能力、决策能力、学习能力、心理承受能力。

（3）应急规划的职责主要包括规范引导舆情流程、完善制度、调配人员、协助组织培训。对应的胜任力要素主要有心理知识技能、规划能力、激励能力、号召力、团队合作能力、组织能力、关系构建能力。

（4）应急处理阶段的职责主要包括选拔优秀人才、发布新闻报道、保障通信、维护运营、协助工作。对应的胜任力要素主要有组织能力、语言表达能力、运营能力、团队合作能力。

（5）恢复阶段的指责主要包括宣传与普及相关知识、宣传报道。对应的胜任力要素主要有语言表达能力、宣传能力、思想觉悟能力。

综合以上分析可得出胜任力要素见表 3-10。

表 3-10　　基于岗位职责的舆情公关人才胜任力要素

编号	要素	编号	要素
1	监控能力	5	洞察力
2	应变能力	6	信息处理能力
3	创新能力	7	决策能力
4	信息寻求能力	8	学习能力

（续表）

编号	要素	编号	要素
9	心理承受能力	16	关系构建能力
10	心理知识技能	17	组织能力
11	规划能力	18	语言表达能力
12	激励能力	19	运营能力
13	号召力	20	宣传能力
14	团队合作能力	21	思想觉悟能力
15	组织能力		

3. 胜任力模型的构建

综合以上初步构建的胜任力要素库，利用专家调查法进行第一轮调查，筛选出平均得分在前 21 的胜任力要素见表 3-11。

表 3-11　　由专家调查法（第一轮）筛选的胜任力要素

编号	要素	编号	要素
1	社交能力	12	冷静
2	应变能力	13	战略眼光
3	真诚	14	团队合作能力
4	敏锐	15	敬业
5	洞察力	16	道德感
6	信息处理能力	17	组织能力
7	决策能力	18	语言表达能力
8	注重逻辑	19	积极乐观
9	心理承受能力	20	客观中立
10	心理知识技能	21	号召力
11	主动性		

将第一轮调查结果重新制作成问卷并进行第二次分发调查，依据第二轮调查结果对舆情公关人才胜任力要素按平均权重分进行排序，筛选出高于 3.5 分的要素并按照五大种类进行重新排列。最后对各种类中要素进行二次筛选，保证各类别要素数量的相对平均，以此构建舆情公关人才的胜任力模型。具体模型如图 3-3 所示。舆情公关人才核心胜任力要素及其表现形式见表 3-12。

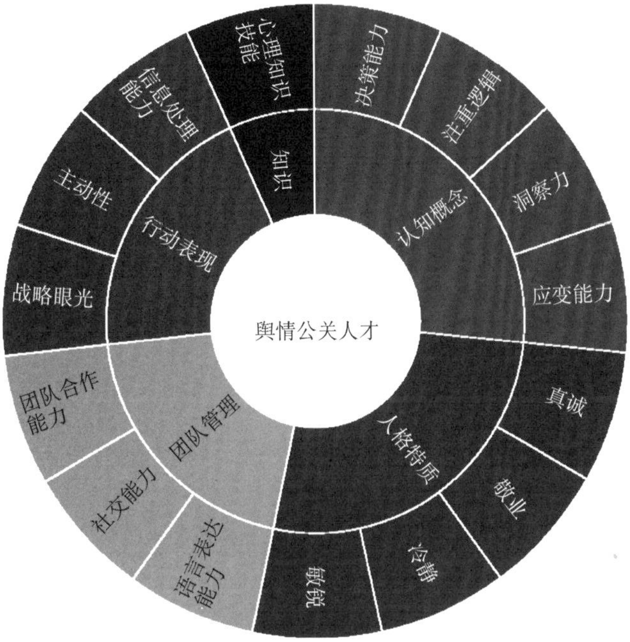

图 3-3　舆情公关人才的胜任力模型

表 3-12　舆情公关人才的胜任力模型分析

序号	胜任力大类	核心胜任力要素	表现形式
1	人格特质	敏锐	善于捕捉信息，懂得洞察与引领社会舆论导向
		冷静	面对突发性风险，能够临危不乱地分析局势
		敬业	时刻对工作保持热情，愿意为之付出不懈的努力
		真诚	保持信息内容的准确性，不让虚假言论充斥大众
2	认知概念	应变能力	及时把握社会舆论动向，抓住问题的核心并提出有效的应急公关方案
		洞察力	善于研究风险背后深层次的原因与未来预计可能产生的后果
		注重逻辑	理清风险发生的前因后果，找寻风险发生的根本原因，从源头上处理解决风险
		决策能力	在复杂的形势中，识别有效的信息，把握正确的社会舆论方向，做出准确的判断
3	行为表现	信息处理能力	能够区分与辨别各类信息并选择有用的部分来为自身的工作提供帮助
		主动性	主动获取有效信息与舆论，未雨绸缪，懂得主动承担责任，对自身工作有更高的自我要求
		战略眼光	以长远的眼光看待与分析风险，考虑问题要具有整体性、结构性、动态性

（续表）

序号	胜任力大类	核心胜任力要素	表现形式
4	团队管理	团队合作能力	在团队内，更多地通过个人魅力建立起与团队人员良好的人际关系与合作关系
		社交能力	在获取信息方面，擅长运用各类社交方式与社交媒体去拓宽自身的人脉与交际圈，以便有效与全面地获取信息
		语言表达能力	对外发布信息时，能使用精准适当、客观中立的词语来表达
5	知识	心理知识技能	在进行舆情公关工作时能够利用专业知识准确分析大众的内心想法

3.2.3.4 应急指挥人才

1. 人格特质分析

应急指挥管理人才面对的多为紧急突发事件，因此需要具备较强的抗压能力，沉着应对突发情况，本着以人为本的精神清晰果断地进行指挥。为推动应急处理的进程，应急指挥管理人才需与多方进行沟通，因而此类人才需要能够善于聆听、以开放包容的姿态获取多方信息，具备人际洞察力、同理心，了解对方的需求与想法，同时利用自身影响力以更好地传达自己的想法。由于应急突发事件的处理纷繁复杂，因此应急指挥管理人才需要以主动的姿态跟进事故处理；注重细节，发掘事故过程中的潜在风险点；同时善于利用创新手段更好地解决问题。

由以上分析可初步得出应急指挥人才在人格特质方面的胜任力要素见表 3-13。

表 3-13　应急指挥人才在人格特质方面的胜任力要素

编号	要素	编号	要素
1	抗压	9	影响力
2	沉着冷静	10	开放包容
3	人本精神	11	主动性
4	同情心	12	创新
5	果断	13	注重细节
6	聆听	14	责任心
7	人际洞察力	15	敬业
8	同理心		

2. 岗位职责所需的能力分析

由于应急指挥人才主要在风险变成事故时发挥作用，所以从事故处理角度出发，可将其职责划分为决策层面、执行层面和人员层面。

(1) 决策层面的职责主要包括了解风险实况、确定可用资源、制定方案、分配任务、制定处理标准和分配资源。对应的胜任力要素主要有分析判断能力、资源寻求能力、规划能力、慧眼识人能力、有效表达能力、决策能力。

（2）执行层面的职责主要包括支撑与完善方案、跟踪进度、检查监督、资源协调、恢复改善。对应的胜任力要素主要有全局掌控能力、灵活应变能力、创新能力、监控能力、沟通协调能力、关系构建能力、冲突管理能力、资源有效配置能力。

（3）人员层面的职责主要包括建设与调动人员队伍、构建内外关系、合作建设团队。对应的胜任力要素主要有谈判能力、沟通能力、激励能力、凝聚力、影响力。

综合以上分析可得出胜任力要素见表 3-14。

表 3-14　　基于岗位职责的应急指挥人才胜任力要素

编号	要素	编号	要素
1	分析判断能力	11	沟通协调能力
2	资源寻求能力	12	关系构建能力
3	规划能力	13	冲突管理能力
4	慧眼识人能力	14	资源有效配置能力
5	有效表达能力	15	谈判能力
6	决策能力	16	沟通能力
7	全局掌控能力	17	激励能力
8	灵活应变能力	18	凝聚力
9	创新能力	19	影响力
10	监控能力		

3. 胜任力模型的构建

以综合以上初步构建的胜任力要素库，利用专家调查法进行第一轮调查，筛选出平均得分在前 21 的胜任力要素见表 3-15。

表 3-15　　由专家调查法（第一轮）筛选的胜任力要素

编号	要素	编号	要素
1	分析判断能力	8	抗压
2	资源寻求能力	9	创新能力
3	沉着冷静	10	监控能力
4	果断	11	人本精神
5	责任心	12	沟通协调能力
6	决策能力	13	关系构建能力
7	全局掌控能力	14	冲突管理能力

（续表）

编号	要素	编号	要素
15	资源有效配置能力	19	凝聚力
16	谈判能力	20	影响力
17	注重细节	21	敬业
18	激励能力		

将第一轮调查结果重新制作成问卷并进行第二次分发调查，依据第二轮调查结果对应急指挥人才胜任力要素按平均权重分进行排序，筛选出高于 3.5 分的要素并按照五大种类进行重新排列。最后对各种类中要素进行二次筛选，保证各类别要素数量的相对平均，以此构建出应急指挥人才的胜任力模型。具体模型如图 3-4 所示。应急指挥人才核心胜任力要素及其表现形式见表 3-16。

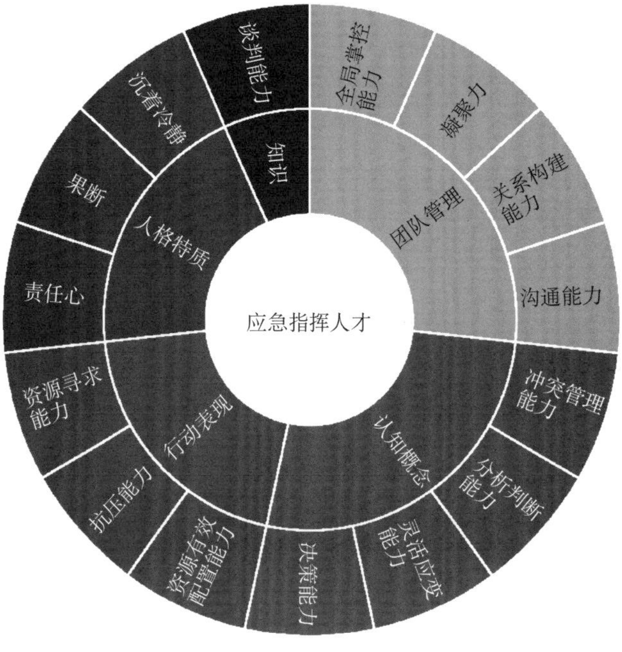

图 3-4 应急指挥人才的胜任力模型

表 3-16 应急指挥人才核心胜任力要素及其表现形式

序号	胜任力大类	核心胜任力要素	表现形式
1	人格特质	沉着冷静	面对紧急情况应保持冷静的头脑和理性的作风
		果断	风险事故情况千变万化，应当果断地进行决策来采取措施避免事态的进一步恶化
		责任心	本着负责任的态度调查走访，了解当下急需解决的关键问题

（续表）

序号	胜任力大类	核心胜任力要素	表现形式
2	认知概念	决策能力	在紧急情况下，应针对现有的应急方案进行迅速准确地拍板或修正
		灵活应变能力	面对应急指挥中多变的情况及时寻找对策
		分析判断能力	能够对已知信息进行整合和定量分析，准确判断当下形式，找到问题根源、权责所在方等并寻找解决方案
3	行为表现	资源寻求能力	在最短的时间里，以最小的代价获取必要的资源用于应急事件的处理
		抗压能力	在风险事故通常受到较大的关注度时，能够承受来自外界的舆论压力
		资源有效配置能力	对现有的资源进行合理地配置使得风险尽快得到有效解决
4	团队管理	全局掌控能力	及时跟进了解应急指挥各方面的进展，明确当下最核心的问题
		凝聚力	风险发生紧急事发突然，应当确保团队齐心协力尽快推进风险事故的解决
		关系构建能力	与内外部各方建立良好关系快速推进风险事故的解决
		沟通协调能力	与团队各方进行沟通协调保证各方工作平稳推进
5	知识	谈判能力	以有效的谈判技巧获取有效的资源和人力

参考文献

[1] 何铮，朱良峰，庄智一.城市突发公共事件的内涵、类型与风险识别研究[J].中共福建省委党校学报，2008(6)：35-40.

[2] 刘翔.城市轨道交通工程建设施工的风险识别[J].科技风，2013，(23)：253-253.

[3] 刘怡君，蒋文静.社会转型期我国新兴舆情风险及对策研究[J].智库理论与实践，2017，2(6)：82-88，92.

[4] 住房城乡建设部.大型工程技术风险控制要点[Z].2018-2.

[5] 卫生部.食品安全风险评估管理规定[Z].2010-01-21.

[6] 中国疾病预防控制中心.突发事件公共卫生风险评估技术方案(试行)[Z].2017-8-10.

[7] 杨斌成，李方海.构建舆情监测预警机制提升社会风险应对能力[J].中国出版，2013，(19)：36-40.

[8] 王笑笑，柴程良.风险管理在突发公共卫生事件中的应用[J].预防医学，2016，28(9)：899-902.

[9] 郑红雯.大型活动风险的规避与治理研究[J].山东警察学院学报，2018，30(3)：115-123.

[10] 王效杰.国家应急广播体系规划与建设[J].中国广播，2014(10)：11-13.

[11] 北京市人民政府.北京市突发公共事件总体应急预案[Z].2006-03-22.

[12] 国务院.国家突发公共事件医疗卫生救援应急预案[Z].2006-02-26.

[13] 国务院.国家自然灾害救助应急预案[Z].2011-10-16.

[14] 国务院.国家突发环境事件应急预案[Z].2006-01-24.

[15] 国务院.汶川地震灾后恢复重建条例[Z].2008-06-04.

[16] 国务院.汶川地震灾后恢复重建总体规划[Z].2008-09-19.

[17] 缪晓辉，沈慧，陈国良.汶川大地震灾后卫生重建的思考[J].第二军医大学学报，2008(7)：717-719.

[18] 张侃.国外开展灾后心理援助工作的一些做法[J].中国减灾，2012，(174)：23-25.

[19] 本刊评论员.积极做好灾后重建宣传报道工作[J].新闻三昧，2008(6)：1.

[20] 石玉成.汶川地震甘肃灾区恢复重建的实践与启示[J].地震工程学报，2018，40(S1)：1-5.

[21] David C. McClelland. Testing for Competency Rather Than Intelligence[J]. Journal of American Psychologist.1973(1)：14.

[22] 吴竞.基于胜任力模型的企业人力资源招聘体系建设探析[J].人才资源开发，2019(6)：76-77.

[23] 孙丽璐，何梦庭，龙婷.基于胜任力模型的高校应用型人才培养策略研究[J]，.重庆理工大学学报(社会科学).2018，11.

[24] 李明斐，卢小君.胜任力与胜任力模型构建方法研究[J].大连理工大学学报(社会科学版)，2004，25(1)：28-32.

[25] Richard Boyatzis. Competent manager：a model for effective performance. Journal of Effective Performance[M]. 1982，34(12)：22-26.

[26] 李玥.胜任力模型下的高校人力资源绩效管理体系构建[J].中外企业家，2018(27)：68.

4 面向多领域的城市风险管理人才培养体系

2015年12月，中央城市工作会议的召开和国务院《关于深入推进城市执法体制改革改进城市管理工作的指导意见》的发布，体现了中央对培养城市发展和城市管理人才的高度重视。我国城市管理专业人才培养在经历30多年的发展后，也迎来了得以快速发展的机遇。特别是中共中央办公厅、国务院办公厅印发的《关于推进城市安全发展的意见》(中办发〔2018〕1号)，明确提出城市安全发展的目标是：到2020年，城市安全发展取得明显进展，建成一批与全面建成小康社会目标相适应的安全发展示范城市；在深入推进示范创建的基础上，到2035年，城市安全发展体系更加完善，安全文明程度显著提升，建成与基本实现社会主义现代化相适应的安全发展城市。为实现上述目标，将跨越从2018年到2035年的18个年头，需要培养面向多领域的城市风险管理人才。

1) 构建面向城市风险管理的多领域人才培养体系，应遵循的指导思想

以习近平新时代中国特色社会主义思想为指导，全面贯彻落实党的十九大和十九届二中、三中全会精神，认真落实党中央、国务院关于城市安全的决策部署，坚定实施人才强国战略，遵循成长规律，构建符合城市风险管理需求的人才培养模式，激发人才创新潜能，培养造就素质优良、结构合理、充满活力的专业人才队伍，为提升我国城市风险管理水平提供人才支撑。

2) 构建面向城市风险管理的多领域人才培养体系，应坚持的基本原则

一是坚持服务城市发展。围绕城市能级提升的新形势、新要求，发挥人才评价“指挥棒”和风向标作用，激发面向城市风险管理的各领域人才创新创造活力，提升关键领域核心技术攻关能力，推动城市公共安全水平提升。

二是坚持遵循客观规律。遵循人才成长规律和不同发展阶段职业特点，建立科学分类、合理多元的评价体系，强化责任意识、弘扬工匠精神，减少急功近利、浮夸张扬，营造潜心专研、追求卓越的制度环境。

三是坚持科学评价标准。以职业分类为基础，以品德、能力、业绩为导向，分类制定评价标准，破除唯学历、唯资历、唯论文、唯奖项倾向，突出技术性、实践性和创新性，鼓励面向城市风险管理的多领域人才多出高水平成果。

四是坚持对标国际一流。立足我国面向城市风险管理的人才队伍建设实际，对标国际最高标准、最好水平，充分借鉴国外人才评价创新做法，积极推动城市风险管理领域人才的国际交流与合作，及时跟踪和汲取最新的科技手段，提高人才的专业化、职业化、国际化水平。

4.1 面向城市风险管理的工程技术人才培养

工程技术人才不仅是城市建设的一支重要力量，也是城市风险管理的亲身参与者、服务者和推动者。我国高度重视工程技术人才队伍建设。2019 年 2 月 1 日人力资源社会保障部、工业和信息化部两部门联合发文出台《关于深化工程技术人才职称制度改革的指导意见》(人社部发〔2019〕16 号)，旨在坚持需求导向、完善评价标准、创新评价机制，与城市风险管理实际相衔接，形成设置合理、覆盖全面、评价科学、管理规范的工程技术人才培养体系。

4.1.1 面向城市风险管理的工程技术人才的需求

目前，《国民经济行业分类》(GB/T 4754—2017)中并无与“城市风险管理”专门对应的行业类别。在第二产业中有“电力、热力、燃气及水生产和供应业”“建筑业”两大行业，其中“电力、热力、燃气及水生产和供应业”与城市运行紧密程度高，“建筑业”的发展主要体现在基础设施(公路、市政、铁路、地铁、轻轨、机场、水利等)、新型城镇化、海绵城市、绿色建筑、地下空间的开发利用、综合管廊、智能建筑、装配式建筑等方面。因此，这两大行业与城市风险管理相关程度较高。本书结合“电力、热力、燃气及水生产和供应业”“建筑业”行业发展现状以及人才需求，对城市风险管理的工程技术人才需求进行分析。

1. 我国对城市风险管理人才的需求巨大

根据国家统计局发布的“2018 年建筑业企业概况数据”，2018 年，全国共有 95 400 家建筑业企业单位，从业人员达 5 563.3 万人，占全部从业人员人数比重约 7%，且 2014—2018 年连续 5 年实现正增长，年均增速达到 4.5%；建筑业总产值为 235 085.5 亿元，同比增长 9.9%，建筑业增加值 43 695 亿元，同比增长 9.9%。城市建设的蓬勃发展带来的是对工程建设领域风险管理人才的潜在需求。

随着城市轨道交通行业的发展，对安全运营管理方面的专业人才需求将不断扩大。据有关数据，截至 2020 年 12 月 31 日，全国(不含港澳台)共有 44 个城市开通运营城市轨道交通线路 233 条，运营里程 7 545.4 公里，车站 4 660 座。关于城市轨道交通职业人才配备标准，业内研究表明，每建设 1 公里的城市轨道交通线路，至少需要 60 名管理及技术人员；而每开通 1 条地铁线路，则需要各类专门人才 1 000 余人。我国面向城市风险管理的工程技术领域人才的巨大需求量由此可见一斑。

2. 北京、上海等超大城市对城市风险管理人才需求突出

1) 2018 年北京市城市建设和安全生产情况

根据北京市统计局发布的《2018 年北京市国民经济和社会发展统计公报》中的“城市建设和安全生产情况”，可知以下情况。

在道路建设方面，年末全市公路里程 22 255.8 公里，比上年末增加 29.8 公里。其中，高速

公路里程 1 114.6 公里，增加 101.6 公里。年末城市道路里程 6 394.8 公里，比上年末增加 35.8 公里。

在公共交通方面，年末公共电汽车运营线路 888 条，比上年末增加 2 条；运营线路长度 19 245公里，减少 45 公里；运营车辆 24 076 辆，减少 1 548 辆；全年客运总量 31.9 亿人次，下降 5.0%。年末轨道交通运营线路 22 条，与上年末持平；运营线路长度 636 公里，增加 28 公里；运营车辆 5 656 辆，增加 314 辆；全年客运总量 38.5 亿人次，增长 1.9%。

在公用事业方面，全年自来水销售量 11.2 亿立方米，比上年增长 0.8%。其中，工业和建筑业用水 1.3 亿立方米，增长 3.2%；服务业用水 4.1 亿立方米，增长 0.7%；居民家庭用水 5.5 亿立方米，增长 0.4%。

在用电方面，全年用电量达到 1 142 亿千瓦时，比上年增长 7.1%。其中，生产用电 886 亿千瓦时，增长 4.2%；城乡居民生活用电 256 亿千瓦时，增长 18.2%。

在液化石油气供应方面，全年液化石油气供应总量为 47 万吨，比上年下降 4.5%；天然气供应总量为 180 亿立方米，增长 12.9%。年末共有燃气家庭用户 934 万户，增长 0.5%；其中天然气家庭用户 672 万户，增长 3.0%。年末燃气管线长度达到 30 800 公里，增长 17.6%。全市 10 万平方米以上的集中供热面积达 6.7 亿平方米，比上年增长 2.0%。

在安全生产方面，全年共发生工矿商贸生产安全事故、生产经营性道路交通事故、生产经营性火灾事故、铁路交通事故、农业机械事故 476 起，死亡 511 人。道路交通每万车死亡人数为 2.33 人；煤矿死亡事故零发生。

2）2018 年上海市城市基础设施和房地产情况

根据上海市统计局发布的《2018 年上海市国民经济和社会发展统计公报》中的“城市基础设施和房地产情况”，可知以下情况。

全年城市基础设施建设投资比上年增长 9.3%。其中，公用事业投资增长 51.8%，交通运输投资增长 12.3%，电力建设投资增长 11.6%(表 4-1)。

表 4-1　2018 年上海城市基础设施投资增长速度

指标	比上年增长	指标	比上年增长
城市基础设施投资	9.3%	邮电通信	−2.0%
电力建设	11.6%	公用事业	51.8%
交通运输	12.3%	市政建设	−3.5%

至 2018 年年末，全市公交专用道路达到 363.70 公里。完成黄浦江两岸 20 公里岸线、4 座跨江大桥景观灯光提升改造。完成 116 公里架空线入地及合杆整治，拆除有安全隐患、违法违规的广告招牌 3.9 万块。

全市自来水供水能力为 1 250 万立方米/日，比上年增加 66 万立方米/日。全年供水总量为 30.55 亿立方米，下降 1.5%；售水总量为 24.35 亿立方米，下降 0.7%。其中，工业用水量、生活用水量分别为 4.33 亿立方米、20.02 亿立方米，分别比上年下降 4.3%和增长 0.1%。全年全市用电量为 1 566.66 亿千瓦时，增长 2.6%。至年末，全市家庭液化气用户 240 万户，比上年下降 14.7%；家庭天然气用户 699.6 万户，增长 3.6%。2018 年上海市公用事业主要指标及其增长速度见表 4-2。

表 4-2　　2018 年上海市公用事业主要指标及其增长速度

指标	绝对值	比上年增长
自来水日供水能力/万立方米	1 250	5.6%
自来水供水总量/亿立方米	30.55	−1.5%
自来水售水总量/亿立方米	24.35	−0.7%
# 工业用水/亿立方米	4.33	−4.3%
用电量/亿千瓦时	1 566.66	2.6%
# 城乡居民生活用电/亿千瓦时	243.55	6.5%
液化气销售总量/万吨	30	−13.8%
天然气销售总量/亿立方米	85	10.1%

全年完成房地产开发投资额比上年增长 4.6%。其中，住宅投资增长 3.4%；办公楼投资增长 7.9%；商业营业用房投资下降 8.9%。商品房施工面积为 14 672.37 万平方米，下降 4.5%；竣工面积为 3 115.76 万平方米，下降 8.0%。商品房销售面积为 1 767.01 万平方米，增长 4.5%。其中，住宅销售面积为 1 333.29 万平方米，下降 0.6%。全年商品房销售额为 4 751.5 亿元，增长 18.0%。其中，住宅销售额为 3 864.03 亿元，增长 15.8%。全年存量房买卖登记面积为 1 547.11 万平方米，下降 1.1%。房地产持续稳定的发展及相应的基础设施建设吸纳了大量的就业人口(表 4-3)。

表 4-3　2015—2017 年上海市“电力、热力、燃气及水生产和供应业”“建筑业”两大行业从业人员人数(万人)

行　业	2015 年	2016 年	2017 年
电力、热力、燃气及水生产和供应业	4.76	4.83	4.57
建筑业	108.33	106.36	98.9

4.1.2　面向城市风险管理的工程技术人才的特征和现状

随着城市化和现代化进程的加快，自然灾害、事故灾难等灾害性事件发生的频率增加、强度趋大，对面向城市风险管理的工程技术人才的需求与能力提出了更高要求。同时，由于城市公共安全领域系统性、复杂性以及其专业性强的特点，导致目前的人才培养模式面临诸多挑战。

为适应当前城市化进程和城市发展能级提升的需要，解决城市风险管理领域工程技术人才需求的结构与质量供给问题，2018 年在对城市风险管理领域相关行业发展状况、从业人员结构、各高校人才培养现状等进行深入调研的基础上，研究工程技术领域人才当前及未来供需状况。调研采用文献研究、实地访谈、问卷调查等方法，调研对象分布在上海市和长三角区域主要城市。

从工程技术人才的年龄结构看，20～30 岁的占 33.13%，30～40 岁的占 28.31%，40～50 岁的占 27.81%，50 岁以上的占 8.16%。从工程技术人才的学历结构看，本科及以上占 48.8%，大专占 26.8%，高中占 19.3%，初中及以下占 2.6%(图 4-1)。从工程技术人才的专业职称看，获得政府人力资源与社会保障部门以及企业自主评定的各类技术职称人员占比仅约 30%，与发达国家“钻石型”技能人才机构中高技能人才占 35%相比还有不小的距离。

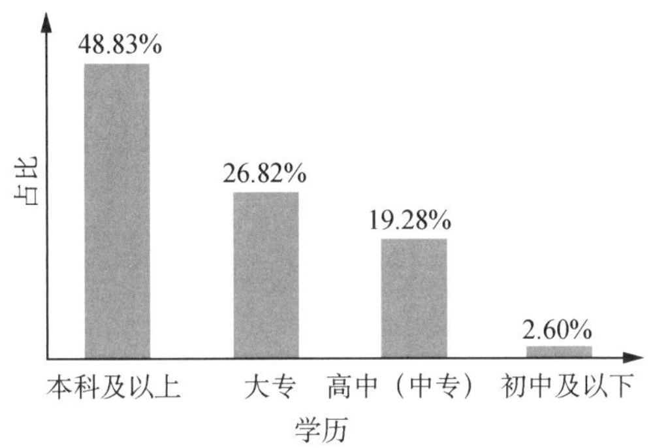

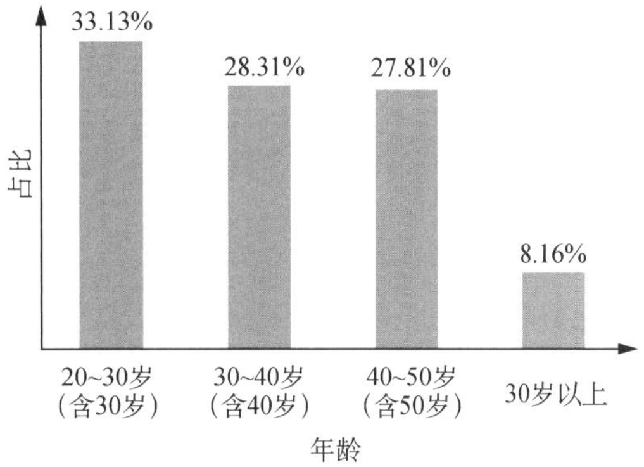

图 4-1 工程技术领域人才调查对象年龄和学历结构

此外，从调研中也发现制约工程技术人才发展的一些问题。一是缺乏人才培养的科学规划。缺乏适应城市风险管理领域的综合性、战略性的培养规划，相关培训项目多以现有设备为模板，与先进设备与技术无法契合。二是职业人才的数量和质量均存在不足。城市地铁交通系统的维护与运营涉及土木工程、计算机、消防、自动化、电力、通信、运营管理等众多专业，而部分专业的人才培养未能与城市风险管理所需的工程技术人才数量和质量需求相契合，导致该领域人才的稀缺性更加突出。三是专业性的技术人才结构不够合理。城市风险管理领域大部分是技术密集型行业，需要对相关技术掌握全面的高级人才，但在目前从业人员中，高级技术人才比例不足，人员结构不尽合理，严重影响了人才梯队培养。四是存在人才流失情况。该领域企业相应的激励机制配置尚不完善，行业工作性质所决定的倒班制和部分工种作业环境艰苦、风险系数大等特点，也使得工程技术人才流失严重。

4.1.3 面向城市风险管理的工程技术人才的培养模式

我国长期以来城市管理是分部门管理模式，一定程度上在体制方面制约了协同治理，不仅造成了城市安全风险的管理成效“碎片化”现象，同时也导致面向城市风险管理的工程技术人才培养模式的多样性。目前，主要有以下几种培养模式。

4.1.3.1 高校专业学科培养模式

自 2012 年城市管理专业被纳入教育部专业目录后，城市管理专业进入了快速发展阶段。

据不完全统计，全国共有 53 所大学开设城市管理专业（表 4-4）。

表 4-4　　我国设置城市管理专业高校的地域分布

<table>
<tr><th>区域分布</th><th>高校数量</th><th>省市分布</th><th>高校数量</th></tr>
<tr><td>华东地区</td><td>16</td><td>北京市、山东省、浙江省</td><td>各 5 所</td></tr>
<tr><td>西南地区</td><td>13</td><td>云南省、贵州省</td><td>各 4 所</td></tr>
<tr><td>华北地区</td><td>8</td><td>重庆市、广西壮族自治区</td><td>各 3 所</td></tr>
<tr><td>华中地区</td><td>6</td><td>天津市、福建省、江苏省、四川省、湖北省、湖南省、河南省、吉林省、陕西省</td><td>各 2 所</td></tr>
<tr><td>华南地区</td><td>4</td><td rowspan="3">上海市、山西省、江西省、广东省、辽宁省、甘肃省</td><td rowspan="3">各 1 所</td></tr>
<tr><td>东北地区</td><td>3</td></tr>
<tr><td>西北地区</td><td>3</td></tr>
<tr><td>总数</td><td colspan="3">53</td></tr>
</table>

（数据来源：我国高校城市管理专业的历史沿革与现状，《城市管理与科技》，2016.5）

从高校学科培养的方向和模式看，主要分为三类：第一类是市政管理，侧重水、电气、热等基础设施的技术管理；第二类是行政管理，侧重政府内部运行的制度管理；第三类是广泛分布于各学科领域的部门管理，如社区管理、交通管理等。这三类培养方向的共同特征是专业性强、综合性不足，缺乏应对和解决重大城市风险问题的能力。另外，随着我国城镇化进程的快速推进，迫切需求具有先进城市管理理念、掌握现代城市管理理论与方法、具有较强综合协调能力的高素质的城市管理人才。因此，城市管理人才特别是工程技术人才存在严重的供求缺口。

4.1.3.2　工程技术人才职称评价模式

2019 年 2 月 1 日，人力资源社会保障部、工业和信息化部出台《关于深化工程技术人才职称制度改革的指导意见》（人社部发〔2019〕16 号），加快形成设置合理、覆盖全面、评价科学、管理规范的工程技术人才职称制度。

一是健全制度体系。增设正高级工程师，高级职称分设副高级和正高级，初级职称分设员级和助理级。建立工程系列相关专业设置动态调整机制，促进专业设置与城市风险管理的需求同步。实现工程技术领域职称制度与职业资格制度有效衔接，工程技术人才取得的工程领域职业资格，可对应相应层级的职称，并可作为申报高一级职称的条件。打通高技能人才与工程技术人才职业发展通道。按照两类人才贯通条件大体平衡、适当向高技能人才倾斜的原则，搭建高技能人才与工程技术人才成长立交桥。在工程技术领域生产一线岗位，从事技术技能工作的高技能人才，具有高级工以上职业资格或职业技能等级，符合工程技术人才职称评价基本标准条件，可参加工程系列职称评审。专业技术人才参加职业技能评价，可免于理论知识考试，注重技能水平考核，合格后取得相应技能人员职业资格证书或职业技能等级证书。工程技术人才各层级职称分别与事业单位专业技术岗位等级相对应。

二是完善评价标准。坚持把品德放在工程技术人才评价的首位，重点考察工程技术人才的职业道德。用人单位可通过个人述职、考核测评、民意调查等方式综合考察工程技术人才的职业操守和从业行为。突出评价能力和业绩，适应工程技术专业化、标准化程度高的特点，分专业领域完善工程技术人才评价标准。通用性强、适用范围广的专业评价标准由国家统一发布。重点评价工程技术人才发明创造、技术推广应用、工程项目设计、工艺流程标准开发、产品质量提升、科技成果转化等方面的能力，引导工程技术人才解决工程技术难题、实现现代工程技术突破。实行国家标准、地区标准和单位标准相结合。人力资源社会保障部会同工业和信息化部等有关行业主管部门研究制定《工程技术人才职称评价基本标准条件》。各地区可根据本地区经济社会发展情况，制定地区标准。具有自主评审权的用人单位可结合本单位实际，制定单位标准。地区标准和单位标准不得低于国家标准。支持龙头企业、行业协会学会等参与制定评价标准。

案例一　广东搭建工程技术领域人才成长“立交桥”①

广东省人力资源和社会保障厅于 2019 年 5 月 10 日印发《关于在工程技术领域实现高技能人才与工程技术人才职业发展贯通的实施方案》(以下简称《方案》)，广东工程技术领域将打破职业技能评价与专业技术职称评审界限，建立体现两类人才特点的新的评价机制。

《方案》规定，在广东工程技术领域生产一线岗位从事技术技能工作，具有高超技艺和精湛技能，能够进行创造性劳动并做出贡献的在职在岗高技能人才，可参加工程系列专业技术职称评审。

《方案》明确，高技能人才参加工程系列专业技术职称评审的，须具有高级工以上职业资格或职业技能等级，在现工作岗位上近 3 年的年度考核合格，并达到一定的工作年限；工程技术人才参加职业技能评价的，须在取得现从事职业(工种)的相关职业资格或职业技能等级，并达到一定的年限后，可申报相对的职业技能评价。

根据《方案》，高技能人才参加工程技术职称评审，对职称外语、计算机应用能力成绩不做要求，不得将论文作为限制性条件，可用体现其技术能力的工作报告、技术工艺改进方案、编制的操作手册或解决工作难题的专栏报告等替代论文论著；技工院校中级工班、高级工班、预备技师或技师班毕业，可分别按相当于中专、大专、本科学历申报评审相应专业职称；工程技术人才参加职业技能评价，对于取得工程师及以上职称的，以及具有所申报或相关职业(专业)毕业证书的，可免于理论知识考试。

《方案》还明确，对于获得世界技能大赛金、银、铜牌选手的指导专家、教练，获得中华技能大奖、全国技术能手或南粤技术能手荣誉称号，担任国家级技能大师工作室负责人，享受省级以上政府特殊津贴的优秀高技能人才，可申报相应专业正高级工程师及以下级别的职称评审。对于获得世界技能大赛金、银、铜牌的选手，获得全国总工会、共青团中央、全国妇联和省部级表彰，或取得广东省技术能手荣誉称号的优秀高技能人才，可申报相应专业高级工程师及以下级别的职称评审。

---

① 资料来源：《工人日报》(2019 年 6 月 9 日 01 版)。

三是创新评价机制。科学采取评价方式，建立以同行专家评议为基础的业内评价机制，注重社会和业内认可。综合采用考试、评审、考核认定、个人述职、面试答辩、实践操作、业绩展示等多种评价方式，提高职称评价的针对性和科学性。畅通评价渠道。各地人力资源社会保障部门和有关行业主管部门通过驻厂设点、建立代办机构、入驻办事大厅等方式建立兜底机制，确保非公有制领域工程技术人才平等参与职称评审。要积极依托具备条件的行业协会、专业学会、公共人才服务机构等，为非公有制经济组织、社会组织和新兴职业领域工程技术人才提供职称评价服务。建立绿色通道，鼓励工程技术人才围绕国家重大战略和社会需求，潜心研究、攻坚克难，提高关键环节和重点领域创新能力。对引进的工程技术领域海外高层次人才和急需紧缺人才，进一步打破条条框框的限制，引入国际同行评价，建立职称评审绿色通道。

四是促进职称制度与人才培养制度有效衔接。推动工程技术人才职称制度与工程类专业学位研究生教育有效衔接，获得工程类专业学位的工程技术人才，可提前1年参加相应专业职称评审。推动实现职称制度与用人制度有效衔接，全面实行岗位管理、工程技术人才素质与岗位职责密切相关的事业单位，一般应在岗位结构比例内开展职称评审，聘用具有相应职称的工程技术人才到相应岗位。不实行事业单位岗位管理的用人单位，可根据工作需要，择优聘任具有相应职称的工程技术人才从事相关岗位工作。健全考核制度，加强聘后管理，在岗位聘用中实现人员“能上能下”。

案例二　北京市发布《关于加强城市精细化管理工作的意见》明确提出城市街区更新引入规划师、设计师①

2019年1月30日，北京市人民政府发布《关于加强城市精细化管理工作的意见》，这也是北京市2019年下发的第一号文件。

文件明确，北京市将加强城市管理专业化队伍建设，提升城市管理专业化服务水平。除了建立城市管理队伍培训体系和专业等级制度，开展培训外，还将通过公开招录、选调（聘）等方式，引进一批具有国际视野的城市管理专业人才，同时鼓励市属高等学校设置城市管理专业或开设城市管理课程，培养懂城市、会管理的专业人才。在街区更新提升、美丽乡村建设中落实责任规划师、设计师制度和专家团审核制度，提升设计水平。

4.1.3.3　注册类职业模式

以注册安全工程师为例，2019年1月应急管理部、人力资源社会保障部印发《注册安全工程师职业资格制度规定》和《注册安全工程师职业资格考试实施办法》，主要目的是为贯彻落实《中华人民共和国安全生产法》《中共中央 国务院关于推进安全生产领域改革发展的意见》和《国家职业资格目录》的有关要求，完善注册安全工程师职业资格制度，自《注册安全工程师职业资格制度规定》《注册安全工程师职业资格考试实施办法》施行之日起，原人事部、国家安全生产

① 资料来源：《北京日报》(2019年1月30日)。

监督管理局发布的《注册安全工程师执业资格制度暂行规定》(人发〔2002〕87 号)和《注册安全工程师执业资格考试实施办法》(国人部发〔2003〕13 号),原人事部、国家安全生产监督管理总局发布的《关于实施〈注册安全工程师执业资格制度暂行规定〉补充规定的通知》(国人部发〔2007〕121 号)同时废止。

注册安全工程师资格认证的设立,对于提高城市风险管理的科学化、专业化水平,促进我国安全生产形势根本好转具有重要意义,主要有三个方面的创新。

一是科学实行分级。注册安全工程师级别设置为高级、中级、初级(助理)。建立各级别与职称的对应关系,主要是顺应从业人员的呼声,为注册安全工程师打通职业发展通道。一方面,有利于满足不同企业对不同级别注册安全工程师的要求,提高企业安全生产管理水平,防范和遏制事故的发生。另一方面,有利于注册安全工程师人尽其才、才尽其用,激励注册安全工程师不断提高专业能力素质。

二是划分专业类别。按照不同高危行业领域将注册安全工程师划分为煤矿安全、金属非金属矿山安全、化工安全、金属冶炼安全、建筑施工安全、道路运输安全、其他安全(不包括消防安全)7 个专业类别。注册安全工程师按照专业类别进行考试、注册、参加继续教育、配备使用等,改变了过去注册安全工程师考试不分专业、学习范围广、通用内容较多,一定程度上导致部分注册安全工程师学得不深或不精、专业化水平不高的问题,对推动安全生产工作的专业化水平更有帮助。

三是明确配备使用标准。《注册安全工程师职业资格考试实施办法》第二十七条明确了注册安全工程师的执业范围,包括安全生产管理、安全生产技术、生产安全事故调查分析以及安全评估评价、咨询、论证、检测、检验、教育、培训和其他安全生产专业服务。这既是贯彻执行《安全生产法》等法律法规要求的具体举措,也是注册安全工程师队伍健康发展的内生动力,有利于注册安全工程师发挥更大作用。

案例三 注册安全工程师

注册安全工程师,是指通过注册安全工程师执业资格考试并取得《中华人民共和国注册安全工程师执业资格证书》,并经注册的专业技术人员,英文全称 Certified Safety Engineer,简称 CSE。注册安全工程师考试科目包括《安全生产法及相关法律知识》《安全生产管理知识》《安全注册安全工程师证书生产技术》和《安全生产事故专栏分析》。

注册安全工程师考试是由人事部和国家安全生产监督管理总局共同组织实施的一项职业资格准入制度的考试,每年在全国范围内举行一次。该考试为滚动考试(每两年为一个滚动周期),参加四个科目考试的人员必须在任意连续两个考试年度内通过全部应试科目,免试部分科目的人员必须在一个考试年度内通过应试科目的考试,方可取得,该证书在全国范围内有效。生产经营单位中安全生产管理、安全工程技术工作等岗位及为安全生产提供技术服务的中介机构,必须配备一定数量的注册安全工程师。经国家经济贸易委员会授权,国家安全生产监督管理局负责实施注册安全工程师执业资格制度的有关工作。

4. 工程师资格国际互认模式

按照《华盛顿协议》框架规则，在健全完善工程教育专业认证基础上，在条件成熟的工程技术领域探索开展工程师资格国际互认。以国际工程联盟（International Engineering Alliance, IEA）、国际咨询工程师联合会（Fédération Internationale Des Ingénieurs Conseils, FIDIC）等国际组织为平台，主动参与国际工程师评价标准制定，加强工程技术人才国际交流。

4.2 面向城市风险管理的舆情公关人才培养

伴随着现代社会国际化、网络化、信息化发展趋势，导致突发事件的关联性、衍生性、复合性和非常规性不断增强；尤其是互联网等新兴媒体的快速发展，使突发事件信息传播速度和范围出现显著变化，舆情管理难度不断增大；部分重特大突发事件超出传统常规判断，这给城市风险管理带来了更加严峻的挑战。

4.2.1 培养舆情公关人才的必要性

所谓舆情，是作为主体的人民群众对社会环境中存在的人、物、事及其发展而持有的意见、态度、信念、情绪等的总和[1]。当前产生社会舆情最便利、最通行的载体是无处不在的网络。

随着互联网的发展，互联网已然成为思想、文化、信息的集散地，社会舆论产生的传播方式发生了巨大的变革，网络舆情应运而生。网络舆情的出现为国家政府机关、企事业单位以及个人带来巨大的挑战，在传媒市场中网络舆情公关人才的社会需求急剧增加。

从国际看，国外对网络舆情的分析研究起步较早，相对也更加完善，并且主要基于 Twitter、Facebook 等社交网络平台，在针对事件、话题的检测和跟踪方面，大部分集中于民生、社会、政治、灾难等特定领域。从国内看，针对网络舆情的研究也在逐步发展中，特别是基于新浪微博、微信等社交网络的研究是目前网络舆情研究的热点。2018 年互联网监管监督事件数量趋势如图 4-2 所示。

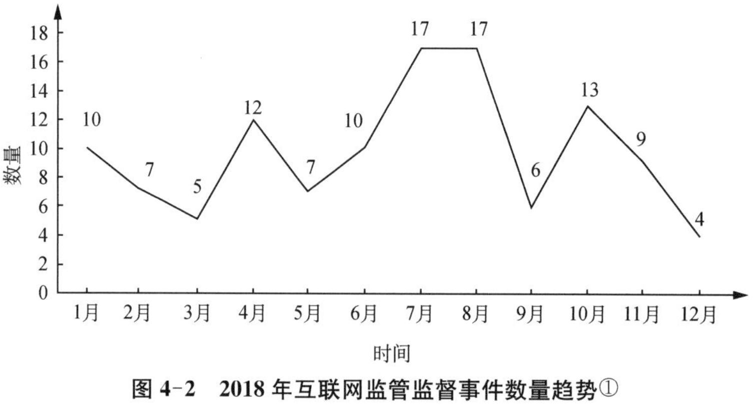

图 4-2　2018 年互联网监管监督事件数量趋势①

① 资料来源：人民网舆情数据中心。

2018年，各国政府普遍加大了互联网治理力度，典型如Facebook深陷数据泄露丑闻、欧盟针对安卓系统开出50亿美元"天价"罚单、Google在数据和隐私方面遭受美国参众两院质询等。互联网监管趋严成为全球趋势，其主因在于，互联网企业长期宽松发展至一定阶段后，自身业务潜在问题和外在问题不断累积，对社会整体影响持续显现达到监管阈值。在国内，据腾讯指数不完全统计，2018年以来全网舆论关注较高的互联网监管、媒体监督专栏共117起，平均每月9.75起。主管部门主动发起专项整治行动或相关通知共22次，平均每月1.83次。内涵段子、直播博主"陈一发儿"等互联网平台、账号被永久关闭下线。从数量、频次、力度上看，2018年互联网监管力度空前。2018年互联网监管行动主要执行主体TOP10如图4-3所示。

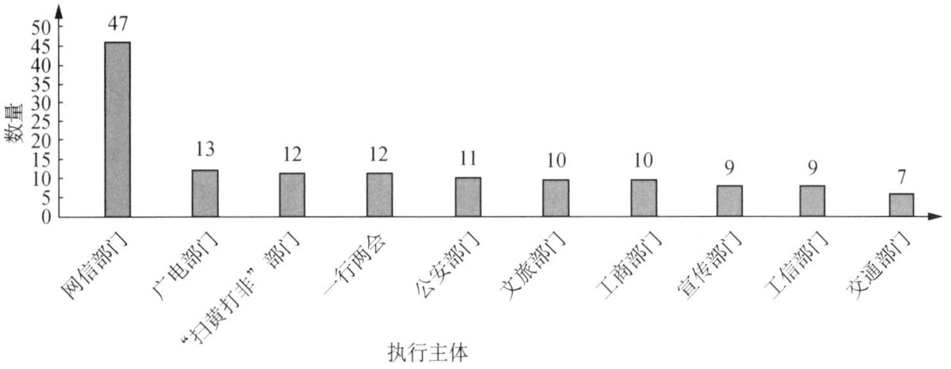

图4-3　2018年互联网监管行动主要执行主体TOP10①

截至2018年12月，我国网民达到8.29亿，以中等教育水平的群体为主，初中、高中/中专/技校学历的网民占比分别为38.7%和24.5%，受过大学专科、大学本科及以上教育的网民占比仅为8.7%和9.9%。从职业结构来看，网民中学生群体最多，占比达25.4%，其次是个体户/自由职业者，占比为20.0%。网民素质参差不齐，受各种主客观因素的影响，一些网络言论缺乏理性，情绪化的言论很可能迅速发酵，发展成为有害的舆论，还可能触发群体性危机事件，对社会稳定发展造成不良影响。[2]

当前我国大多数网络舆情分析师是从宣传系统的传统新闻工作者转型而来，无论网络舆情监测分析专业技术，还是网络舆情意识和网络舆情应对能力，都还不能适应舆情工作的需要。而社会化的舆情服务机构产业链尚不完整，大多只能提供舆情情报，而不能针对特定舆情提出处置建议。在高校的舆情公关人才培养方面，也存在严重的滞后。地方高校网络舆情专业主要依托传播学等文科专业，培养的人才在大数据监测的舆情信息采集、分析、预警、维护等方面存在软肋，达不到数据监测和舆情应对的综合性要求。

4.2.2　面向城市风险管理的舆情公关人才类型及配置

社会舆情尤其是网络舆情可能给城市风险管理带来放大城市公共安全危机、损害城市政府

---

①　资料来源：人民网舆情数据中心。

公信力和维稳力、不利于培养理性市民等风险[3]。因此,城市风险管理的社会舆情管理本质上是对各方关注的公共安全事件,通过引导增加公众对城市、对政府的公信力,从而维护社会安定和谐。特别是当前我国城市发生的公共安全事件大多数是民生问题或者是影响民生的问题,因此在城市风险管理的社会舆情管理方面,实质上更多的是加强双方对话沟通,从而让公众了解公共安全事件发生原因、进展情况、解决途径以及风险防范等方面的信息。

2020 年年初暴发的新冠肺炎疫情,既是对我国医疗卫生体系的一次严峻挑战,也是对我国舆情应对能力的一场大考。回顾整个过程,在我们与疫情相关的舆情应对中,同时要在国内和国外两条战线作战。在国内,我们要及时全面地把疫情状况传递给民众,消除民众的恐慌,维护社会稳定,还要应对网络上各种各样的杂音,用事实粉碎各种谣言。在国外,疫情初期武汉开始封城时,西方舆论的心态是隔岸观火,幸灾乐祸,讥讽、嘲笑中国政府如何措手不及、手忙脚乱,攻击中国政府专制,认为此次疫情将导致中国政府垮台,人们会见证“切尔诺贝利时刻”。而欧美国家疫情失控后,西方政府和媒体则将矛头再次对准中国,政客出于政治目的向中国“甩锅”,指责中国在疫情初期不透明,提出毫无国际法依据的所谓的“追责”和“索赔”。特别是美国政客上自总统、国务卿,下至国会议员,异口同声地怪罪起中国来。他们与媒体遥相呼应,掀起一波攻讦、指责、谩骂中国的浪潮。

检视此次应对新冠肺炎疫情的舆情过程,可以看到,在城市风险和危机的舆情应对中我们需要各种各样的人才,包括以下几种。

(1) 网络技术人才。该类型人才能运用大数据技术、人工智能技术,开发先进的舆情分析技术工具,日常对舆情环境、舆情态势进行监测分析,危机时针对社会特定事件监测分析网络舆情数据,提供舆情分析报告,为政府决策提供依据。

(2) 专业技术人才。该类型人才依托专业研究对风险、危机的走向做出判断,指导政府采取有效技术措施减缓、消除危机,同时在网络媒体发出权威的声音,帮助公众正确认识、对待危机,调整好个人心态、生活和工作状态,不产生恐慌,就像抗击疫情中的钟南山、张文宏。

(3) 内容型人才。该类型人才熟知新闻传播的规律和应急处置的原则,能够针对特定的舆情问题,综合专家的观点和舆论关切,撰写情况简报,为新闻发布会的领导提供素材,在网络上面向不同的群体以该群体的话语回复他们关切的问题。这类人才通常应从网络技术人才中选拔、培养,以形成一支技术和内容兼具的复合型舆情公关人才队伍。

(4) 国际化人才。该类型人才的主要职责是应对国外舆情,特别是西方媒体和网络对中国国内危机事件处置的舆情,既要熟练掌握外语,了解西方的文化背景,深谙文化背景、讲求语言艺术,以西方的话语体系讲述中国的故事;也要有较强的思辨能力,会摆事实、讲道理,言说观点有锐度和力度。在新冠肺炎疫情的国际舆论战中,我国驻外外交官不得不走向一线批驳西方官员、媒体,凸显出我国国际化舆情公关人才的匮乏。

(5) 组织型人才。一场大的危机事件发生后,新闻媒体记者会蜂拥而至。对媒体记者的组织安排工作尤为重要,既要让他们能够全面真实地报道危机处置情况,帮助公众了解危机的各种进展，又不能因他们的工作干扰整个危机处置。政府的新闻主管部门要有专门的组织型人才，他们既善于与各路记者打交道，又了解城市风险危机处置的一些基本程序、制度、法律，能够指导协助主管部门做好新闻发布会的会前准备、现场管理和会后传播，拟定口径，引导媒体记者看到政府在处置危机中采取的重点工作、处置危机的难点所在，以回应公众关注的热点。

当然，在城市风险、危机管理方面所需的人才还有很多，比如法律方面的人才保证危机处置中的每个步骤都符合法律要求，还有能够在镜头面前淡定泰然回答记者问题的公共关系型官员等。

一个城市面临的风险危机可能涉及各个部门，在每个部门中都配置专业的舆情人员岗位既不现实，也无必要，需要政府统筹协调设置岗位。在纵向上，考虑舆情发生的频率和资源的有效供给，专业人力资源的分配应当是倒置的(倒金字塔)。例如，直辖市、计划单列市在宣传部设立网络宣传处或舆情处，设5人以上舆情干部，市内职能委办局宣传科有专职负责舆情工作的干部1～2名；街镇、重点企业有办公室有人兼职负责。在实际舆情处置和回应过程中，对于重大网络舆情内部流程可以采取“上提一级”的方式，调动区域内各条线力量集中应对。

案例四　这条火遍海外的视频，看来终于戳到了某些美国人的痛处！①

一段长度仅为1分46秒的视频《病毒往事》(*Once upon a Virus*)，却让某些美国人感到痛了。视频是2020年4月30日发布在新华社官方推特(Twitter)账号上的。内容是通过模拟酷似乐高小人的“兵马俑”与“自由女神”的对话，披露了从2019年12月到2020年4月期间，中国持续向世界卫生组织(World Health Organization, WHO)和美国通报疫情信息，而美国如何从轻视、嘲讽到陷入疫情“震中”，最后被“打脸”却还想倒打一耙的全过程。

这段看起来内容并不复杂的视频，却在海外火了，以下几项指标或可为证。

指标一：播放量、转发量、点赞数均居高不下。

数据是最好的说明。截至北京时间5月3日早晨，该视频仅在推特平台观看量就超过169万，转发超过1.9万，点赞数3.7万。

指标二：西方媒体纷纷跟进报道。

美国《新闻周刊》、澳大利亚广播公司(ABC)、法国《费加罗报》等，纷纷跟进报道。很多海外网友却在相关新闻后表达了对视频的支持。

指标三：连特朗普的“铁粉”都赶来评论区报到了。

他们为什么跳出来？答案很显然：有些人害怕真相，说明这次真的被戳到了痛处。因为他们在应对疫情方面唯一卖力的，恰恰就是“甩锅”、攻击世卫组织、攻击中国，以此转移自身防疫不力的事实。

那么，这条视频还可以给我们哪些启示？笔者这里试着再谈三点。

一是：用西方人熟悉的方式发声，这一次他们听到了。

输出观点，最考验的就是方式和创意。《病毒往事》视频通过用简单的动画，三言两语，就绘

① 资料来源：《参考消息网》2020年5月3日报道(文/十四心)(节选，改编)。

出了美国当局应对疫情不力的基本事实。直白，记忆点鲜明，非常适合海外用户习惯和理解。

这再次告诉我们，用西方人听得懂的语言（方式），阐述他们关注的话题和我们要说的观点，就能实现传播效果的最大化。

二是：评论区“恶意满满”？恰恰表明这条视频做对了。

笔者觉得，与争论相比，当前中国的声音能被看到、被听到显然更重要。我们勇于发声，也不惧怕攻击，这是在当前复杂舆论环境下必须具备的“真功夫”。这条视频引起了西方的争议，恰恰说明制作对了。

三是：在海外社交媒体上，中国声音越来越响亮了。

不仅中国媒体一直在对外介绍真实的中国，近期很多中国外交官也纷纷踏足海外社交媒体，直面敏感话题，大声传播中国立场。但如果像这则视频一样的新闻产品越来越多，像中国外交官这样的“出海者”声音越来越密集，那么效果将会大不一样。

大音希声，大象无形。在中外沟通交流过程中，相信只要坚持不懈，久久为功，中国在海外的声音就会更加响亮。

在横向上，专业舆情干部的分配也不应当是“平均分配”，通常可以分为三个优先级，最为优先的是辖区的政务舆情主要负责部门，具体人力资源配置可以有两种模式：一种模式是辖区政府在辖区政府办公厅（室）内建设一支专业舆情队伍，另一种模式则是辖区政府办公厅（室）联合，或者委托给辖区内新闻宣传管理部门，如辖区新闻办、网信办、舆情信息中心开展工作。其次优先的是舆情多发高发常发的行政机关，如城市管理执法局、公安局、教育局等，也可以考虑优先配置专业舆情干部。最后是一般委办局和基层行政机关、派出机关，可以考虑配置兼职舆情干部。①

4.2.3 城市风险管理舆情公关人才培养模式

习近平总书记强调，推动媒体融合发展，建设全媒体成为我们面临的紧迫课题。“要把握正确舆论导向，提高新闻舆论传播力、引导力、影响力、公信力。”“网络空间的竞争，归根结底是人才竞争。”因此，加大舆情公关人才培养力度，改进舆情公关人才培养机制，才能在舆情战中夺得先机、占据主动、赢得胜利。

当前我国舆情公关人才需求缺口大，据权威调查机构艾瑞网早年的数据显示，我国网络舆情专业人才缺口现已超过 120 万。在舆情公关人才需求强劲、舆情知识亟待普及的当下，舆情教育及其人才培养必须多措并举，形成人才培养的合力。

1）发挥高校舆情公关人才培养的主阵地作用

网络舆情公关人才是新闻传播人才中的重要组成部分。高校培养舆情公关人才具有培养周期长、课程体系健全系统的优点。以高校为平台成立舆情研究机构和教学专业的单位全国有

① 资料来源：http://www.cac.gov.cn/2018－08/03/c_1123219578.htm.

几十所，其中，北京大学互联网与社会研究中心、中国人民大学舆论研究所、北京交通大学网络舆情安全研究机构、中国传媒大学网络舆情（口碑）研究所、华中科技大学舆情信息研究中心等是成立较早、影响较大的舆情研究机构[4]。这些机构通过培养研究生，为政府和相关企事业单位输出了大量符合实际需求的高端网络舆情公关人才。在本科层次，高校的网络与新媒体专业普遍把网络舆情分析作为人才培养的一项重要内容。

与其他专业的人才培养一样，舆情公关人才的培养也是一项系统工程。要从培养规格、标准入手，系统化地设置课程体系[5]。构建“传播学基础课程＋网络舆情系列课程”的理论课程体系和“校内实践＋校外基地实训”实践课程体系，强化学生的全媒体能力。网络舆情系列课程的设置宜采用案例式、研讨式授课，推动高校和政府、高校和企业协同育人的模式，将人才培养的部分环节放到地方行政部门、传媒机构、企业等实践部门，而这些部门有经验的领导和研究人员也应走进大学课堂为学生讲授实战技法。

大数据环境下的舆情分析必须依托大数据技术和人工智能技术，在舆情分析阶段做到“人机结合”，在舆情引导和应对阶段善于利用微博、Twitter、Facebook 等信息平台发布正面信息，批驳谣言和偏见。因此，舆情公关人才在具有良好的脑力、笔力的基础上，还要有眼力、数据力。由于中国高考分科的缘故，大学媒体专业的学生多为文科生，在数据分析方面的能力不足，需要通过更多的 STEM 课程培养他们应用信息技术和平台的能力。同时在招生时应通过招收文科、理科学生混合编班的形式，促进培养学生的文理交融，增强人才的复合性。

高校舆情公关人才培养，应根据舆情公关人才胜任力的要求和几个类型人才的职责，做好五个方面的重点工作：第一，加强教材内容建设，抓好教学案例开发，特别是外语教材和案例的开发，提高培训教学的国际化水平；第二，深入与企事业单位合作，共同致力于舆情专业化教学平台的进一步研发，搭建内容更丰富、使用更方便、参与更广泛的舆情专业化教学考试平台；第三，对接网络舆情分析师执业职格考试体系，让高校相关专业毕业生申请网络舆情分析师时可以免考部分课程，更加明确学生的职业指向，增强学生学习专业的热情和职业自豪感；第四，加强与各地政府、媒体、教育和信息化等领域主管部门的联系，从政策上、理论上对人才培养工作进行指导，使人才培养更加符合政府和社会的需求；第五，开展舆情专业化技术的师资培训，组织各地学校间的交流沟通，提高学校整体舆情专业技能水平的提升。①

2）加强对舆情相关岗位公务员的培训

公务员队伍舆情意识以及应对舆情的素质和能力是城市风险管理中最重要的能力需求。政府要将创新社会治理能力的舆论引导能力内化到每一位政府公务人员，提升政府舆情处理和社会治理的整体水平。而舆情相关岗位人员的能力提升更是重中之重。

高校学历教育是慢工出细活，政府除了委托一些高校对高层次的舆情公关人才以 MPA 等学位教育方式进行综合能力提升外，对于在职公务员的风险管理舆情意识和能力则需要短期、高强度、针对性的培训来进行。

① 马亮，我国网络舆情专业人才培养。光明网，2012-11-29。

在培训方式上，可以采用内训的方式，内容包括邀请专家讲解各类城市风险潜在的发生原因、可能的应对之道，或者选派人员参加城市自设的风险管理论坛，以便在危机事件发生后舆情应对时体现出基本的专业素养；讲授网络舆情监测分析的最新技术，助力网络舆情分析研判的科学性和准确性；讲授当前全球和国内的热点问题以及潜在的舆情发展方向，及早做出应对准备等。可以采用社会化的培训方式，制定政府舆情核心人员参加网络舆情分析师的培训和考试，以获取职业资格证书，持证上岗等。

舆情监测、分析、研判和应对是一项实践性很强的工作。对核心人员的培训应该根据他们在风险管理和应急处置中所处岗位工作特点分级分类进行。要通过培训帮助风险管理或危机处置的核心人员积累应对舆情的经验，养成舆情应对的习惯。比如在 2020 年年初的新型冠状病毒肺炎疫情防控中，一批政府官员要不断地站在聚光灯下参加新闻发布会，那么平时就要有意地安排这些领导经常在这些媒体聚集的公开场合讲话发言，千万不能把这些领导的第一次新闻发布会、媒体见面会留到突发事件的危机处置中。

3) 加大新闻媒体界对国际人才的培养和使用力度

中国已逐步走进世界舞台中央，聚焦着全球的眼光，也包括一些挑剔、责难的眼神，因此不得不时刻应对来自全球的舆情压力。为应对来自西方政府和媒体的舆情压力，可以采取多种策略。

首先，要着力提升本土舆情公关人才的国际化能力。要花大力气培养他们的语言能力，开拓国际视野，了解西方的话语体系，准确地向全世界传递中国的声音，全面地展示中国的形象。既要选送优秀的舆情公关人才出国进修培养，也可以从海归人才中选拔一批城市风险相关专业人才进入到舆情管理的队伍加以培养。

其次，要在大国外交的总体框架下，推进我国主流媒体“走出去”，实施全球布局，在全球各地广泛设立分社和记者站，并聘用一定数量的外籍报道员。定期地组织海外雇员来华交流，聆听中国故事、感受中国发展，既参访高新科技企业，体验网络购物和智能机器人服务，也让他们走进欠发达地区的田野村庄，体验中国全面建成小康社会，帮助几亿人民成功精准脱贫的实践。在深入中国的走访、体验和交流中，帮助外籍雇员们认识立体多彩的中国，为在国际报道中介绍中国、传播中国积累素材、激发灵感。① 我们的主流媒体甚至可以大胆地聘用国际化的媒体人才到国内从事与新闻舆情相关的工作，用他们的视角来检视改进我们的舆情应对工作，开阔我们应对国外政府和媒体舆情压力的思路。

最后，要大力招收海外留学生来华进修网络与新闻媒体，为世界各国媒体输送一大批对中国社会有了解、对中国人民怀有感情的优秀人才。这些学生在中国学习期间能够充分接触中国社会的各个层面，了解中国的国情、法律、制度，回国工作后就可能成为各国媒体界的知华派，无论在政府、媒体还是学界工作都会更好地理解中国的情况，也能更正面积极地传递我国的信息，帮助公众了解正在中国发生的事情以及背后的文化制度基础。比如在 2020 年年初新冠疫情防控舆情方面，一些知华派的文章评论就更能反映事实。

① https://www.sohu.com/a/298438861_748609 国际新闻传播人才培养的经验与启示。

4.3 面向城市风险管理的金融保险人才培养

城市是经济社会发展和人民生产生活的重要载体，又是自然灾害和意外事故集中的区域，在城市风险管理中，预防自然和人为灾难需要大量资金的支撑，金融也成为政府应急反应机制的一个重要资金补充，金融救助机制作为应急管理体系中的重要组成部分，在应对突发事件时发挥着极为重要的作用。因此，金融保险领域专业人才大有作为。

4.3.1 面向城市风险管理的金融保险人才的界定

城市风险包罗万象，正如 1.2.2 节中所论述的城市公共安全风险的十种类型，我们已经清楚地了解到城市风险的多样性、复杂性、传导性以及快速变化等特征。面对城市风险，我们可以运用的风险管理技术一般有控制型和财务型两大类。控制型风险管理技术主要包括事前和事后两层含义，即在事前采取预防措施消除各种隐患以减少风险发生的诱因，或在事故发生时运用控制工具将损失减少到最低限度，即事前防损和事后减损；财务型风险管理技术则是对无法控制的风险，事前做好吸纳风险成本的财务安排。由于很多风险并不一定被人们发现，或者人们采取了防损减损措施但并不能完全控制住风险，一些风险一旦失去控制仍然会造成严重后果，为此，财务型风险管理技术成为风险管理的又一道防线。

具体来说，财务型风险管理技术包括风险自留和财务型风险转移。风险自留是经济单位自己承担全部或部分风险的一种风险管理方法，比如建立风险储备基金，形式上可以包括各种专项基金，如巨灾基金、养老基金和重大疾病救助基金等，储蓄存款也可以视作一种风险储备金。财务型风险转移是有意识地将风险损失有关的财务后果转嫁给另一个单位或个人承担的一种风险管理方式，包括保险以及其他一些非保险的财务型风险转移方式，如租赁、担保。保险是通过购买保险产品将风险转移给保险人；租赁是通过出租财产或业务的方式将与该项财产或业务有关的风险转移给承租人；担保是担保人和债权人之间签订的担保合同，约定当债务人不履行债务偿还时，担保人按照约定履行偿还责任。事实上，这里的“转移”并不意味着风险本身转移，而是提供一种损失补偿方式，从经济上转嫁风险。可见，财务型风险管理技术在很大程度上依赖于金融保险工具的运用。金融救助机制作为应急管理体系中的重要组成部分，在应对突发事件时发挥着重要作用。因此，面向城市风险管理，金融保险领域专业人才大有作为。

首先，在各类城市风险中，物质性损害占主要部分，我们通常可以将这类风险划分为自然灾害风险和人为灾害风险，这些风险都属于纯风险，即只会造成损失而不会带来收益的风险，这类风险很大程度上可以通过保险予以转移，并在损失发生时得到保险金的补偿。据相关部门统计，近几年我国平均每年的受灾人数达到 2 亿多，每年由于灾害造成的直接经济损失超过 2 000 亿元，但获得的保险赔款仅占灾害损失的 1%左右，大力推动保险业的发展迫在眉睫。随着城市规模的不断扩大，超大型城市的风险管理更显复杂，急需推出配套的保险产品和服务，复合型、国际化的高端保险人才缺口日益凸显，这就进一步对风险管理与保险的人才培养提出了更高的要求。

其次，城市建设过程中，基础设施项目的投融资过程形成了大量资金流，其流动性直接影响着城市运行的稳定。而充沛的资金供给也是政府应急反应机制的重要保障。因此，需要一大批懂得投融资各个环节的金融人才，如借贷、租赁、担保、资产管理、资产评估等环节。

最后，从城市发展的角度，随着社会经济的不断扩张，大型城市中的复杂金融网络已成为城市乃至国家的经济命脉，其所蕴含的金融系统性风险也自然成为现代城市风险的一部分，直接影响着社会的稳定。加之互联网及信息技术在金融行业的不断推广应用，金融风险的传染性愈加强烈，某地发生的金融事件常常波及多个城市乃至整个国家和地区，更有甚者将遍及全球，正如美国次贷危机所造成的全球经济动荡。因此，对金融风险的管控同样也是城市风险管理的一部分，这就需要一批专业性极强的金融风险管理人才为金融机构以及金融监管机构提供智力支持。

综上所述，面向城市风险管理的金融保险人才可以归结为三种类型：第一种是专注于实现物质性损害补偿功能的风险管理与保险人才；第二种是专注于城市运行资金保障的金融人才；第三种是专注于城市系统性金融风险管控的金融风险管理人才。

4.3.2 当前保险业发展困境和保险人才需求

4.3.2.1 当前保险业发展困境

当前，城市建设与发展处于一种风险社会和信息社会共存的复杂环境之中，保险业正面临着风险社会和民生问题双重风险的挑战，迫切需要寻求突破行业发展困境的路径。

首先，我国保险市场发展尚不完善。表现在市场体系结构方面，一是保险市场组织结构尚不合理，表现为保险中介市场仍有很大发展空间，而再保险市场发展还相对滞后；二是保险市场的功能有待拓展，目前我国保险市场的功能还主要表现为经济补偿和融通资金的基本功能，在风险的事前防范和事后减少灾害损失的派生功能上还未得到充分体现，保险的社会管理功能也有待于进一步挖掘。

保险市场发展不完善还表现在价格及竞争机制方面。保险市场的竞争主要体现为费率、险种创新以及保险人才的竞争。而费率是当前保险市场的主要竞争方式，它成为影响保险供需的主要杠杆。然而，我国保险市场还存在一定的垄断格局，保险费率的厘定在各家公司之间计算方法差异不大。伴随着全球经济一体化和保险业的与国际接轨，国际先进的保险技术和风险管理人才的引入，将加剧保险产品价格厘定和险种设计的竞争。同时，随着大数据技术和人工智能技术在保险行业的应用推广，更为个性化的保险价格厘定也将成为可能。高素质、专业化的保险人才需求对传统的保险人才培养提出了挑战。

其次，我国保险行业当前险种设计不科学。很多保险产品由于经验数据、统计资料缺乏，要获得某些承保责任费率厘定相关方面的参考统计资料和数据实属不易，即使有这些数据，其完整性、可靠性也有待证实。另外，各保险公司之间保险产品雷同现象严重，产品开发能力较弱。

一般某家保险公司推出一新险种，其他保险公司迅速模仿，在险种内容或细节方面稍加修改并换个名称推出，缺乏开发能力，从而导致保险产品缺乏灵活性，不能够满足消费者不同层次的需求。而且大多数保险公司的主要险种多为综合型险种，细分度不够，不能满足大众个性化和多样化的需求。

最后，保险行业涉及各行各业的风险管理，实践性极强，加之互联网经济的快速发展，迫切需要具备跨学科知识的复合型专门保险人才。而目前保险专业作为金融学的分支，都在财经类院校培养，且教学内容偏理论化，严重缺乏精通某一专门领域的保险人才。

4.3.2.2 风险管理与保险人才培养

风险管理实践和理论的发展变迁对人才提出了新的需求。一方面，传统保险研究进入以风险管理为核心的新阶段，风险管理与保险学逐渐融为一个学科，传统的保险研究也将教学和研究重点转移到风险管理方面；另一方面的发展趋势则体现在从单一的风险管理进入全面风险管理的实践探索和理论研究层次。在传统企业中，不同风险通常由不同部门分管，比如灾害风险由安全经理负责，利率风险由财务经理负责，市场风险由投资经理负责，全面风险管理的理念则将各类风险一体化，将风险管理职能集中于风险管理部门，这就对风险管理人才提出更高的要求。

当前，保险专业的培养以理论教学为主，有关调查表明，各保险机构非常需要理论基础扎实、专业技术过硬、具备国际视野的风险管理专业人才。因此，新型保险人才应具备以下特点。

(1) 复合型。保险是多学科的综合，除了在财经类院校开展保险教育和实践拓展外，应在更多的专业开设“风险管理与保险”课程，比如工学、医学、农学、法学等专业都可以开设风险管理相关课程，这样不仅可以广泛普及风险管理理念，也为满足保险行业多样化专门人才的需求开辟通路。

(2) 实践性。目前各院校保险专业课程设置与保险市场实践需求存在一定的脱离，高校应及时把握保险行业发展脉搏，改进课程设置，同时应加强学生社会实践，开展校企合作，定期邀请业内专家进校做讲座。

(3) 国际化视野。保险业发达国家已经积累了丰富的业务经验和人才培养经验，高校保险专业不妨采取“拿来主义”，积极引进国际教育课程体系，聘请国外专家定期讲学或开办短期培训。课程体系和教材可增加国际保险的比重，以反映国际保险业的前沿理论与实践发展。

针对城市风险管理，要发挥好保险的经济补偿、防灾防损以及社会管理功能，急需以下几类保险人才。

(1) 针对城市风险事件的保险险种设计师。应熟悉城市运行中的各类风险和保险行业的各类险种，针对城市运行的痛点，做好保险产品的科学设计，发挥保险的社会管理功能。

(2) 针对城市风险管理的风险预测师。保险从业人员应具有对城市风险的敏感度，增强风险预测能力，并做好风险预测与管理的充分准备。一方面，保险从业人员要保持与国内信息来源单位和有关部门的有效沟通，以获得及时、准确的信息，构建城市巨灾风险模型。另一方面，保险从业人员应当注重不断提高对信息的分析处理能力，结合获取的数据信息进行科学的预测，建立多套危机处理预案，并不断对计划进行修改和完善。同时，积极借鉴国外各在保险公司和再保险公司的巨灾数据及制定的保险方案，关注各国巨灾保险情况，掌握相关信息，提高处理相关问题的能力，防患于未然。

(3) 增强全社会防灾意识的宣传教育人员。面向城市风险管理的保险业从业人员本身也是全社会防灾减灾的宣传员、教育者，对其提出了以下要求：一要主动与相关部门合作，对受灾害威胁较大的地区进行勘查记录，提出防灾减灾建议，对各类灾害进行科学的预测与分析，制定有效的防灾计划，并积极组织实施；二要与新闻媒体积极合作，宣传自然灾害以及城市公共安全事件对国民经济和人民生命财产造成的危害，提高人民群众风险意识和风险规避技能。

案例五　上海首个巨灾保险试点在黄浦区正式启动①

2018 年 5 月 29 日，上海市黄浦区巨灾保险合作协议签约仪式举行，标志着上海首个巨灾保险试点在黄浦区正式启动。

据介绍，为保证试点工作的规范有序进行，黄浦区通过公开招标方式确定上海环亚保险经纪公司作为巨灾保险的风险顾问；通过公开招标择优确定中国太平洋财产保险股份有限公司上海分公司作为首席承保人，与中国平安财产保险股份有限公司上海分公司、中国人民财产保险股份有限公司上海市分公司共同组成巨灾保险共保体。

黄浦区政府作为巨灾保险的投保人，由区政府以财政支付方式缴纳巨灾保险保费。保险期间内，因遭受台风、暴雨、洪水导致黄浦区行政区域内住房及其室内家庭财产发生损失，以及因上述自然灾害和突发事件导致身处黄浦区行政区域范围内的自然人死亡时，保险公司按合同约定予以赔偿。

4.3.3　金融人才的培养

这里的“金融人才”其实是较为广义的各类人才组合，他们所承担的角色及发挥的作用根据不同的职能岗位设计不同的要求。就城市风险管理而言，重大基础设施项目资金稳定以及城市应急反应的资金保障是维持城市稳定运行的两个重要方面。

4.3.3.1　基础设施项目建设、维护的投融资人才

投融资的各个环节包括项目前期的项目评估阶段(可行性研究)、融资方案的设计与实施阶段以及资金的运用与管理阶段等。

项目评估要求从经济、技术以及社会等多个角度评价一个或多个项目方案的效益，从而选择优势项目或确定是否有必要投入该项目。这项工作需要技术经济(投资经济)专业的人才。

融资方案的设计与实施涉及融资手段的选择、担保的设立、债券评级、资产管理、资产评估

① 资料来源：上海证券报(2018 年 5 月 30 日 2 版要闻)。

等，而融资手段可以是股权投入、财政拨款、银行贷款、债券发行或资产证券化、信托、融资租赁等，各种融资手段相互交织形成复杂的融资结构。因此，融资方案的设计与实施阶段首先需要金融学专业的人才，能够综合各种金融工具来设计融资结构方案并进行定价，其次在融资方案实施过程中，需要信用管理专业人才的介入，对债券或其他证券化工具进行评级。

项目资金的运用及管理包括项目资金的财务核算、成本管控以及合理的组合投资，这就需要财务管理或会计学专业的人才以及投资学或金融学专业人才。

4.3.3.2 城市应急资金的管理人才

城市应急资金的安排应当在应急预案中有所体现，形式上可以是应急的财政拨款、应急贷款或者应急基金。近年来，一些城市纷纷试点的巨灾基金就是一种典型的应急基金，例如深圳、宁波等。巨灾基金的投资运作必须遵循安全性、流动性、盈利性的原则，由专业投资人进行操作。因此，城市应急资金的管理需要专门的金融投资人才，主要来自金融学或投资学专业。

案例六 深圳"三位一体"的巨灾保险体系

2014 年 6 月 1 日起，深圳市巨灾救助保险作为我国巨灾保险的重要试点已正式进入实施阶段。该巨灾保险的保障灾种主要包括 15 种自然灾害以及由灾害引发的核事故风险。深圳市目前的巨灾保险体系如图 4-4 所示。

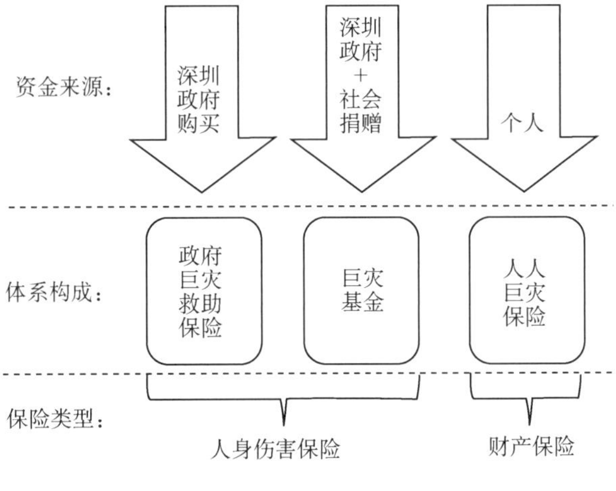

图 4-4 深圳市目前的巨灾保险体系

该巨灾保险体系由三部分组成：政府巨灾救助保险、巨灾基金和个人巨灾保险。政府巨灾救助保险和巨灾基金带有政府保障性质，主要针对人身伤害损失，保障范围有普通伤害救助、伤害致残救助和身故救助三大类，赔偿限额是每人每次灾害人身伤亡救助最高额度 10 万元，每次灾害救助总限额为 20 亿元。巨灾基金由当地政府拨付一定资金建立，深圳市政府投入 3 000 万元作为巨灾基金的初始运作资金，用于承担巨灾保险赔偿限额以上的损失赔付。巨灾基金向社会保持开放性,可以接收来自企业和个人等渠道的捐款。而个人巨灾险主要针对财产损失,由商业保险公司提供相关巨灾保险产品,居民自愿购买,主要满足居民更高层次、个性化的巨灾保险需求。

深圳在全国率先设立了巨灾基金,而巨灾基金恰是巨灾保险制度设计的难点所在,原因就在于巨灾保险基金须由财政部门"兜底"。

4.3.4 金融风险管理人才的培养

中国改革开放40多年,也是金融风险管理从无到有、不断发展的时期。金融行业从来就是一个高风险行业,随着金融业的迅速发展,国际化、新技术等成为金融机构获取竞争优势的新"武器",这就迫切需要有一大批高智能、高创造力和国际化的高层次风险管理人才。行业风险不断积聚,如果不认真加以防范和化解,就有可能引发系统性金融风险,甚至酿成全面金融危机。正因为如此,金融风险特别是系统性金融风险的防范化解已经引起中央高度重视,以防范化解金融风险为主要内容的"防范化解重大风险"被列为三大攻坚战之首。我国金融风险管理人才的培养主要通过各高校的专业设置、课程及教材建设得以实现,辅之以专业资格的考核和相关证书的颁发。

4.3.4.1 金融风险管理的专业设置

我国一些高校开设了与金融风险管理相关的专业,推动金融风险管理本科生、硕士生和博士生的培养。例如,江西财经大学金融学院2014年开设金融学(FRM)特色本科专业,以面向FRM(金融风险管理师,Financial Risk Manager)专业资格考试为基本定位,将"留学、考研和就业"有机融合,通过双语教学、实践教学、海外高校联合培养等方式,全力培养具有国际视野的金融风险管理专业人才。中国人民大学国际学院2013年开设金融专业硕士(风险管理方向),依托中国人民大学在金融学科方面的优势,立足FRM、PRM等考试要求,通过国际交流、联合培养等方式拓展学生的国际视野,并组织大型金融机构的专项实习以提升学生的专业素养,多种培养办法有机融合全面促进金融风险管理专业应用型人才的培养。在学术型硕士的培养方面,北京外国语大学国际商学院、中国矿业大学管理学院均开设了金融工程与风险管理专业,致力于培养金融风险管理研究型人才。在博士生培养方面,我国高校通常在金融学、管理科学与工程、统计学等专业领域内增设金融风险管理研究方向,通过多学科之间的优势互补培养金融风险管理高水平专业人才。

4.3.4.2 金融风险管理的课程设置

"金融风险管理"是高等学校金融学类专业的主干课程,同时也是一门应用性很强的课程。根据教育部2018年1月发布的《普通高等学校本科专业类教学质量国家标准》之《金融学类教学质量国家标准》规定金融学专业必修课程采取"5+X"模式。"5"是指金融学类本科专业学生必须完成5门专业必修课,"X"是指各院校根据办学特色灵活安排的其他专业必修课程。在当前7个金融学类专业课程设置中,有5个专业将"金融风险管理"作为必修课程(表4-5)。

许多高校立足自身实际和社会需求,开设金融风险管理课程。以中南财经政法大学为例,该校面向金融学、金融工程、金融数学、应用统计等专业本科生开设“金融风险管理”课程，面向金融学、金融工程学术型硕士研究生开设“金融风险管理”课程，面向金融硕士专业学位研究生开设“金融机构风险管理”课程。

表 4-5 金融学类本科专业必修课程设置“5＋X”模式[6]

专业名称	5(必修课程)	X(备选课程)
金融学	证券投资学、公司金融、金融风险管理、商业银行业务与经营、国际金融	金融机构与金融市场、商业银行业务与经营、国际金融、中央银行学、金融中介学、金融市场学、货币金融史、信托与租赁、国际贸易、国际结算、国际投资、金融经济学、公司金融、固定收益证券、金融工程学、金融衍生工具、金融计量学、常积分方程、应用随机过程、实变函数、数理金融、金融时间序列分析、金融统计分析、投资银行学、投资组合管理、项目评估与管理、资产评估、投资价值分析与评估、房地产金融与投资、证券投资技术分析、金融产品设计、期货与期权、金融伦理学、金融心理学、银行会计、保险学原理、保险精算学、人身保险、财产保险、保险经济学、保险法、再保险、保险会计、社会保障学、保险经营管理学、保险营销学、利息理论、信用经济学、信用管理学、信用评级、征信理论与实务、信用风险度量方法、企业信用管理、消费者信用管理、金融机构信用管理等
金融工程	证券投资学、金融风险管理、公司金融、金融工程学、金融计量学	
保险学	保险学原理、风险管理、保险精算学、人身保险、财产保险	
投资学	证券投资学、金融风险管理、公司金融、投资银行学、项目评估与管理	
金融数学	常微分方程、随机过程、证券投资学、金融风险管理、金融经济学	
信用管理	信用经济学、信用管理学、金融风险管理、信用评级、征信理论与实务	
经济与金融	证券投资学、公司金融、金融经济学、金融机构与金融市场、国际金融	

4.3.4.3 金融风险管理的教材建设

金融风险管理教材是培养金融风险管理专业人才的基础，教育部以及有关部门和高校积极推动金融风险管理教材的编写。一方面，金融风险管理的相关知识越来越多地被写进《金融学》《货币银行学》《证券投资学》《商业银行经营管理》等教材中；另一方面，专家学者编写并出版了一批理论与实务兼备又各具特色的、专门的金融风险管理教材(表 4-6)。

表 4-6 金融风险管理代表性教材

作者	教材名称	出版社	出版时间	获奖或社会影响
宋清华 李志辉	金融风险管理	中国金融出版社	2003 年 1 月	21 世纪高等学校金融学系列教材 2009 年获湖北省高等学校教学成果奖三等奖
银行业专业人员职业资格考试办公室	风险管理	中国金融出版社	2010 年 8 月 2013 年 1 月 2016 年 1 月(初级) 2016 年 9 月(中级)	银行从业人员资格考试指定用书，有 2010 年、2013 年和 2016 年 3 个版本，2016 版分为初级和中级
杜慧芬 杨筱燕	金融风险管理	中国财政经济出版社	2012 年 1 月	普通高等教育“十一五”国家级规划教材 财政部高等院校财经类专业规划教材
高晓燕 刘久彪	金融风险管理	清华大学出版社	2012 年 8 月	21 世纪经济管理精品教材

(续表)

作者	教材名称	出版社	出版时间	获奖或社会影响
迟国泰	投资风险管理（第二版）	清华大学出版社	2014 年 9 月	“十二五”普通高等教育本科国家级规划教材
刘新立	风险管理（第二版）	北京大学出版社	2014 年 9 月	普通高等教育“十一五”国家级规划教材
柳永明 陈选娟	金融机构与风险管理	格致出版社、上海人民出版社	2014 年 9 月	高等院校金融专业教材系列
陆　静	金融风险管理	中国人民大学出版社	2015 年 9 月	经济管理类课程教材 · 金融系列
邹宏元	金融风险管理（第四版）	西南财经大学出版社	2017 年 7 月	“十二五”普通高等教育本科国家级规划教材
朱淑珍	金融风险管理（第三版）	北京大学出版社	2017 年 9 月	高等院校经济管理类专业“互联网＋”创新规划教材，上海普通高校优秀教材奖
刘　亚	金融风险管理学	中国金融出版社	2017 年 12 月	对外经贸大学刘亚教授是我国金融风险研究的先行者，此前著有《汇率风险论》(1989)和《国际金融风险论》(1995)

4.3.4.4 金融风险管理的资格证书

1. 金融风险管理师 FRM

金融风险管理师（FRM）是由全球风险管理人协会（Global Association of Risk Professional，GARP）组织并进行认证的全球金融风险管理领域的权威国际资格认证。

GARP 成立于 1996 年，是目前国际上规模最大的金融风险管理专业性组织。作为独立的非营利机构，GARP 的宗旨是促进风险管理与控制领域的信息沟通，开展和组织风险管理方面的考试和资格认证，制定与金融风险管理和监控相关的技术标准和评价体系，GARP 已成为全球风险管理领域的权威机构。GARP 统计报告显示，FRM 持证人大部分服务于跨国企业和大型金融机构，岗位遍布包括银行、证券公司等在内的金融机构，如风险控制岗位、稽核部门、内控部门、财会部门、IT 部门、风险顾问、金融交易员、投资银行部门、资产管理岗位以及基金经理人等，还包括企业财务总监(CFO)、首席信息官(CIO)等。

FRM 考试开始于 1997 年，虽然设立时间不长，但已经得到监管层以及大型金融机构的认同。考试科目分为两级：一级考试科目包括风险管理基础、数量分析、金融市场与金融产品、价值评估与风险模型；二级考试科目包括市场风险计量与管理、信用风险计量与管理、操作风险和综合风险管理、风险管理和投资管理、金融市场前沿专题。根据 GARP 的规定，成为 FRM 证书持证人必须满足下列条件：通过 FRM 全部考试；具有两年以上与金融风险管理相关的工作经验；注册成为 GARP 会员并签署职业道德公约；按时缴纳会费。目前，FRM 考试每年 5 月、11 月各进行一次，在我国北京、天津、南京、上海等地设有考点。

2. 注册金融风险管理师 CFRM

注册金融风险管理师(Certified Financial Risk Manager, CFRM)是由注册金融风险管理师协会(Institute of Certified Financial Risk Managers, ICFRM)主考并颁发,并同时被纳入中国市场学会量化金融专业委员会(简称"量专委")建立的全国财经金融专业人才培养工程,是代表风险管理行业的专业水平认证。CFRM 考试开始于 2002 年。内容上不仅全面涵盖了各领域的风险管理知识,并且充分吸收了国际金融风险管理的前沿理论和最新发展。从应用上看,CFRM 更符合中国实际,CFRM 的教材和考试均采用中文,有助于国内从事风险管理的人士学习和掌握。目前,CFRM 证书已先后被中国银行、交通银行、中国建设银行、中国农业银行等金融机构认可,并作为金融风险管理人才的选拔标准。

4.4 面向城市风险管理的大数据人才培养

2015 年 8 月 31 日,国务院印发《促进大数据发展行动纲要》(国发〔2015〕50 号),其中对大数据进行了权威界定,即"大数据是以容量大、类型多、存取速度快、应用价值高为主要特征的数据集合,正快速发展为对数量巨大、来源分散、格式多样的数据进行采集、存储和关联分析,从中发现新知识、创造新价值、提升新能力的新一代信息技术和服务业态。"

党的十九大报告指出,数据战略是新时代建设网络强国的着力点,建设科技强国、网络强国、数字中国是社会的发展目标。而城市所面临的风险都是基础性、深层次、结构性的潜在危害因素,其管理难点更加显而易见。

"工欲善其事,必先利其器"。城市风险管理亟须树立大数据理念。大数据风险管理过程包括风险识别、风险分析、风险评价和风险决策四个阶段。城市风险管理中大数据管理的关键在于治理数据。大数据技术的兴起,必须改变以往运动式和突击式的管理手段,建立一支专业化的大数据管理人才队伍,充分借助互联网、大数据以及云计算的特点对风险进行程序化管理。将"微"思维运用于城市风险管理的全过程,其特点就在于通过事前预测,将风险本身的不确定性转变成风险管理的可控性。

面向城市风险管理的大数据人才培养,抓紧建立能够胜任对大数据进行收集、清洗、储存、检索、共享、分析等管理措施的具有大数据思维和专业知识的专业化人才队伍。通过建立一支大数据专业人才队伍,对风险隐患进行识别,对风险进行预警,实现对风险管理的定位前置,以防其由可能性变成现实性。一方面,不断收集积累与城市风险管理相关的数据;另一方面,掌握支持大数据治理的方法和思路,并由此创造价值,最终实现风险管理目标与人民群众的期望达到一致。

案例七 北京市将建设城市管理大数据平台①

2019 年 1 月 30 日，北京市人民政府发布《关于加强城市精细化管理工作的意见》，这也是北京市 2019 年下发的第一号文件。

据北京市城管委介绍，《关于加强城市精细化管理工作的意见》核心内容围绕“五化两加强”的城市精细化管理工作思路提出相关工作安排。“五化”即推动城市管理向法治化、标准化、智能化、专业化、社会化发展，“两加强”则是加强城市日常运行管理、提高综合保障能力和加强体制机制保障、提高统筹协调能力。

北京市将整合城市保障、城市运行、公共安全等相关平台和业务系统数据，加强城市管理大数据平台建设，制定政府数据开放共享管理办法，逐步形成城市管理领域大数据共建共享机制。完善数据信息采集手段，强化交通运行、环境监测、基础设施维护等城市运行数据资源的滚动采集、实时录入、动态分析。

网格化城市管理体系将按照“统一标准、统一流程、同一平台、统一数据、统一管理”原则，集约建设市、区、街道(乡镇)三级网格化城市管理云平台，加快组建与城市管理相适应的城管监督员队伍，探索将管理范围拓展至农村公共管理区域，逐步实现网格全覆盖。

以城市风险防范中的高层建筑火灾风险防控为例，由于高层建筑火灾所具有的“立体型火灾”特征，一旦产生，后果不堪设想，这对超大城市而言是极大的安全隐患。因此，可运用大数据实现防灾减灾，有以下四个阶段。

(1) 风险识别阶段。可运用大数据思维，在火灾事故之前，根据建筑本身的结构、现有消防设施、安全检查情况等大数据所搭建的风险数据库，识别可能存在的火灾隐患。

(2) 风险分析阶段。重点对所有数据之间、数据与可能结果之间的关联进行智能化分析，实现数据由无序向有序、隐性向显性、静态向动态、不可视向可视的转化。

(3) 风险评价阶段。在建构风险信息提取与反馈机制的基础上，所有关联分析的结果直接提示各利益相关方需要采取的协同治理风险的具体措施。

(4) 风险决策阶段。需在最终火灾事故产生之前制定出科学的决策，以达到防灾减灾的目的。

4.4.1 城市风险管理对大数据人才的需求

4.4.1.1 大数据与大数据人才

什么是大数据？不同知识背景和兴趣的人对大数据有不同的理解，一般的理解为：大数据超出了常规软硬件设施在用户可容忍的时间内获取、管理和处理数据的能力。[9] 大数据的本质是从常规数据源中发现新的商业价值，通过扩大数据分析的边界获取新的商业洞察和机遇。

---

① 资料来源：《北京日报》。

2014年信息技术研究和分析机构Gartner对大数据进行定义："大数据"需要新处理模式才能具有更强的决策力、洞察发现力和流程优化能力来适应海量、高增长率和多样化的信息资产。

大数据人才是具备多种交叉科学和商业技能的人才，能够将数据和技术转化为企业的商业价值。这种商业价值的转化不是一次性的、一蹴而就的，而需要有正确的策略、完整的团队、创新的能力、规范的工作流程和业务体系及评价体系等条件，从而逐渐利用数据分析，实现从改善到创新的过程，也是大数据的应用过程。

大数据人才主要包括：能够用数据解决业务领域内问题的人和解决数据自身问题的人两大类，并细分为领域大数据应用人才、大数据工程师、大数据分析师和数据科学家等。

（1）领域大数据应用人才。即各领域的数据人才，之前大部分从事本单位的信息化工作，现在开始从事本单位的数据资源开发工作。主要代表是首席信息官（Chief Information Officer，CIO）正试图转变为首席数据官（Chief Data Officer，CDO）。CDO的职责是利用企业信息资产，对企业数据和信息进行更有效处理，通过智能分析，使其成为更有价值的企业资源。

（2）大数据工程师。即掌握Hadoop、MapReduce、Spark、HBase等大数据开发环境和工具的工程师，善于在数据规模和系统配置、软件优化方面进行调优，使得大数据系统得以在用户希望的时间内完成相应的工作。

（3）大数据分析师。即掌握MATLAB、R、Python语言等大数据分析工具，具备良好的数理统计知识背景，通常是统计学家，能理解业务需求并应用工具开展数据分析的人。

（4）数据科学家。即发现数据规律和现象、探寻数据本质的科学家。他们掌握数据分析算法原理、善于发挥个体能力和经验，创造性地设计数据分析算法，尤其是设计相似性函数之类的创造性劳动。

4.4.1.2　城市风险大数据的特征

第七次全国人口普查数据显示，我国常住人口城镇化率近64%。提高城市风险管控能力，健全城市风险体系成为当务之急。在城市建设、管理和运行过程中，积累了多源、异构、海量的数据，是城市风险管理的重要依据。运用大数据、云计算等相关技术，对城市风险数据进行分级分类采集、存储、共享和挖掘分析，可有效评估城市公共安全现状，实时掌握城市管理和运行中存在的主要风险，为解决城市公共安全问题提供决策依据。

城市风险管理具有管理目标多、信息量大、数据复杂多样、覆盖范围广、类型复杂等特点，需要超大量、多源异构、多类型、高速变化的数据支撑，比照大数据的特点可以发现，城市风险数据具有鲜明的大数据4V特征。[10]

（1）数据量大。

城市往往汇集了完备的密集性网络，不仅聚集了大量人口、资源和社会经济活动，而且限定于一定的地域中。城市密度大幅度地增加，包括：建筑的密度和建筑容积率增加，城市活动的紧凑性和密集性，城市功能和空间的多样性、丰富性和交叉性，城市流线和交通的连接性和叠加性。高度稠密的人口、高度密集的建筑、频繁而大量的社会经济活动等，使得大城市所面临的各种风险存量大大增加，不仅各种新风险不断增加，而且风险后果所波及和影响的范围也不断扩大。

城市风险管理过程涉及众多管理部门，数据涵盖众多行业领域。城市风险数据包括海量的属性数据、复杂的灾害空间数据、各类非结构化数据，如需兼顾视频、物联网等；还包括实时数据和互联网数据，呈现超大量的特征。过去由于技术和成本的考虑，许多数据没有被收集和存储，而现在这些问题已不存在。

(2) 数据复杂多样。

城市的风险源日趋复杂、多样。随着经济社会环境的变化和新技术的出现，城市所面临新风险不断涌现，并产生了源于各类危险因素之间相互作用的更为复杂的新风险。伴随科技发展、生产方式改变而产生的恐怖袭击、生物灾害、环境污染和生态破坏事件等技术风险发生可能性成倍增加。在城市建设过程中，由各种建筑物、构筑物、管道以及容易引起次生灾害的易燃、易爆、有放射性或有毒的工程设施等组成的交通、通信、供电、供水、供气等城市生命线系统工程，也面临各种风险。

城市风险数据应用需应对多目标、多类型的数据，如网络日志、微博、音频、视频、图片、地理位置信息等。其中有85%的数据是半结构化和非结构化的数据，语义不同、数据质量各异，这些数据蕴含的价值毋庸置疑。

(3) 数据高速动态变化。

城市高度开放和流动的特征，使得城市风险的流动性和关联性大大增加。随着人口、物资、设施、资本和信息流动性的加大和高度集中化，城市面临的风险问题越来越复杂，使得所发生的风险不再局限于特定时间和空间范围内，而是大范围快速蔓延，并容易受到其他地区和城市风险的影响。

速度是指数据的产生速度以及为满足需求所要求的获取、存储、分析等处理速度。城市无时无刻不在产生庞大的风险数据，包括各种城市环境监测信息、城市运行安全信息和车流人流信息等。数据都具有时效性，随着时间的流逝，数据的价值不断降低并最终变得毫无意义。

(4) 数据价值密度低。

城市风险数据单位量的数据价值较低，若需要发挥全量数据的价值，只有将各类城市风险数据相互关联，并纳入一定的模型中进行融合分析，才能挖掘出其中蕴含的规律，使数据价值最大化。

城市风险数据与物联网、云计算、移动互联网、GIS、网格化、监测预警等技术紧密结合，可为城市风险提供全方位、全过程的数据服务和应用支撑。

4.4.1.3 城市风险大数据面临的困难

城市风险数据纷繁复杂，面临采集难、管理难、共享难和应用难等问题。

(1) 采集难。城市的基础设施覆盖不足，运行监测设备缺失，无法采集和获取足够的数据。目前城市风险数据的采集方式落后，存在许多缺陷；智慧基础设施覆盖不足、大数据技术缺位等导致了大量“无痕”活动的产生，难以保障全面和重点数据的采集。

(2) 管理难。城市缺乏大安全管理，风险问题应对和治理的主体相互独立，缺乏统一性和协调性，各部门都在开展风险信息化平台和数据库建设（如政府/部门应急平台、城市网格化管理平台、安全生产综合监管平台以及气象、地震等各类监测/观测平台等），但受限于管理模式和技术能力，难以实现平台间的互联和数据的统一管理，不能形成合力，缺乏业务的有机整合。

(3) 共享难。在分行业、分部门、以“条”为主的垂直系统中，城市各部门的风险管理均局限于各自领域，缺乏统一的标准和规范，数据资源无法有效整合，形成一个个信息孤岛。

(4) 应用难。多数城市和相关部门未能建立有效的监测预警体系和平台，难以兼顾常态与战时，在突发事件发生时应急指挥决策和救援显得捉襟见肘，且难以对隐患做出防控，城市风险应用呈现被动性。

4.4.1.4 城市风险大数据处理的需求

基于以上城市风险大数据特征及面临的困难的分析，通过构建大数据平台，建立风险识别与评估大数据体系，能够为城市风险管控带来巨大的便利。

1) 风险数据采集

城市运行中最大的风险，就是意识不到风险。城市安全风险评估作为先进的区域安全管理模式，首先要摸清城市风险底数，要深入查找那些隐蔽性危险源或基于能量的危险源。利用信息化系统，针对城市中的各个行业、各个区域实行安全生产信息化管理，采用风险分级管控及隐患排查系统收集各行业部门的风险清单及每个风险点的风险评估报告，风险分级管控与隐患排查系统与大数据实现风险数据对接，实现数据采集自动化、智能化，同时还可使用移动终端、固定客户端、监控装置等各类设备接入信息化系统，有效地实现采集数据、存储、监控无缝连接和协同性。通过数据中心，借助数据技术人才，利用大数据技术和工具，对城市风险数据进行采集、集成和存储，实现风险数据多源感知和全域获取与统计。

2) 风险分析与评估

风险用数据量化，安全靠数据说话。不同行业领域的风险评估都不同程度地面临数据范围与时效滞后性的问题，从而影响到评估的质量。在大数据平台的支持下，建立安全风险专家知识库，构建城市风险大数据评估指标体系和模型，针对采用信息化系统采集的内容千差万别、质量良莠不齐的海量异构风险数据，按照统一的标准进行动态整合分析，对城市风险点、风险区域进行评估与分级，对处于不同级别的风险提出针对性的管控措施并分级确定安全责任单位。利用大数据平台能够有效解决城市风险评估工作量大的难题，同时可提升安全风险评估工作的及时性、全面性、高效性和准确度。

3) 风险多元共治、协同管控

城市风险客观存在、具有不确定性，但可以事前管控。城市安全风险管控的工作重心需要从“以事故为中心”转向“以风险为中心”，从单纯“事后应急”转向“事前预警、事中防控”。目前城市风险数据库分散在不同部门，数据管理呈现出碎片化、孤立化、原子化的特点。利用大数据平台，城市安全管理的各职能部门建立大数据标准体系及共享平台，实现风险数据信息共享和解析，对多头管理数据进行顶层设计，自上而下统一规划大数据库，打破数据壁垒和数据孤岛现象，完成整合，实现信息的共享和协调作业，形成政府各职能部门协同管控的局面，按照“综合协调、分类管理、分级负责、属地管理”原则，扭转政府对城市安全风险管理单一治理、效率低下和成效不彰的窘境。

4）风险可视化平台

确立“用数据说话、用数据决策、用数据管理、用数据创新”的城市安全风险评估机制，推进城市风险评估常态化运行。对政府工作部门来讲，数据采集和处理过程或许不是最重要的，大数据分析评估结果的展示、风险可能性与等级研判、城市风险预防与管控措施以及反馈机制才是他们最关心的。利用大数据平台、移动互联网、物联网、GIS等技术，构建城市风险大数据可视化平台，动态呈现城市风险四色图、区域安全风险四色图、行业风险对比图，将城市风险评估动态运转，实现城市风险动态管控。通过构建城市风险大数据可视化平台，实现全员、全过程、全天候风险管控链和责任落实链，实现对城市风险实时动态全方位监控和预警，评估事故发生概率和事故损失幅度。政府通过城市风险大数据可视化平台可全面地、直观地、有效地获取城市整体风险动态信息，在此基础上制定科学的决策，以达到规避、预防、减少和转移城市风险的目的，让过去看不见、摸不着的安全风险变得看得见、管得住。

4.4.1.5 大数据人才的需求

大数据分析的成功取决于许多因素，其关键成功因素如图4-5所示。其中具有高级分析能力的人员是大数据分析项目成败的关键。

在“互联网＋”到“大数据×”的数据科技(Data Technology, DT)时代，全球面临着严峻的大数据人才匮乏问题。据麦肯锡预测，到2018年，美国在“深度分析”人才方面将面临14万～19万的数据分析技术人才缺口，在“能够分析数据帮助企业做出商业决策”方面将面临150万的数据分析管理人才缺口。《哈佛商业评论》声称，21世纪最富挑战、最热门的职业是数据科学家，全球知名的互联网企业(如Google、Amazon、百度、阿里、腾讯等)相继设立“数据科学家”工作岗位。根据《2021年V1全球大数据支出指南》，IDC预计，全球大数据市场支出规模将在2024年达到近2 983亿美元。其中，大数据服务支出将在全球层面保持其主导地位，占市场总量一半以上。《2020中国大数据产业发展白皮书》显示，2019年中国大数据产业规模达5 397亿元，同比增长23.1%，预计到2022年将突破万亿元。①

猎聘《2019年中国AI& 大数据人才大数据人才就业趋势报告》指出，2019年中国大数据人才缺口高达150万。2020年5月6日，人力资源和社会保障部发布《新职业—大数据工程技术人员就业景气现状分析报告》，预计2025年前大数据人才需求仍将保持30%～40%的增速，需求总量在2 000万人左右。② 根据光环大数据的统计，大数据人才岗位需求与求职数量连续几年缺口很大，其数量对比如图4-6所示。

① 资料来源：https://new.qq.com/omn/20210705/20210705A08ABC00.html.

② 资料来源：http://www.cbdio.com/BigData/2020-05/06/content_6156075.htm.

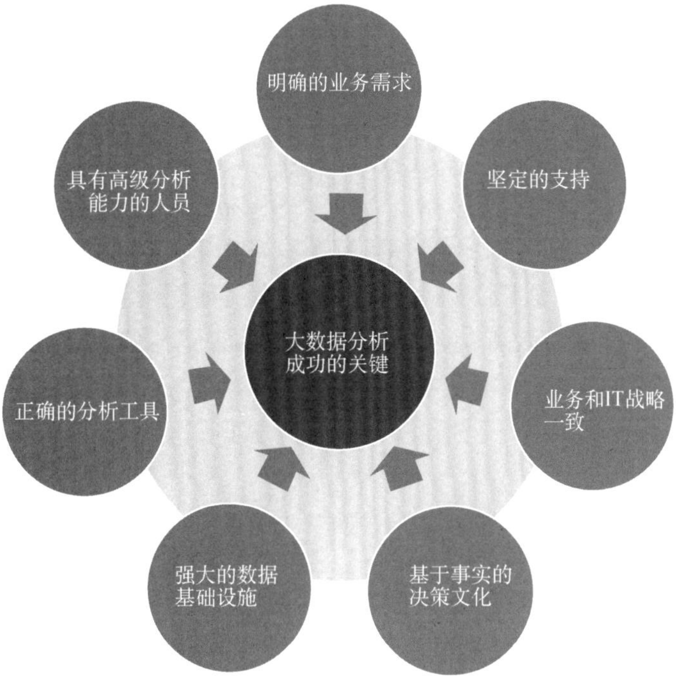

图 4-5　大数据分析成功因素

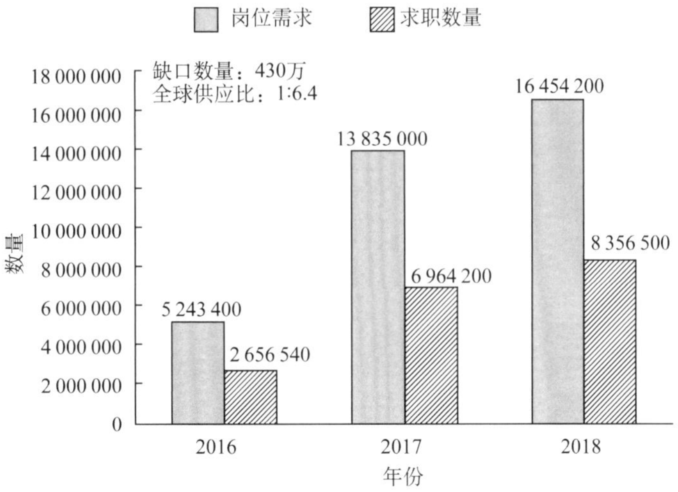

图 4-6　大数据人才岗位需求与求职数量对比

大数据行业正面临着全球性的人才荒，世界各国纷纷制定大数据战略，致力于抢占大数据发展战略制高点，如美国的大数据研究和发展计划、联合国的数据脉动计划、欧盟的数据价值链战略计划、英国的数据能力发展战略规划、日本的创建最尖端 IT 国家宣言、韩国的大数据中心战略等。2015 年 8 月，中华人民共和国国务院印发《促进大数据发展行动纲要》（国发〔2015〕50 号），并强调“创新人才培养模式，加强大数据专业人才培养”。在此背景下，我国地方政府顺应大数据时代的发展需求,先后制定政策以推动大数据产业发展与应用,加快数据强省建设,着力培养大数据人才,如北京市、上海市、重庆市、广东省和贵州省等。

4.4.2 大数据人才培养现状

大数据人才通常指数据科学家、数据工程师(数据架构师)和数据分析师,现已成为人才市场中最受青睐的紧缺人才。据美国罗致恒富《2016 薪资指南》显示,大数据工程师、数据科学家均被列为薪资涨幅最高的 20 个职位之一。近年来,世界各国相继成立数据科学研究机构,各高校纷纷建立相关学院或与科研院所、企业联合培养大数据人才。国内很多高校已经开始了对大数据人才的培养,如参加高校大数据联盟开办的相关会议、参与大数据人才培养论坛、加强师资团队的建设与培训、组建大数据专业建设小组、探讨大数据课程体系、调整现有课程体系、深化教学改革等。

当前,大数据人才培养大致可分为学位(科研人员)培养和职业(应用人才)培养。学位(科研)人才培养主要面向本科生、硕士生和博士生,并将相应获得数据科学专业的学士、硕士和博士学位,以及获得学位后进一步提高科研人员的数据创新能力,为政府部门、企事业单位输送跨界复合型数据科学家。该类人才能掌握多学科知识,如计算机科学(如数据挖掘、机器学习、知识图谱等)、数学、应用统计学等基础专业知识,经济、物理、生化等交叉学科知识,以及商业数据分析、科学数据分析和自然语言处理等相关应用技能,并在数据获取、存储和检索等方面进行深入了解和亲身实践。职业(应用)人才培养主要为商业智能管理人员、数据库专业人士、数据科学研究生提供中短期技能培训,并将获得数据科学的培训证书,进而培养数据工程师和数据分析师。该类人才侧重学习数据获取、数据存储、数据检索等数据工程知识和数据挖掘与机器学习知识,掌握大数据分析应具备的大规模并行处理技术,尤其能根据其所在领域参与商业大数据项目(应用案例)的分析处理。

4.4.2.1 国外高校培养现状

1. 美国大学主要的大数据分析硕士学位课程的设置

作为大数据概念的发源地,美国一直走在大数据发展的前列。

美国最早开办数据分析专业的是北卡罗来纳州立大学。2005 年 6 月北卡罗来纳州立大学首次提出申请,由北卡理事会授权在 2007 年 2 月成立高级数据分析研究院(Institute for Advanced Analytics, IAA),成为美国第一个正式的数据分析硕士研究生(M.S. in Analytics)学位授予单位。[7, 11]

在美国 23 个知名的数据分析科学专业中,有 11 个开设在商学院,绝大多数称为商业数据分析硕士(Master of Science in Business Analytics);有 6 个开设在工学院,以计算机或工程学院为主,多数是计算机科学硕士学位主修数据分析方向;设在管理学院的有 4 个,多数为商业管理硕士学位主修数据分析方向;其余 2 个分别由专设的数据分析研究所和研究生院开办。各大学对报考学生的数学和计算机知识结构都有较为统一的明确要求,诸如工程、计算机科学、数学、信息技术等专业的学士，最理想的是商业知识和数据分析技能都具备的学生。例如：田纳西大学要求学生具备数学和计算机背景知识，不具备相关知识的会被要求补齐相关课程学分；宾利大学要求学生在进入核心阶段前完成经济学、统计学和市场营销的学分；德雷赛尔大学的课程主要针对那些对定量方法有兴趣、通过数据分析探索和揭示内在关系、利用数据来解决商业问题、希望提升能力或从事商业分析的职业人，所以提出有工作经验的学生会有较强的入学竞争力；普渡大学将传统商业咨询与数据分析结合，即利用集成的分析方法和现代信息技术来生成商业情报和解决特定行业的问题，因此要求入学学生具有很强的分析、量化、团队领导、组织和沟通能力。

这 23 所大学开办数据分析课程还有一个特征就是，许多学校将原有的特色专业与数据分析相结合，在各自领域的基础上关注数据分析。北卡罗来纳州立大学、德雷塞尔大学、路易斯安那州立大学将目光聚焦商业与数据分析的结合。辛辛那提大学、田纳西大学的统计与运营管理系将应用学习课程打造成为面向商业与大数据的课程。马里兰大学的课程以市场营销为目的，让学生综合全面地理解所需的数学和统计模型，以及用于分析客户数据的工具，重点在于教授学生如何利用和处理大量的数据，设计强大的分析模型，有效地帮助客户解释并帮助他们设计产品，预测营销活动的影响，从而更好地了解客户。[7]

由以上可以认为美国大数据人才的培养方向，是为了培养能够帮助政府和企业转变思维、解决实际问题的专门的数据管理决策支撑层，而不是来自 IT 部门的技术专家。

2. 英国大学主要的大数据相关授课型硕士课程

英国大数据教育分为两个方向：大数据应用和大数据技术。与美国高校相仿，英国高校的大数据相关专业也比较注重应用层面。作为欧洲的商业金融中心，英国的高等教育更注重大数据在商业方面的应用。相对主流的是聚焦于商业管理、金融投资、应用经济学的数据应用问题，一般采取工商管理类教学的案例学习与信息数据科学的实践学习相结合的教学方式，也体现出数据科学的高端人才必须是横跨业务和技术领域的双通道人才，如利物浦大学的商业分析和大数据(MSc Business Analytics and Big Data)，埃塞克斯大学的金融与数据分析(MSc Finance and Data Analytics)。其余领域应用包括健康、生物医学、地理等，如曼彻斯特大学的健康数据科学(MSc Health Data Science)。

聚焦于技术方面的大数据专业也是采取和其他技术结合的模式，例如伦敦大学学院的网络科学与大数据分析专业和时空分析与大数据挖掘专业，拉夫堡大学的计算机安全和大数据专业，利物浦大学的大数据与高性能计算专业，肯特大学的云计算与大数据专业。

另外，英国高校更注重跨学科和创新教育。比较有特色的是华威大学的政治、大数据和量化方法(MA in Politics, Big Data & Quantitative Methods)专业和伦敦国王学院的文化和社会中的大数据(MA Big Data in Culture & Society)专业，都采取了文学硕士的学科建设。除此之外，比较有特色的课程包括华威大学的大数据与数字化未来这种开放式课程。爱丁堡大学也开设了数据科学、技术和创新(MSc Data Science, Technology & Innovation)的网络课程，支持在线远程学习，同样获取硕士学历。

4.4.2.2 国内高校培养现状

一直以来，我国高校开设的与数据挖掘、商务智能相关的课程一直围绕计算机技术开展。2014 年年初，在袁卫和纪宏教授的倡导下，由中国人民大学、北京大学、中国科学院、中央财经大学和首都经济贸易大学五院校成立的大数据分析硕士培养协同创新平台联合了北京地区高校的师资力量与大数据应用的业界翘楚，利用院校协同创新、研究部门与业界部门协同创新的全新模式，以实际社会需求为导向共同开发课程，并进行高级大数据分析人才的培养。在此之前国内只有两所院校开设了大数据相关专业，分别是香港中文大学的数据科学与商业统计硕士课程、纽约大学上海分校的商业数据分析科学硕士课程。

2015 年 5 月，清华大学正式启动中国首个混合式教育硕士学位项目“数据科学与工程”专业硕士，开始了数据类专业研究生教育。2016 年 2 月，教育部公布新增“数据科学与大数据技术”本科专业，首批仅有北京大学、对外经济贸易大学和中南大学 3 所高校获批，开始了我国的数据类专业本科教育。之后，教育部陆续批准一批普通高等学校新设“数据科学与大数据技术”专业，2017 年至 2020 年分别有 32 所、250 所、203 所和 137 所普通高等学校获批。2020 年 4 月—6 月全国高校人工智能与大数据创新联盟针对全国已经开办、正在开办、即将开办“数据科学与大数据技术”本科专业的普通高校进行调研，并综合打分，形成“排行榜”，其中被评为 A+的院校名单如表 4-7 所示。①

表 4-7　　我国“数据科学与大数据技术”专业 A+院校

排名	学校名称	学位名称	学位授予门类
1	北京大学	数据科学与大数据技术	理学
2	中国科技大学	数据科学与大数据技术	工学
3	复旦大学	数据科学与大数据技术	理学
4	中南大学	数据科学与大数据技术	工学
5	华东师范大学	数据科学与大数据技术	工学
6	电子科技大学	数据科学与大数据技术	理学
7	北京理工大学	数据科学与大数据技术	工学
8	中国农业大学	数据科学与大数据技术	理学
9	对外经济贸易大学	数据科学与大数据技术	工学
10	中国人民大学	数据科学与大数据技术	工学
11	北京师范大学	数据科学与大数据技术	理学

① 资料来源：https://baijiahao.baidu.com/s? id=1672066035378342486&wfr=spider&for=pc.

（续表）

排名	学校名称	学位名称	学位授予门类
12	南开大学	数据科学与大数据技术	理学
13	同济大学	数据科学与大数据技术	工学
14	厦门大学	数据科学与大数据技术	工学/理学
15	华南理工大学	数据科学与大数据技术	工学
16	哈尔滨工业大学	数据科学与大数据技术	工学
17	西北工业大学	数据科学与大数据技术	工学
18	天津大学	数据科学与大数据技术	理学
19	吉林大学	数据科学与大数据技术	理学
20	山东大学	数据科学与大数据技术	工学
21	湖南大学	数据科学与大数据技术	工学
22	重庆大学	数据科学与大数据技术	工学
23	武汉大学	数据科学与大数据技术	理学
24	东北大学	数据科学与大数据技术	工学
25	兰州大学	数据科学与大数据技术	工学
26	北京邮电大学	数据科学与大数据技术	工学
27	西安电子科技大学	数据科学与大数据技术	工学
28	中国矿业大学	数据科学与大数据技术	工学
29	中国海洋大学	数据科学与大数据技术	工学
30	太原理工大学	数据科学与大数据技术	工学

数据科学与大数据技术专业强调培养具有多学科交叉能力的大数据人才，需要培养以下专业能力。[12]

(1) 理论能力：对数据科学中模型的理解和运用能力。

(2) 实践能力：处理实际数据的能力。

(3) 应用能力：利用大数据的方法解决具体行业应用问题的能力。

从国内大数据硕士项目来看，主要是以统计学科、计算机学科和业务需求为依托。

以统计学科为依托的硕士项目致力于基础性数据挖掘、分析和建模。北京大学、中国人民大学、中央财经大学、首都经济贸易大学和中国科学院大学联合共建的大数据分析硕士培养协同创新平台最为成熟。该平台旨在建成一个政、产、学、研有机融合的协同创新平台，自 2014 年始，现已成功开展了三届大数据方向的应用统计专业硕士的人才培养。该培养方案中有 6 门必修课采用五校联合授课的形式，必修课程的重点内容为统计学和计算机学科的交叉部分，侧重于培养从大数据到价值的实践能力，选修课程则由各校分别开设。

以计算机学科为依托的硕士项目致力于工学设计、计算原理和数据存储及处理等。目前，北京航空航天大学、上海交通大学、中国科学院大学、西安电子科技大学、武汉大学、复旦大学、中国人民大学、山东大学等高校的软件学院都有与此相关的大数据工程硕士专业，这类专业课程体系一般包括公共基础课程和专业课程，专业课程涵盖大数据的基础设施、集成、存储、建模、管理、分析、挖掘以及安全等多个方面。

以业务需求为依托的硕士项目致力于提供商业问题的解决方案。典型代表有中央财经大学商学院开设的金融与大数据营销工商管理硕士专业，旨在适应“互联网＋”及大数据融合发展趋势，满足国家经济建设和社会发展对金融、市场、大数据的跨界复合型、应用创新型人才的需求；西南交通大学的金融大数据研究院针对本校学生开设了大数据方向专业，目前已经开设了四门研究生课程，考试成绩优良者将颁发西南交通大学数据科学证书；中国人民大学信息资源管理学院开设的两年制的大数据分析与应用方向的信息资源管理专业，采取理论与实践相结合、课堂讲授与自学相结合的方式，满足大专以上学历、勇于探索和勤于学习要求即可申请；北京化工大学经济管理学院为适应中国现代工程事业发展对工程管理人才的迫切需求，开设了大数据技术与应用方向的工程管理硕士专业。

不管是从时间还是经验上看，目前国内培养大数据人才的院校都尚处于起步阶段，学校教育与大数据市场需求脱节严重。通过美国、英国与我国的对比可以看出，美国、英国除了工程相关专业，商学院的课程显得很重要，对学生也有工作经验要求，全面培养硕士研究生。而我国无论是本科设置，还是研究生以上高端人才的培养仍未完全脱离单一的计算机技能培养。因此，在高校学科培养人才转变的同时，社会培训机构要充分发挥对大数据人才培养的作用。

4.4.2.3 社会培训现状

中国商业联合会数据分析专业委员会作为主管行业协会，通过分析目前大数据社会培训课程设置，发现社会培训机构众多，但对大数据人才的培养存在严重的方向偏移，主要表现在以下几个方面。

1. 人才培养偏技术，忽视业务驱动

片面的IT底层化的人才培养，是大数据人才培养的第一个误区。目前不少所谓的“大数据培训机构”是从早期IT培训机构转变而来，对大数据人才的培养主要开展底层架构的开发，课程主要集中在数据获取、数据运算、数据存储以及基于数据编程几个层面。在数据获取层面，更多培养学员如何使用Java语言获取目标网页内容；在数据运算层面，以Hadoop分布式存储、MapReduce并行计算、HDFS分布式文件系统等为基础，教授学员如何对数据进行底层架构的设计与实现；在数据存储方面，讲授传统关系型数据存储SQL、一些非关系型数据存储NoSQL，如MongoDB、Redis等；在编程方面，这些机构忽视科学计算，不是数据编程而是以Java、Html语言为例教授学员开发网页、手机终端程序的基本知识。培养内容更多偏向于技术驱动，学员们并不能将这些内容与自己所处的行业、工作相结合，不能很好地运用IT技术解决工作遇到的问题。

大数据的核心目标是数据驱动的智能化，是要解决具体的问题，可以是科学研究问题，也可以是商业决策问题，抑或是政府管理问题。所以在进行大数据的人才培养时一定以问题和目标为导向，研究和选择合适的技术加以应用，言必 Hadoop、Spark 的大数据培养则不严谨。数据科学的技术基因在于开源，各大领域的基础技术栈和工具库已经很成熟，下一阶段就是怎么快速组合、快速搭积木、快速产出的问题。不同的业务领域需要不同方向理论、技术和工具的支持，是业务决定技术和工具，而不是根据技术、工具来考虑业务。

2. 人才培养片面化，缺乏综合性培养

国内大数据培训课程分类繁多，但缺乏系统性。单纯的理论、技术开发或工具操作都无法培养大数据人才，在这种知识链条割裂的培训环境下，学员掌握了某项技能，但无法获得按照上层应用业务需求解决问题的能力。对企业而言，误导员工认为只需要了解与负责自己岗位所对应的工作内容，如数据建模师只负责构建并评估数据模型，大数据可视化工程师负责对数据进行呈现与展示，数据架构师负责构建与维护底层数据架构。这不仅限制了大数据人才全方面、多层次、综合性发展，同时还将导致企业内部员工只能被动接受工作，对其上下游环节的工作毫无预期。

大数据相比传统信息技术来说其深度和广度都有延伸，需要培养人才的“数据驱动”与“数据闭环”思维方式。其中，数据闭环是指构造起包括数据采集、建模分析、效果评估到反馈修正各个环节在内的完整“数据闭环”，从而能够不断地自我升级、螺旋上升。数据驱动是指经营管理决策可以自下而上地由数据来驱动。数据价值实现离不开围绕数据业务的不同角色分工配合，大数据人才需要涉及交叉学科和交叉领域，通过完整的培训体系培养大数据人才的全局观、大局观，既可以自上向下地通过业务探索数据背后蕴含的商业价值，又可以自下向上地实现数据获取、数据挖掘以及数据决策的全流程，以适应大数据时代的发展。

3. 人才培养功利性，分级认证极具误导性

无论是人才培养偏技术驱动而导致忽视业务驱动的问题，还是人才培养系统性被割裂的问题，都与人才培养过程中商业利益的驱使分不开。大量 IT 培训企业化身大数据培训，是第一类现象产生的源头；系统性被割裂的课程结果是人为缩小学习目标，短期激发学习热情，几个月、几天甚至几个小时就完成的培训符合市场“变现”规律，大量低质重复的课程实质在阻碍大数据人才的发展。

低、中、高的分级考试培养模式也需要推敲和斟酌，数据驱动的大数据人才重在应用。根据数据解决问题的能力与长期知识、经验的积淀密不可分，这些无法通过考试评估。考试只能考评知识掌握程度和是否具备相应的“数据驱动”和“数据闭环”思维。这种划分等级的考试依据不够充分，没有论证依据和实践证明的分级考试极具误导性。大数据人才培养的本质是探究学问、培养有用之人、服务社会发展，这关系我国综合国力的提升，无论是学校教育还是社会培训，一定要认真设计、谨慎从事，切勿落入“过度商业化”的窠臼而忘记了初衷。更不能假借人才培养之名，行商业利益之实。鉴于此，行业协会有必要在大数据人才培养上出台基本发展架构给整个行业以引导。

4.4.3　大数据人才知识体系架构

4.4.3.1　数据分析的流程

为了系统地实现数据分析项目，数据分析需要遵循一个通用的流程。为提高数据分析项目的成功率，在实践的基础上，数据分析研究者和从业者提出了许多工作流程，其中一些流程已经标准化，成为行业的最佳实践。

20 世纪 90 年代中期，欧洲企业联盟提出了一套应用最为广泛的跨行业数据挖掘标准化流程(Cross-Industry Standard Process for Data Mining, CRISP-DM)，如图 4-7 所示。

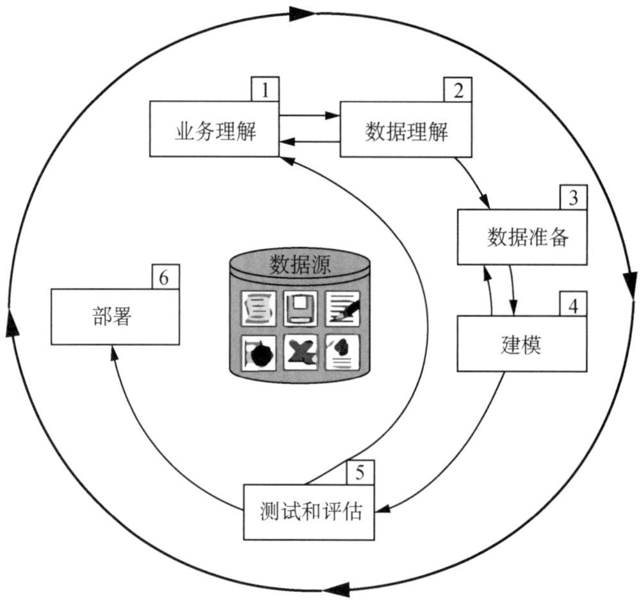

图 4-7　数据分析流程

该流程包括 6 个主要步骤，从深入理解业务和应用领域的需求开始，直到部署满足特定需求的解决方案为止。这些步骤从本质上来说是按顺序进行的，但通常存在大量的回溯。数据分析项目基于经验和实践驱动，所以根据具体问题的情况和分析师的知识与经验，整个分析过程可能需要多次迭代。

1) 业务理解

数据分析是将数据转化成价值的完整过程，其关键是知道要研究什么。要解决这个问题，首先要清楚地了解将开展研究的目标，然后制定一个计划来进行知识挖掘，指定具体人员负责收集数据、分析数据以及报告分析结果。数据分析的第一步不是分析数据，分析数据只是其中的一个步骤，同一组数据，不同的业务目标，会产生完全不同的分析方案。

2) 数据理解

了解业务需求后，数据分析的主要任务是从大量可用数据库中识别相关的数据。分析师还应深入理解各个数据源(例如,相关数据存储在哪里？以什么形式存储？收集数据的过程是自动的还是人工的？数据多久更新一次?)及变量(例如,最相关的变量有哪些？是否存在同义变量？变量之间是否相互独立?)。

数据分析师通常需要利用各种统计分析技术和图形技术帮助自己更好地理解数据,包括对各个变量的简单统计描述(如均值、方差、最大/最小值、中位数,众数等)、相关性分析、散点图、直方图及箱形图。仔细选择数据源和相关的变量,可以是数据分析算法更容易发现有用的知识模式。

3）数据准备

数据准备通常被称为数据预处理,它的目的是处理前面阶段识别的数据,为后续的数据分析做好准备。这个阶段是数据分析整个过程中耗时最多的阶段,许多项目实践表明,这一阶段所耗费的时间几乎占据了整个数据分析项目时间的80%。因为现实世界中的数据通常是不完整的(如缺失属性值、缺少特定属性)、有噪声的(包含错误数据或异常数据)、不一致的(相同含义的属性,其代码或名称存在差异)。数据预处理包括四个主要步骤,各步骤的主要任务如图4-8所示。

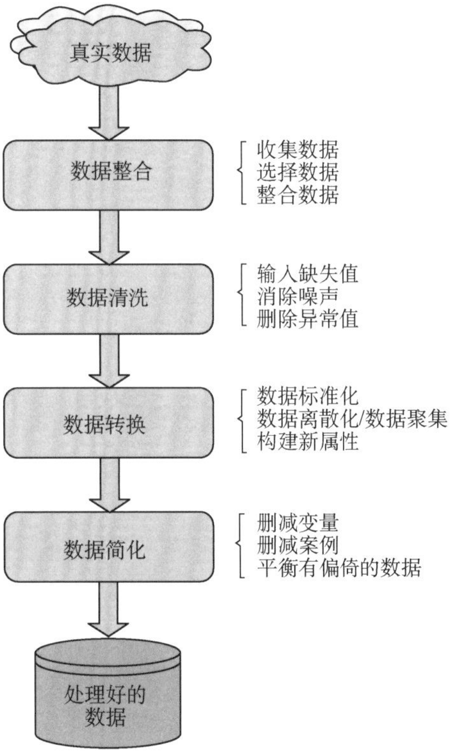

图4-8　数据预处理步骤

4）建模

这一阶段可以选择并应该有不同的建模技术来处理已准备好的数据集、解决特定的业务问题。模型的建立过程还包括对各种模型的评估和比较分析。由于对某一项数据分析任务而言,不存在最好的方法或算法,因此数据分析人员需要尝试各种可能的模型,并通过完备的实验和评估策略来识别针对特定目标最合适的方法。即使对一个方法或算法,也需要进行大量的参数调整才能获得最优结果。有些算法可能对数据格式有特殊的要求,因此常常需要返回到数据准备阶段。

根据业务需求的不同,数据分析任务主要包括预测(分类或回归)、关联规则和聚类,每类任务都可能用到多种数据分析方法和算法。

5）测试和评估

这一阶段应对模型的准确性和推广性进行评估,评估所选模型在多大程度上满足业务目标,即是否需要开发、建立和评估更多的模型。

测试和评估是一项非常重要且具有挑战性的任务。除非能够确认数据分析发现的知识模式能带来商业价值，否则数据分析任务本身没有增加任何价值。商业价值评估能否成功取决于数据分析师、商业分析师及决策制定者之间的沟通合作。因为数据分析师可能对数据分析的目标及其业务的意义缺乏整体概念，而决策者可能不具备相关的技术知识，从而无法解释复杂的数学方案所带来的结果，因此他们之间的合作是必要的。为了清楚地解释知识模式，常常需要运用各种图标和可视化技术（如数据透视图、饼图、柱状图、散点图等）。

6）部署

根据需求不同，部署可以很简单，如生成一个报告，也可以很复杂，如在企业内部重复一遍数据分析的实施过程。

部署阶段可能还需要对部署的模型进行维护。由于业务不断变化，反映商业活动的数据也随之变化。如果将数据分析的结果作为日常业务的一部分，那么模型的监控和维护就非常重要。完善维护计划项目的策略可以帮助避免长期错误地使用数据分析得到结果。

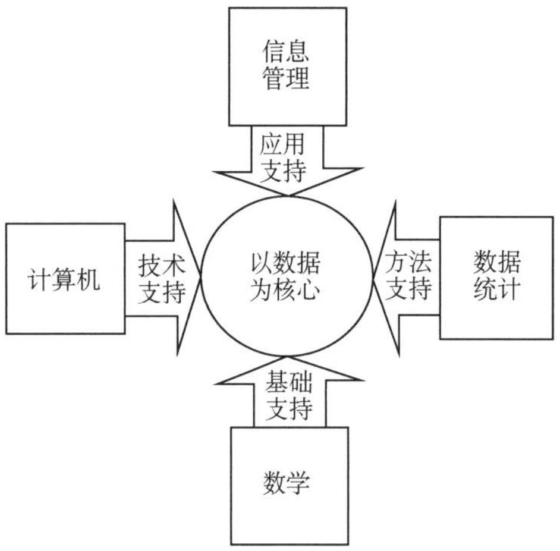

图 4-9　大数据人才专业知识结构[12]

4.4.3.2　大数据人才能力需求

大数据人才是复合型人才，其研究的核心对象是"大数据"，需以坚实的数学知识作为基础支持，以大量的计算机科学相关知识作为技术支持，还要一定的数理统计知识作为方法支持，以及许多应用相关领域的业务知识进行大数据的信息管理作为应用支持。其专业知识结构如图 4-9 所示。

从数据分析的流程来看，大数据人才能力需求包括数据认知能力、数据调用能力、数据综合处理能力、数据呈现能力、数据决策能力和计算机及数据分析信息技术六个方面，其知识体系如图 4-10 所示。

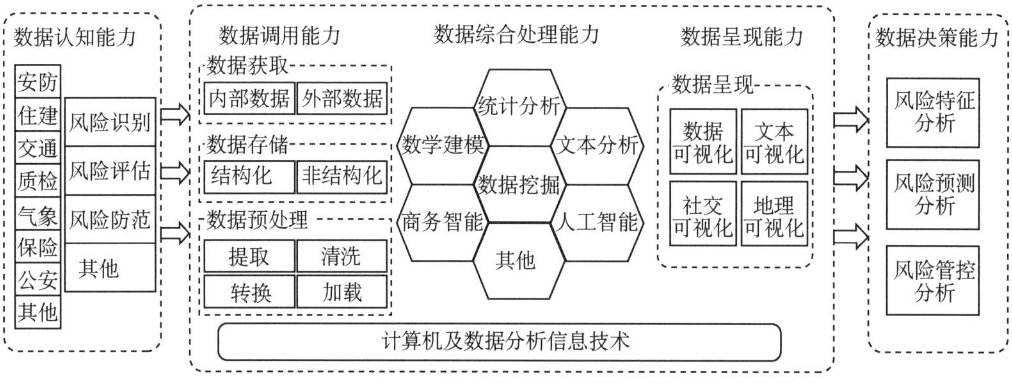

图 4-10　面向城市风险管理的大数据人才知识体系

1）数据认知能力

做好大数据分析，首先要认同大数据的意义和价值，一个不认同数据、对数据分析的意义缺乏理解的人很难做好这个工作。其次要对数据分析的价值有清楚的定位，既不要神化数据分析，把它当作万能钥匙，也不要轻易否定数据分析的意义，弃之不用。数据分析应该对业务有实际的指导意义，而不应该流于形式。同时，还要了解企业商业模式，数据分析的最终目的是服务于企业的战略目标，所以务必要对行业背景、业务含义、产品和用户有着深刻的认知。

在大数据环境下，我们对数据有完全不同于过往的观点，特别是对数据的认知主动性，要主动去思考需要哪些数据、有哪些数据，这些数据又可以提供怎样的商业价值和社会价值。在城市风险管理领域，我们要思考城市风险点主要有哪些、谁来监测这些风险、各类风险的危害程度如何、如何与我们的合作伙伴建立以数据为导向的合作关系等问题。

2）数据调用能力

数据调用包括数据获取、数据存储和数据预处理。

（1）数据获取：内部数据与外部数据。认知数据产生的时间、来源、条件、格式、内容、长度、限制条件等，能有针对性地实施和控制数据产生和采集的过程，加深对数据的理解程度。今天我们不能只想到有什么数据，还应该考虑可以拿到什么数据，甚至是别人有没有的数据，或是可以到哪里去收集这些数据。其中涉及网络爬虫技术、系统日志数据采集、传感器数据，通过关联内部数据与外部数据，打破数据孤岛，为基于业务场景下的数据分析提供支撑。

（2）数据存储：结构化数据、半结构化数据与非结构化数据存储。了解结构化及非结构化数据的存储架构（SQL 及 NoSQL），特别是对数据结构模型的训练。在传统商务智能中，对分析形式的关系数据模型已比较标准化；但在大数据领域，还是百家争鸣，各有其擅长及缺点，不同的模式也有其各式各样的开源平台，对于非关系型的 NoSQL，其数据结构模型的设计需要更多的关注，其对数据最终的价值以及未来数据被处理时的效能有非常大的影响。另外，在未来的整体数据架构，将会使用多形式及多样的存储架构，因而数据架构非常重要。由于不同的应用需要使用不同的数据结构模型，在不同的存储架构内及存储架构之间的运算及传输，都对整体系统的效能有很大影响。

（3）数据预处理：探索、提取、清洗、转换和加载。熟练数据处理规则，能实际解决数据分散、不清洁问题，具备与业务需求相结合的能力。保证动态和迭代更新的数据存储和处理达到及时、完整、有效、一致、准确。除了传统的 ETL 到数据库的能力，在大数据的环境中，还需要建立特征工程的架构，提供高效能且适合数据挖掘、统计分析及机器学习的特征平台。

3）数据综合处理能力

掌握数据挖掘和模型构建技术，并通过评估指标衡量模型的效果。能够进行商业运行和模型解释。数据只是系统的表象，不管系统是商业的运营、政府部门的运作，还是其他的系统，要能当成业务驱动的目标，数据研究能力的培养需要在实际的环境下改善，如何通过研究及沟通去了解一个系统，如何将问题转化为可操作的模型，解释模型的输出结果，找出可能存在的问题，再调整优化模型，直到模型的结果达到了业务的需求。

4）数据呈现能力

数据呈现为我们搭建了一座新的桥梁，无论是动态还是静态的可视化图形，都能让我们更直观地洞察世界、发现形形色色的关系，感受每时每刻围绕在身边的信息变化，并理解其他形式下不易发掘的事物。我们时常要根据数据呈现的目标，选择使用的图表与方法。

（1）有的可视化目标是观测、跟踪数据，所以就要强调实时性、变化、运算能力，可能会生成一份不停变化、可读性强的图表。

（2）有的为了分析数据，所以要强调数据的呈现度，可能会生成一份可以检索、交互式的图表。

（3）有的为了发现数据之间的潜在关联，可能会生成分布式、多维的图表。

（4）有的为了帮助普通用户或商业用户快速理解数据的含义或变化，会利用漂亮的颜色、动画创建生动、明快且具有吸引力的图表。

（5）还有的被用于教育、宣传或政治，被制作成海报、课件，出现在街头、广告手持、杂志和集会上。这类可视化拥有强大的说服力，使用强烈的对比、置换等手段，可以创造出极具冲击力的图像。

5）数据决策能力

数据作为人类活动的痕迹，就像金矿等待发掘。但是首先要明确自己的业务需求，数据才可能为我们所用。

（1）数据为王，业务是核心，数据必须和业务结合才有效果。根据业务当前的需要，归类出需要整理的数据，详细列出数据核心指标（KPI），并且对几个核心指标进行更细致地拆解，同时要具体结合业务属性来处理，找出那些对指标影响幅度较大的影响因子。前期资料的收集以及业务现况的全面掌握非常关键。

（2）思考指标现状，发现多维规律，发现规律不一定需要很高深的编程方法，或者复杂的统计公式，更重要的是培养一种感觉和意识。很多数据元素之间的关系没有明显的显示，需要使用直觉与观察（数据可视化技术来呈现）。

（3）规律验证，经验总结。发现了规律之后不能立刻上线，需要在测试机上对模型进行验证。数据决策能力与业务能力紧密联系，要能主动把业务问题转化为可以用数据来解释的问题，通过数据分析结合业务场景得到数据观点，并对数据观点做业务应用和解读，将数据分析结果反馈到业务操作过程。根据数据分析结论推动企业内部做出调整，能够将数据和技术转化为企业的商业价值。

6）计算机及数据分析信息技术能力

系统地掌握计算机及数据分析信息技术，包括计算机硬件、软件与应用的基本理论、基本知识和基本技能与方法，能为大数据人才的培养奠定良好的基础。但计算机及数据分析信息技术并不能等于大数据技术，更不能仅用计算机及数据分析信息技术作为大数据人才的评估标准。

大数据人才是综合性的人才，是可以结合业务背景，以数据为驱动分析问题、解决问题。只有具备这方面的能力与素养，并且能够熟练运用计算机及数据分析信息技术的人才，才符合中国大数据人才标准。

这六方面的能力可根据应具备的知识与技能归纳为“技术硬指标”和“人文软实力”两个方面。

在技术硬指标方面主要有以下要求。

(1) 数学。微积分和线性代数是大多数数据挖掘应用程序需要矩阵计算的基本算法。

(2) 统计学。掌握相关性分析、多元回归，糅合各种数据从不同角度进行预测性和指导规范性建模，会使用R、SAS、SPSS、Stata等统计工具软件。

(3) 编程和写脚本。掌握编程语言可以更具竞争力，如Python、C/C++、Java、Ruby、Perl、MATLAB、Pig等。

(4) 数据库。熟练掌握SQL，关注NewSQL这类高扩展、高性能数据库，如：Cloudera Impala、Clustrix、VoltDB等。

(5) 分布式计算系统。熟悉Apache产品族，钻研NoSQL平台，了解Apache Cassandra和MongoDB的优缺点，动手实践Hadoop、HBase、Cassandra、MapReduce、Hive等不断出现的新系统。

(6) 数据挖掘。数据挖掘是跨学科的，借鉴人工智能和机器学习、统计数据和数据库系统等。

(7) 数据建模。从ERWin、Agile Data Modeling、ORM Diagrams、UML class diagrams、DDL、Bachman diagrams、Zachman Framework等数据建模工具开始，掌握建模技术和方法。

(8) 预测建模。

(9) 机器学习。

(10) 数据可视化。掌握Flare、HighCharts、AmCharts、D3.js、Processing、Google Visualization API、Raphael.js、Tableau等一些可视化工具。

在人文软实力方面主要有以下要求。

(1) 专业领域知识。对某行业及其数据非常了解，诸如政府、工程、零售、制造业等。

(2) 创造力和求知欲。有创造力的大数据人才都是充满好奇心的，需要出众的发现能力。

(3) 善于包装，会讲故事。将复杂的数据包装后像讲故事般娓娓叙述出来。

(4) 顺利执行项目、保证实现目标的项目管理能力。

(5) 保护数据隐私的道德。

(6) 通过简短的交流能达到目的的能力。

4.4.4 大数据人才培养战略

1. 基本原则

1) 适应经济、社会发展需要

大数据人才培养要从国情出发，广泛开展社会调研，注重分析和研究大数据在经济发展中出现的新情况、新特点，特别要关注大数据面向的行业领域的发展趋势，使培训体系、课程体系具有鲜明的适用特点。

2）坚持数据分析思维、技术、应用综合发展

把复合型人才培养作为根本任务，加强分析方法和技术培训，把数据分析思维融入大数据人才培养的全过程，重视培养思维能力和分析意识、法律意识。树立终身学习理念，加强多学科融合教学，比如交通大数据、气象大数据、建筑大数据、保险大数据等的跨领域教学。

3）突出应用性和针对性

大数据人才培养要有鲜明的应用特点，具有明确的行业方向，立足于相关行业领域的实际要求，首先要满足就业岗位任职的需要，以普及性应用为目的，以必需、够用的知识体系为度。提升式教学时要加强针对性和实用性，以搭建具体行业场景教学为主，强化实践教学，增加实训比例。开发以工作流程为课程设计基础的教学内容，实施以真实工作任务或社会产品为载体的教学方法。

4）加强就业引导和职业能力培养

建立突出大数据职业规划和职业能力培养的课程标准。注重大数据职位、技能、行业、薪酬、岗位升迁和能力素质匹配的衔接，确保教学内容适应对应的职业岗位要求。

5）保证校企师资融合、工学结合

行业和企业参与课程开发、专业教学、职业能力培训、质量标准制定与考核评估等大数据人才培养全过程。积极推行与生产劳动和社会实践相结合的培养模式，引入企业中从事大数据工作的师资，将工作与教学结合作为大数据人才培养模式切入点，并引导课程设置、教学内容和教学方法的实施。重视学习与工作实际的一致性，探索以项目导向的教学模式。

2. 战略目标

1）规范培训体系，提高劳动员工的数据能力

规范数据分析基本培训和认证项目，为学员和企业基层劳动力员工提供学习机会，通过工具化、便捷化的基础技能培训让更多的普通从业者会使用常用工具，通过通识教育使其高效获得必要的数据准备和分析技能：数据获取能力、简单的数据呈现能力、数据特征描述能力以及基本的数据统计分析能力。

(1) 建立规范的培训体系、科学的课程体系、高效的服务体系，依托全国大、中、专院校和分布在当地的授权机构，在选拔和培训基层劳动力方面取得标志性成果。

(2) 初步建成交叉培训、更新技能和再就业人才培训生态链，培育若干全国领先的数据分析培训组织和机构。

(3) 数据人才培养环境进一步优化，将技能考核和工作实践相结合，聚集起一批高潜力的数据人才队伍。

2）构建人才智库，持续增加大数据应用骨干

打造连贯、系统、实用的知识图谱，在用大数据方法重构大数据学习上实现重大突破，在理

论知识的完整联系、行业知识和数据的跨越联系上取得积极进展。

(1) 进一步规范优化复合型应用人才培养体系,使培养出的人才在企业中既有纵向参与和推进,又有横向对比和维护,具备多学科、多领域的大数据综合能力,成为我国企业产业升级和转型的骨干力量。

(2) 选拔具备大数据应用骨干人才培训资质的社会教育机构,以工程、交通、传媒行业应用为课程导向,对于计算机科学、统计学、机器学习、数据挖掘、可视化等学科将通过在这些行业中的广泛应用实现教学。

(3) 构建人才智库,探索建立大数据人才能力评价体系,完善大数据人才的认定标准,为培养大数据领域创新型领军人才创造条件,吸引海外大数据高层次人才。

3) 深化平台建设,扩大各领域数据专家群体规模

组建跨学科的数据技术团队,建设集合大数据实验室、案例、模型、算法代码编写和分享的平台。

(1) 初步建成覆盖主要行业领域的案例库及以案例为主的培训实验室。

(2) 形成通过培训获得提高企业竞争力的数据和分析能力课程体系,获得数据应用团队必须具备的技术及团队管理运作能力。

(3) 深入打造数据应用骨干向数据科学家的转换。在真实场景的实战环境中模拟打通行业数据壁垒案例,建模并做深入地讨论学习,通过高参与性和相关性打通行业数据应用。

4) 发展微课程,提高公众个性化数据技能

通过微课程实现公众个性化的学习需求,微课程区别于网络教学视频和传统课堂录像,注重互动性、信息传播性和学习的协作性,通过大数据微课程开拓学员多渠道发展途径,并探索新的数据人才培养课程模式。

(1) 以数据分析思维、技术和应用为重点,以专业性与普适性课程相补充,促进数据与应用融合课程的研发力度,完善教育培训课程体系。

(2) 通过与相关部委及知名企业合作优化组合行业教育培训资源,提高教育培训和考试的科技手段,建立拓展行业引导的人才培训基地。

(3) 大规模开展职业培训、继续教育,构筑大数据从业人员和后备人才的终身教育体系。

4.5 面向城市风险管理的应急管理人才培养

面向城市风险管理的应急指挥是一项系统且具有挑战性的工作。面对当前城市风险防范严峻复杂的形势,面向城市风险管理的应急管理亟待加强。国内部分城市在应急指挥方面启动较早,比如2004年深圳在全国大中城市中率先成立市政府应急指挥中心,专门协调处置各类突发事件,开启了应急管理工作的新篇章。但也要看到,一方面,我国应急管理人才短缺问题严重。据统计,到2020年,全国范围内安全监管、安全服务、安全技术应用人才缺口达43万人。另一方面,现

有城市风险管理领域的从业人员在安全生产、应急管理、防灾减灾等方面的专业能力有待进一步加强。因此,应该以应急指挥人才培养为工作重点,构建全方位、多体系的应急指挥人才培养模式。

4.5.1 加大应急管理人才教育培训力度

针对性的应急管理培训是提高应急管理人才水平与能力的重要渠道,应多管齐下、多措并举,加大相关领域人才教育培训力度。目前,应急管理人才专业培训主要有如下特点:第一,从培训内容设计与培训周期上来看,大多数与应急管理相关的培训依托整体宏观性培训开展,因此其内容主体呈现为较不完整和较不系统的情况,但也有相关机构和部门专门设计并提供了相对集中的应急管理专业培训;第二,从培训方式的选择来看,目前大部分的培训还是以传统的授课、讲座、报告等形式为主,虽然也有案例分析、情景模拟、桌面演练等培训手段,但演练式场景培训较少,此方式可借鉴美国应急管理学院(Emergency Management Institute, EMI);第三,从培训的效果评估来看,仅限于学员满意度方面的评价,缺少检验受训对象能力提升的手段,可借鉴绩效评估的方式,创新性地设计出针对应急培训特点的评估模式,更好地检验培训绩效。

1. 完善应急管理人才分类培训模式

我国应高度重视应急人才培训的"对症下药",不断构建不同培训对象的分类分层培训模式。目前,在针对应急管理专业人员方面,我国主要依靠高等学校、科研机构、应急管理人才培训基地以及党政干部培训机构,并以公安、武警、消防、防汛、卫生、防疫等骨干专业研究队伍为受训主体,旨在加强应急处置决策分析方面的培训。

此外,在针对领导干部、公务员应急管理教育培训方面,应注重日常应急管理知识教育培训,培养其危机意识、责任意识,提高危机预防、应对和善后的全流程应急能力。在针对全社会应急宣传教育培训方面,应广泛宣传和普及公共安全、应急管理、防灾救灾和自救互救的有关知识,开展灾害防御知识和技术培训,不断提高公民的防灾意识和应对风险的能力。

案例八 湖南安全职院组建应急救援工程技术学院①

湖南安全职院是在长沙煤矿安全技术培训基础上建立的高职院校,同时还是国家安全技术人才培养培训基地和全国烟花爆竹人才培养基地。

该院进一步优化和调整专业、专业群、二级学院的结构,成立一个全新的二级学院——应急救援工程技术学院。下一步将积极与部队、退役军人事务管理部门等相关部门对接,直接招收优秀退役士兵开展消防工程技术专业学历教育、专职消防员技能培训等。此外,还将加强防灾、减灾、救灾等相关专业建设,比如将在全国首创开展适配直升机空中应急救援抢险人才培养培训,扩大安全应急类专业招生规模等。

2018 年,长沙煤矿安全技术培训中心在全国率先完成了中南基地建设,共计建设非煤类、

① 资料来源:三湘都市报,2019 年 3 月 12 日。

综合类和烟花类实训室31个，总投资8 710万元。该基地精准对接贫困地区，深入厂区、矿区开展了一系列义务“送教上门”服务，为参培学员提供“免费午餐”。

2. 科学设计应急指挥培训项目内容

培训项目内容的设计上，要充分考虑三个方面因素：一是与我国城市主要灾害类型相适应，二是设置科目具有一定社会基础性，三是有利于与消防等应急指挥和救援队伍协同。比如，面向建筑坍塌事故救援，重点培训安全破拆、顶升和狭小空间破拆与支撑三类破拆类项目；面向高空、深井、悬崖等事故场景，重点开展救援人员利用绳索搭建安全作业系统，向上、向下和水平救助以及转运被困人员的技术绳索类项目；面向水上风险，重点开展救援人员操控舟艇、搭建绳索系统、水下救捞作业等水域类项目。

3. 建设应急指挥管理培训教育基地

借助相关院校力量，充分发挥城市管理类专业师资力量等优势，引进国内外优秀教学资源，组织防灾、减灾、救灾和安全生产培训，并筹建应急管理实训演练基地，培养一批符合城市风险管理应急指挥工作需要的专业人才和专家队伍。尤其注重发挥各地消防救援基地作用。一方面，依托6个国家陆地搜救基地和各省市消防救援机构的训练基地，免费为社会应急力量开放训练场地与模拟设施，提供应急救援技术指导；另一方面，积极组织开展应急救援技术交流活动，相互学习、取长补短、共同提高。

4. 依托高校开展应急指挥学历教育

进一步完善应急管理学科体系建设，开设应急管理全日制本科专业，培养一批应急管理相关专业人才。筹建应急指挥管理实训基地和应急管理研究院，推动应急指挥理论研究和实践教学相结合。

案例九　苏州市成立应急管理培训中心[①]

2019年5月30日，苏州市应急管理局与苏州科技大学共建苏州应急管理培训中心举行签约揭牌仪式。苏州应急管理培训中心是为提升全市应急管理和防灾减灾救灾能力，形成指挥有力、处置有效的应急管理体系，发挥在苏高校的专业优势，进一步加强全市应急管理能力建设，健全应急管理人才培养、研究规划、社会服务的体制机制。

揭牌仪式后，苏州应急管理培训中心首期专题培训班开班，对各市(区)应急管理局救灾和物资保障工作负责人及灾害信息员、乡镇(街道)灾害信息员开展“全市救灾和物资保障业务培训”，提高救灾和物资保障业务能力和水平。

下一步，应急管理培训中心将建立应急管理培训机制，推进应急管理学科体系建设，力争将苏州应急管理培训中心打造成为全市应急管理工作的人才库、智慧库，提升全市应急管理水平。

---

① 资料来源：苏州日报，2019年5月31日。

4.5.2 统筹整合社会应急指挥人才力量

落实《生产安全事故应急条例》规定的“国家鼓励和支持生产经营单位和其他社会力量建立提供社会化应急救援服务的应急救援队伍”要求，制定一系列有利于全社会应急力量发展的政策。

完善顶层设计。由应急管理部组织对社会应急力量基本情况进行全国范围的问卷调查，摸清社会应急力量底数，组织起草社会应急力量管理办法，明确各级各类社会应急力量的管理主体责任，健全并完善常态下管理和非常态下应急工作机制。抓紧开发网上社会应急力量服务保障系统，开展社会应急力量能力分级和分类的技术标准研究。加快在全国建立健全符合自身特点的队员准入、岗前培训、技能训练和应急演练等管理制度，推动打造一批优秀社会应急队伍。

建立健全日常管理。各级应急管理部门建立健全社会应急力量的日常管理、应急调用、培训选拔、激励考核等制度，提高社会应急力量专业化发展水平。加强各类专业化应急救援基地和队伍建设，重点加强国家级和省级危险化学品、矿山、内河内湖、长江及海上等应急救援队伍建设，鼓励并支持有条件的社会救援力量参与应急救援。根据社会应急力量的能力特点和专长，提供联训、联练、联演平台，搭建社会应急力量交流互动平台，推荐优秀社会应急力量协助参与灾害事故现场的救援工作，更好发挥社会应急力量自身价值。

坚持引导发展与依法管理相结合。根据民政部社会组织管理局公开的数据，截至 2019 年第一季度末，全国各级民政部门共登记社会组织 82.6 万多家，其中社会救援领域的有 1 200 多家。对这些社会领域应急指挥救援力量，国家有关部门要切实加强规范管理。一方面，持续推进社会组织领域“放管服”改革；大力推进政府向社会组织购买服务；投入资金支持，中央财政专项资金已立项 3 000 多个项目，累计投资超过 14 亿元，财政部、税务总局出台了一系列引导社会组织参与公益事业的税收优惠政策。另一方面，不断规范监督管理。全面加强党的建设，进一步推进政社分开，强化社会组织信用管理，支持应急救援社会组织开展业务活动。

推动社会应急领域青年人才培养。由共青团中央号召各级共青团，大力鼓励、继续支持青年志愿者组织和广大青年志愿者积极参与抢险救灾等社会应急工作。从增强青年职工安全意识和提高岗位技能入手，持续开展“青年安全生产示范岗”创建等岗位实践活动，帮助广大青年职工提高安全作业和应急处置的能力。积极选树青年典型，结合“向上向善好青年”“全国青年岗位能手”评选等工作，积极表彰、宣传社会应急领域涌现出的“青年英雄”“青年榜样”，为应急事业长远发展提供青年人才支撑。

案例十 全国首届社会应急力量技能竞赛在重庆举行

2019 年 5 月 9 日，应急管理部在国家陆地搜寻与救护(重庆)基地举行全国首届社会应急力量技能竞赛。

本次竞赛由应急管理部、民政部、共青团中央和重庆市人民政府共同主办，是动员范围最广、参与人数最多、竞赛科目最全的一次全国性社会应急力量技能竞赛，旨在为社会应急力量搭建实战训练比武平台，以赛促训，以训促战，筛选一批政治上可靠、技术上过硬、行动上规范的社会应急队伍，持续强化社会应急力量的凝聚力、组织力和动员力，持续提高综合性应急救援队伍、专业救援队伍和社会应急力量协同应对水平，鼓励社会应急力量为构建大国应急体系再立新功。本次竞赛包括两部分内容：一是有关法律法规和救援知识的理论考试，二是破拆、水域、绳索三大类 12 个项目的技能竞赛。

本次竞赛中，31 个省（自治区、直辖市）和新疆生产建设兵团共组织了 333 支队伍、3 000 余名队员报名参赛，其中 221 支队伍通过审核。这 221 支队伍分别参加了河北、浙江、广东、重庆、新疆六个区域选拔，44 支队伍通过选拔进入集中培训环节。最终，来自 14 个省（直辖市）的 27 支队伍、236 名队员脱颖而出，在重庆进行了集中竞赛。

4.5.3 建立应急管理研究促进平台

对标国际应急管理领域的先进理念、方法和新技术，开展应急管理论坛、专题研讨会，开展国内、国际学术交流，将相关研究成果运用在应急救援演练和突发事件应急处置中。加强源头治理和动态评估，完善应急管理的法治体系和预案体系。

案例十一 同济大学城市风险管理研究院

同济大学城市风险管理研究院（以下简称“研究院”）成立于 2016 年 11 月 15 日，是在贯彻中央城市工作会议精神的大背景下，依托同济大学丰厚的学术资源，为促进学科发展与转型而成立的。

研究院遵循“思则有备、同舟共济”宗旨，秉承“做城市之眼、为城市之耳、汇城市之智、聚城市之心、彰城市之魂”的原则，致力于打造城市风险管理领域的高端智库、搭建城市风险管理行业的交流平台、促进城市风险管理理论研究的成果转化，成为城市风险管理人才的培养基地。以期真正做到跟随城市发展的脚步，面向城市风险管理的实际需求，探索和研究理论联系实际的解决方案，为增强城市安全保障出谋划策。

研究院直属于同济大学，采用理事会管理下的院长负责制。理事长由同济大学党委书记方守恩担任。理事单位包括中国国际城市化发展战略研究委员会、太平洋财产保险股份有限公司、上海银行股份有限公司、上海临港经济发展（集团）有限公司、上海市建筑科学研究院（集团）有限公司、上海环亚保险经纪有限公司、舜杰建设（集团）有限公司、同济大学经济与管理学院、同济大学交通运输工程学院。

院内设专家委员会和顾问委员会。并设理论研究中心、项目推进中心、对外交流中心、数据分析中心和综合办公室。目前已集聚 50 余位城市风险管理不同领域不同专业具有行业影响力的专家，并聘请交通运输部原副部长徐祖远、中国保监会原副主席周延礼担任专家委员会主任；上海市原副市长沈骏担任顾问委员会主任。同时，院内已有专兼职研究员 30 多人，分别来自同济大学等高等院校的学术骨干和社会各界领域精英。

研究院立足上海，服务全国，面向世界。针对城市风险管理的实际需求，聚焦城市发展的难点、热点、痛点,开展与城市发展、城市管理、风险管控等领域的前沿研究,探索新的理论、探寻新的方法,培养掌握城市风险管理理论、方法和技术的复合创新型研究人才,通过举办高峰论坛,为政府、业界、科研院所提供高端交流平台,促进学术成果的发表与转化,为各级政府和社会各界解决事关城市风险的重大任务和挑战提供创新思路、技术支撑和操作方案。2018 年 5 月,研究院在同济大学教育发展基金会下设立城市风险防控研究实践专项基金,用于支持城市风险管理学科建设、人才培养、平台搭建,资助城市风险管理社会服务。

我国应充分借鉴发达国家的先进经验并结合各地应急管理教育培训现状,鼓励各级政府加强与高校以及研究机构合作,充分利用科研院校的智力优势和政府等实务部门领导与专家的实践优势组成一支高水平、跨学科的研究与培训队伍,在此基础上,组建应急管理研究与培训机构,在进行应急管理研究的同时培养应急管理研究型人才与培训师资,提高全国应急管理教育培训体系的标准化、规范化和制度化。

案例十二　深圳市安和城市风险管理研究院

深圳市安和城市风险管理研究院成立于 2017 年,是在贯彻落实中央城市工作会议精神、深圳城市安全发展战略的大背景下成立的智库性研究机构。研究院聚焦城市安全发展的难点和痛点,系统开展城市安全、城市发展、城市治理、风险管控等领域的前沿研究,并在政府部门、产业界、科研院所之间搭建交流平台,为各级政府和产业部门提供有关城市风险管理的创新思路、技术支撑和解决方案。作为一家专注城市安全、城市风险管理的研究机构,研究院系统开展城市安全、城市发展、城市治理、风险管控等领域的前沿研究,目前已经开展多项政府课题研究项目,并作为独立第三方机构,在社会稳定风险评估、政策法律影响评估、效果评估、城市发展规划评估等多个领域,全面参与政府决策和相关政策法律制定过程。2018 年 12 月,深圳市人力资源和社会保障局批准设立博士后创新实践基地。

4.6　面向城市风险管理的安全教育人才培养

安全教育是城市风险管理和城市公共安全的基础性工作,没有有效的安全教育,社会公众的安全意识和安全能力就难以提高。

2018 年 1 月,中共中央办公厅、国务院办公厅印发《关于推进城市安全发展的意见》,提出到 2020 年,要“建成一批与全面建成小康社会目标相适应的安全发展示范城市”。尤其是对北京、上海等运行风险较大的超大城市而言,面向城市风险管理的安全教育,对建设现代城市文明至关重要。比如,有专家指出,在《北京城市总体规划(2016 年—2035 年)》中,99 次提到“安全”,其中第 91 条题目即为“强化安全风险管理,提高城市公共安全水平”。无独有偶,在《上海市城市总体规划 (2017—2035 年)》中,也 53 次提到“安全”,并预期到 2035 年,“上海将成为全球最令人向往的健康、安全、韧性城市之一。”调查数据显示,城市居民中接受过危机应对和生存救济方面知识和能力培训的人群占比不到 10%。许多被调查者知道利用灭火器、打求助电话、准备常用的应急药品和手电筒等方式来应付突发事件，但绝大部分的被调查对象没有采取安装火灾报警器、煤气泄漏报警器，准备防燃物品等措施来预防危机的发生。因此，加快完善城市安全教育的网格化工作体系，强化城市风险的末梢单元管理，已然刻不容缓。

总结世界各国和各大城市的管理经验，公共安全事务必须有广泛的社会参与性，才能取得良好的效果。面对日益频发的城市风险，政府要有意识地提高民众的安全意识、危机意识、自救意识和互助意识，并提供参与风险管理的渠道，因此必须加强公众的安全教育。在城市安全管理中，西方发达国家在城市发展中比较注重抗逆力建设，依托全社会的安全教育，来实现提高全社会的安全意识和应急能力。例如，美国提出了“全社会力量”的概念，动员全社会力量全面加强应急管理工作。在进行风险评估和减灾规划编制的过程中，纽约制定了综合性的社区参与战略，推动私人部门、研究机构、社会组织以及市民有序参与。伦敦警方和相关部门经常在事故易发地点组织不同规模的演习，邀请市民参加，提高他们对公共安全事件的应对能力和自救能力。伦敦地铁受到袭击后，人们熟练地戴上救护人员递来的氧气面罩，相互搀扶，井然有序地撤离，表现出极高的风险应对素质。香港作为亚洲的一个国际化大都市，一个特大型城市，一直非常重视城市的安全建设，尤其注重发挥高素质志愿者在公共安全中的示范、辐射作用，被公认为是世界上最安全的城市之一。

4.6.1 政府部门安全教育人员培养模式

各级政府部门安全监管人才培训。为城市居民提供公共安全有关的教育，是城市政府不可推卸的责任。抓好安全教育，就必须完善党政同责、一岗双责、齐抓共管、失职追责的安全生产责任体系。各区各单位要按照管行业必须管安全、管业务必须管安全、管生产经营必须管安全和谁主管谁负责的原则，落实各相关部门安全生产职责，做到责任落实无空档、监督管理无盲区。可结合“5·12 全国防灾减灾日”“安全生产月”“消防安全月”等活动，在本辖区内组织开展各类城市安全宣教活动，加强全员、全过程、全方位安全管理。

强化安全执法人员的安全教育培训。加强安全生产领域内综合执法人员与安全教育人员的工作衔接，提高城市安全监管执法实效。合理调整执法队伍种类和结构，加强安全生产基层执法力量。加强安全监管执法教育培训，强化法治思维和法治手段，通过组织开展公开裁定、现场模拟执法、编制运用行政处罚和行政强制指导性案例等方式，提高安全监管执法人员业务素质能力。科学划分经济技术开发区、工业园区、港区、风景名胜区等各类功能区的类型和规模，健全相应的安全生产监督管理机构。完善民航、铁路、电力等监管体制，界定行业监管和属地监管职责。理顺城市无人机、新型燃料、餐饮场所、未纳入施工许可管理的建筑施工等行业领域安全监管职责，落实安全监督检查责任。推进实施联合执法，解决影响人民群众生产生活安全的“城市病”。

总之，政府主导的安全教育工作应体现如下特点：一是覆盖范围广，力求将安全教育延伸进社区、机关、企业、学校和家庭，与市民互动体验，让市民参与其中，切实打造全民参与城市风险管理的态势；二是参与部门多，城市各单位根据自身职能积极作为，整合资源、协同联动、形成合力，精心组织每一项宣传活动，确保活动的实效性，努力增强安全教育工作的深度与广度；三是教育手段新，充分运用新媒体手段进行互动式宣传教育，将专家讲解、知识普及、风险提示等内容通过广播电视台、微博、微信、短信和网络平台等媒介努力传播给更广大的市民，转化为日常的自觉行动。

案例十三 深圳市安全教育基地

深圳市安全教育基地又名深圳市现代安全实景模拟教育基地，是全国第一家市级综合性安全教育场所，场馆面积 9 380 平方米，投资近 1 亿元。由原深圳市安监局建设，2009 年深圳市政府改革后划归深圳市人民政府应急管理办公室，2010 年 6 月 1 日正式对外营业基地，面向广大学生、市民以及企事业单位免费开放。该基地以实景模拟的形式向广大参观者宣传安全知识技能，其显著特点是实景展现、模拟互动、寓教于乐，整个教育基地有 15 个分场馆，涵盖了消防、建筑、机械、交通、家具、电器、职业卫生、自然灾害等各方面，是一家综合式、一站式的安全体验场所。教育基地有专业的讲解员带领参观人员参观、体验，解析安全知识，同时还可以根据需求进行专业的安全知识深化培训。从 2010 年 6 月至 2017 年 12 月，该基地已免费接待参观体验者约 174 万人次，其中学生数量 92.21 万次，占总数的 53%；企业员工数量 65.66 万人次，占总数的 37%；普通市民数量 16.13 万人次，占总数的 10%。同时，为企业实行送教上门服务活动，已有 1 000 多场，受训人员高达 20 多万。

4.6.2 企业主体安全教育人员

加强对一线班组长的安全教育。一线班组长作为安全生产管理人员，在安全生产中发挥着极其重要的作用。因此，加强班组长的安全教育培训，提高他们的安全防范意识和操作技能水平，非常有意义。班组长即班组的安全生产管理人员，每年集中对班组长进行安全教育培训，主要讲授有关班组长安全生产管理、安全技术操作、事故案例分析、安全生产法等法律法规，以提高班组长的安全素质，同时要求班组长把班组安全教育融入日常的工作中，有意识地向一线工程技术人员灌输各种安全思想，潜移默化地提高工程技术领域从业人员全员安全意识和安全知识水平，实现班组安全教育经常化。并利用每周一次的安全生产检查，对一线职工进行安全教育。

全面提高施工人员的安全意识。二级单位负责人是安全生产的责任人。只有单位负责人的安全意识增强了，思想重视了，才能真正重视安全教育培训工作，使现场的管理人员和操作工人增强安全生产的意识，掌握必备的安全知识和安全操作技能，在生产过程中遵章守纪，不出现违章指挥和违章操作行为，达到预防安全事故的效果。强调生产单位在生产中严格贯彻执行“安全、预防为主”的方针和安全生产的政策，严格执行操作规程，遵守劳动纪律，杜绝违章指挥、违章操作的行为，利用过去发生的重大安全事故案例及其给社会、给家庭造成的损失，进行安全意识教育。使他们绷紧安全生产这根弦，在生产中时时刻刻注意安全生产，预防事故的发生。

4.6.3 面向社区的安全教育人员

全面提升市民安全素质和技能。建立完善城市安全公众互动交流信息平台，提供安全生产和职业健康相关法律法规、标准的查询、解读。坚持“谁执法、谁普法”的原则，加大全民普法力度，充分利用各类媒体资源，发布或推送城市安全相关法律法规、典型案例和法律风险提示，切实提升人民群众的安全法治意识。开展常态化安全知识宣传普及，增强人民群众安全意识和应急处置能力。推进安全生产和职业健康宣传教育、防灾减灾知识和技能教育、灾害应急演练进企业、进机关、进学校、进社区、进农村、进家庭、进公共场所，增强社会公众对应急预案的认知、协同能力及自救互救技能。大力推进中小学公共安全教育，增强中小学生安全意识和安全防范能力。加大安全文化宣传教育力度，鼓励创作和传播安全生产主题公益广告、影视剧、微视频等作品。鼓励建设具有城市特色的安全文化教育体验基地和场馆，积极推进把安全文化元素融入公园、街道、社区，营造关爱生命、关注安全的浓厚社会氛围。

立足社区建设培养安全教育人才。结合平安社区、安全社区等载体建设，加强城市安全、社区安全有关的宣传教育活动。社区安全工作人员按照城市安全部门的部署，采取丰富多彩、喜闻乐见的形式，通过广播电视台、微博微信、手机短信、有线电视、地铁、电梯、社区屏幕和繁华地带大屏幕等媒介播放应急避险公益宣传口号和视频，向社区市民普及应急知识、增强应急意识、提升应急能力、倡导应急理念。具体形式包括：举办集中宣传展示活动、组织专家走进直播间向广大听众教授应急知识技能、组织市民参观体验城市应急避险宣教基地、突发公共事件预警信息发布管理平台、120急救中心；组织专家走进机关、社区和学校，向公众开展防灾减灾主题宣讲，等等。

案例十四 全国防灾减灾日

2008年5月12日，中国四川汶川发生8.0级特大地震，损失影响之大，举世震惊。经中华人民共和国国务院批准设立，自2009年起，每年5月12日为全国防灾减灾日。一方面，顺应社会各界对中国防灾减灾关注的诉求；另一方面，提醒国民前事不忘、后事之师，更加重视防灾减灾，努力减少灾害损失。

防灾减灾日的图标以彩虹、伞、人为基本元素，雨后天晴的彩虹代表着美好、未来和希望，伞的弧形形象代表着保护、呵护之意，两个人代表着一男一女、一老一少，两人相握之手与下面的两个人的腿共同构成一个“众”字，寓意大家携手，众志成城，共同防灾减灾。整个标识体现出积极向上的思想和保障人民群众生命财产安全之意。

2019年5月12日是中国第11个全国防灾减灾日，主题是“提高灾害防治能力，构筑生命安全防线”。

加强城市风险管理，必须打造一支安全教育的专业人才，持之以恒地做好日常宣传教育工作，努力做到“防患于未然”，切实让公众把应急能力和意识内化于心、外化于行，进而转化为日常自觉，形成全民应急的良好氛围。

案例十五 北京市"安全社区"建设①

2002年,我国首次引入安全社区理念并开展试点。截至2018年12月,中国内地已建成112家国际安全社区。全球共有403家国际安全社区,在亚洲区域,日本、韩国、伊朗、泰国等国家拥有较多安全社区。

2010年起,北京市安监局联合市社会建设工作办公室、市民政局等单位共同成立了北京市安全社区建设促进委员会,制定并下发了《关于开展安全社区建设工作的实施意见》等系列文件,先后在全市340多个乡镇(街道)开展了安全社区建设工作。北京市先后两次对《北京市市级安全社区基本条件》和《北京市市级安全社区评定管理办法》进行了修订。2015年制定了《北京市安全社区建设五年规划(2016—2020)》,明确了此后5年安全社区建设的工作目标。北京市国际安全社区名录见表4-8。

表4-8 北京市国际安全社区名录

序号	所在区县	社区名称	命名年份
1	东城区	东直门街道	2009年
2		东华门街道	2013年
3	西城区	金融街街道	2008年
4		月坛街道	2008年
5		展览路街道	2010年
6		西长安街道	2013年
7		德胜街道	2012年
8		新街口街道	2012年
9	朝阳区	望京街道	2007年
10		麦子店街道	2007年
11		建外街道	2007年
12		亚运村街道	2007年
13		安贞街道	2009年
14		小关街道	2009年
15		八里庄街道	2009年
16		左家庄街道	2011年
17		香河园街道	2011年
18		三里屯街道	2011年
19		潘家园街道	2011年

① 资料来源:北京晨报,2018年12月4日。

（续表）

序号	所在区县	社区名称	命名年份
20	朝阳区	大屯街道	2011年
21		团结湖街道	2012年
22		首都机场街道	2014年
23		双井街道	2012年
24		劲松街道	2012年
25	海淀区	学院路街道	2012年
26	顺义区	马坡镇	2017年
27		旺泉街道	2017年

北京先后在全市340多个乡镇(街道)开展了安全社区建设工作。到目前为止,获评为北京市市级安全社区87家,全国安全社区39家,国际安全社区29家,惠及人口近千万。

北京市加大财政资金投入、健全服务机构指导制度以及专家评审规范,选择有资质、经验足、能力强的社区服务机构对创建安全社区进行指导服务。安全社区建设向生产安全、居家安全、防灾减灾和社会治安等"大安全"领域延伸,社区的软硬件都发生了较大变化,居民参与社区安全自治的积极性得到提升,建设单位的生产事故、交通事故、燃气事故、治安案件、火灾起数逐年下降,取得了很好的效果。

案例十六　香港公众参与城市安全建设的经验

香港作为亚洲的一个国际化大都市,一直注重城市安全建设。持续多年努力的结果是,直到今天,香港一直被公认为是世界上最安全的城市之一。

香港的城市安全建设成效卓著,其中一个成功的经验是公众积极参与城市安全建设。为了应对自然灾害、人为事故、公共卫生疫情与违法犯罪等因素对城市安全的威胁,推进城市安全建设,香港政府通过个人示范、社区参与、与非政府组织合作以及进行安全教育等途径推动广大市民积极参与。

比如,香港消防处从1997年就开始推行的"消防安全大使""楼宇消防安全特使"计划,从全社会招募大量能执行消防安全特殊使命的志愿人员,并对他们进行消防安全知识的培训。来自社会各界执行消防安全特殊使命的志愿人员在接受训练后,除了向大众传达防火信息、提高市民的防火意识外,还有协助公众消除火患和向消防处举报火灾隐患的任务。又如,为了预防禽流感暴发等公共卫生事件对城市安全的影响,香港当局推动社区参与预防流感运动。香港开展公共屋村的清洁运动,每年举办四次"洗太平地行动"。再如,为应对自然灾害对城市安全的威胁,香港政府致力于对公众开展安全教育。2009年,香港政府发布了《天灾应变计划》,以系统指导公众应对来自自然灾害的威胁。从这份应变计划可以看出,为了应对自然灾害,确保城市安全,香港特区不仅强调政府部门的工作(如天文台、紧急监援中心、消防处、警务处、机场管理局、新闻处、民政事务总署)，而且重视动员社会力量，主张公众参与。

在开辟众多参与途径的同时，香港政府还通过保障基本投入、构建平等伙伴关系、强化政府公信力、建立有效激励机制和促进多元文化平等方式来动员、激励和保障公众积极参与城市安全建设。这些便利公众参与的途径和保障公众参与的机制，对于内地城市的安全建设而言有着重要的借鉴意义。

参考文献

[1] 刘毅.略论网络舆情的概念、特点、表达与传播[J].前沿论坛，2007(1)：11-12.

[2] 高志华，陈婵.全媒体时代网络舆情治理三要素[J].新闻世界 2019，337(5)：48-50.

[3] 徐世甫，段媛媛.城市公共安全视野下的网络舆情与引导治理[J].上海城市管理，2016 (3)：20-24.

[4] 窦玉英，张璠.新闻人才培养如何与社会需求对接[J].中国报业，2019，24：78-79.

[5] 闻学峰.网络舆情分析人才培养问题探讨——基于高校网络与新媒体专业的分析[J].宁波大学学报(教育科学版)，2017，6(94)：87-92.

[6] 教育部高等学校教学指导委员会.普通高等学校本科专业类教学质量国家标准(上、下册)[M]. 北京：高等教育出版社，2018.

[7] 何海地.美国大数据专业硕士研究生教育的背景、现状、特色与启示——全美 23 所知名大学数据分析硕士课程网站及相关信息分析研究[J].图书与情报，2014(2)：48-56.

[8] 周利敏.迈向大数据时代的城市风险管理——基于多案例的研究[J].西南民族大学学报(人文社会科学版)，2016(9)：91-98.

[9] 陈潭，邓伟.迈向大数据时代的大都市治理研究[J].同济大学学报(社会科学版)，2016(27)：75.

[10] 黄全义，夏金超，杨秀中，等.城市公共安全大数据[J].地理空间信息，2017，15(7)：1-5.

[11] 阮敬，刘宏晶，纪宏.国外大数据硕士人才培养的经验与启示——基于大数据文本挖掘[J].统计与信息论坛，2017(9)：29-36.

[12] 杨洪，李知遥，张志强.数据科学与大数据技术专业实践能力培养体系的探索与实践[J].成都大学学报(社会科学版)，2018(3)：106-112.

5　从专业到职业：城市风险管理职业资格设计

5.1　城市风险管理师职业设置的意义

术业有专攻。城市风险管理是一项系统复杂的工作，有着一套完整的知识体系和必备的技能要求，而且城市风险管理牵涉每一座城市正常的运行秩序和千家万户的生命财产安全，因此专门从事城市风险管理的人员应该取得相应的职业资格和执业资格。

我国自 1994 年正式确立职业资格认证制度，认证的职业数曾经达到 2 194 个，其中颁布了 1 187 项职业标准。① 与此同时，各种国外的专业资格证书也陆续进入中国，如国际注册会计师(the Association of Chartered Certified Accountants，ACCA)、美国特许金融分析师(Chartered Financial Analyst，CFA)、英国皇家特许测量师(Royal Institution of Chartered Surveyors，MRICS)等。2014 年起国务院对职业资格许可和认定进行清理，2017 年 9 月 12 日，人社部发布《关于公布国家职业资格目录的通知》，其中包括 59 项专业技术人员职业资格和 81 项技能人员职业资格。②

执业资格制度是国家对某些承担较大责任、社会通用性强，关系国家、社会和公众利益的重要专业岗位实行的一项准入控制制度。比如在土木工程建设领域，我国建立起了比较全面的执业资格制度，包括注册建筑师(一级、二级)、注册结构工程师(一级、二级)、注册建造师(一级、二级)、注册土木工程师(包括岩土、港口与航道工程、水利水电工程、道路工程四个专业)、注册监理工程师、注册资产评估师和注册房地产估价师等。注册是对专业技术人员执业管理的重要手段，是专业技术人员依法独立开业或独立从事某种专业技术工作的必备程序。可以看到，我国推进职业资格认证制度和执业资格注册制度有效地提升了执业人员的素质，加快了相关行业的改革，保证了相关行业的有序健康发展，实现了与国际通行做法互认对接，促进了高校相关专业教学质量的提高。

在《中华人民共和国职业分类大典》中将我国职业划分为八个大类，安全工程技术人员已在职业大典中单列，是 38 个工程技术人员中的第 35 个，代码为 2-02-32(GBM1-65)，主要从事安全科学技术研究、开发与推广，安全工程设计施工，安全生产运行控制，安全检测检验、监督监

---

① 2011 年度人力资源和社会保障事业发展统计公报[OL].https://ms.nvg.net.cn(2012-6-5)。

② 《人力资源社会保障部关于公布国家职业资格目录的通知》.中华人民共和国人力资源和社会保障部，2017-09-12。

察、评估认证，事故调查分析与预测分析，安全工程专业教育与技术培训等工作。① 但相对于城市风险管理，目前安全工程涵盖的领域相对较窄，无法满足城市风险管理的人才规格要求。

当前，我国城市风险管理面临着严峻的形势，迫切需要一支专业化、职业化的城市风险管理师队伍投身城市风险管理的各个方面。将城市风险管理师作为一项独立的职业，确定职业资质，并采用注册制的形式对其中的一些专业岗位实行执业资格制度，是提升城市风险管理水平的必由之路。

5.2 城市风险管理师的领域、层级及其条件

城市风险管理涵盖众多领域，难以用一张执业资格覆盖所有的专业，建议像勘察设计注册工程师一样(表 5-1)采用分领域设置职业资格证书，以便更好地突出城市风险不同领域管理的知识和技能要求。

表 5-1 勘察设计注册工程师

序号	职业资格名称	实施部门(单位)
1	注册结构工程师	住房和城乡建设部、人力资源和社会保障部
2	注册土木工程师	住房和城乡建设部、交通运输部、水利部、人力资源和社会保障部
3	注册化工工程师	住房和城乡建设部、人力资源和社会保障部
4	注册电气工程师	
5	注册公用设备工程师	
6	注册环保工程师	住房和城乡建设部、环境保护部、人力资源和社会保障部
7	注册石油天然气工程师	住房和城乡建设部、人力资源和社会保障部
8	注册冶金工程师	住房和城乡建设部、人力资源和社会保障部
9	注册采矿/矿物工程师	
10	注册机械工程师	

目前，在城市风险管理中的安全生产领域已有注册安全工程师的职业资格制度，分为矿山安全、化工安全、建筑施工安全等七个专业类别(表 5-2)，设置为高级、中级、初级。注册安全工程师的执业行业包括了第 1 章中介绍的十类城市风险中的部分风险管理专业类别。

根据《注册安全工程师职业资格制度规定》，注册安全工程师申请条件为："凡遵守中华人民共和国宪法、法律、法规，具有良好的业务素质和道德品行，具备下列条件之一者，可以申请参加中级注册安全工程师职业资格考试：

(一) 具有安全工程及相关专业大学专科学历，从事安全生产业务满 5 年；或具有其他专业

① 应急管理部、人力资源社会保障部关于印发《注册安全工程师职业资格制度规定》和《注册安全工程师职业资格考试实施办法》的通知(应急〔2019〕8 号)。

大学专科学历,从事安全生产业务满 7 年。

(二) 具有安全工程及相关专业大学本科学历,从事安全生产业务满 3 年;或具有其他专业大学本科学历,从事安全生产业务满 5 年。

(三) 具有安全工程及相关专业第二学士学位,从事安全生产业务满 2 年;或具有其他专业第二学士学位,从事安全生产业务满 3 年。

(四) 具有安全工程及相关专业硕士学位,从事安全生产业务满 1 年;或具有其他专业硕士学位,从事安全生产业务满 2 年。

(五) 具有博士学位,从事安全生产业务满 1 年。

(六) 取得初级注册安全工程师职业资格后,从事安全生产业务满 3 年。”

表 5-2　　各专业类别注册安全工程师执业行业界定表

序号	专业类别	执业行业
1	煤矿安全	煤炭行业
2	金属非金属矿山安全	金属非金属矿山行业
3	化工安全	化工、医药等行业(包括危险化学品生产、储存,石油天然气储存)
4	金属冶炼安全	冶金、有色冶炼行业
5	建筑施工安全	建设工程各行业
6	道路运输安全	道路旅客运输、道路危险货物运输、道路普通货物运输、机动车维修和机动车驾驶培训行业
7	其他安全(不包括消防安全)	除上述行业以外的烟花爆竹、民用爆炸物品、石油天然气开采、燃气、电力等其他行业

“具备下列条件之一者,可以申请参加初级注册安全工程师职业资格考试:

(一) 具有安全工程及相关专业中专学历,从事安全生产业务满 4 年;或具有其他专业中专学历,从事安全生产业务满 5 年。

(二) 具有安全工程及相关专业大学专科学历,从事安全生产业务满 2 年;或具有其他专业大学专科学历,从事安全生产业务满 3 年。

(三) 具有大学本科及以上学历,从事安全生产业务。”

此外,对公共卫生事件的风险由城市公共卫生部门专业人员(公共卫生职业医师资格证)专门防控。但在对自然灾害隐患的风险、城市生命线运营的风险、生态环境破坏的风险、社会稳定的风险等的管理与防控方面,其技术管理人员尚缺少职业资格认证的机会,是可以关注和开发的职业领域。如,专注于城市生命线风险防控的城市运营安全工程师,通过对埋设在各种设施中的传感器收集到的城市运行大数据和日常的观察、监测,对城市在日常运行和自然灾害条件下的风险进行评估并制定改进建议,它区别于注册安全生产工程师(建筑施工安全),后者只聚焦在城市基础设施建设阶段的安全生产,城市运行安全工程师更关注城市各种基础设施在全寿命周期中施工阶段之外的安全运营;专注于社会稳定风险的舆情分析师,运用大数据、人工智能等现代信息技术手段对媒体、自媒体的数据进行分析，发现社会热点问题，挖掘潜在的不稳定因素，制定媒体引导和社会疏解策略。

因此应设置覆盖范围更广的城市风险管理师，对应不同城市风险的监测、识别、评估、处置等（表 5-3）。经考试取得相应级别资格证书，依法注册后即可从事相关工作，并按照初级、中级、高级考试晋升。

表 5-3　　城市风险管理师执业行业界定表

序号	专业类别	执业行业
1	注册安全工程师	见表 5-2
2	注册消防工程师	消防安全技术工作。已实施
3	注册舆情分析师	网络舆情大数据监测、分析、疏导
4	注册城市运营安全工程师	城市生命线运营风险管控
5	注册城市风险规划师	指导社区编制风险预案，实施安全风险地图、综合预警平台、风险防控作手册、风险防控保单、工作制度安排及城市风险教育宣讲
6	注册环境安全评估师	对城市大气、水体、土壤的有毒有害化学品、核污染等进行监测、分析、评估，并提出处置方案

城市风险管理师的申请报考条件可以参考注册安全工程师。但在学历起点上应有所提高，一般应具有大学本科及以上学历，在参加考试之前应有一定时长的线下（或线上）学习培训要求，对考试范围内应知应会的内容做到融会贯通。

5.3　以大学教育打下知识基础

大学的专业教育是培养城市风险管理专业化、职业化人才的关键基础。国内最早的安全工程教育主要为矿山安全服务。1984 年国家教委在颁布的《高等学校工科本科专业目录》中将安全工程“正式”列为试办专业，当年中国矿业大学、重庆大学等开始设置该专业或招收本科生。目前，全国共有 170 所高校开设安全工程本科专业，其中普通本科院校及附属学院有 138 所；全国共有 64 所高校设有硕士学位授权点，有 58 所高校设有博士学位授权点，其中不乏中国科学技术大学、四川大学、中南大学、西北工业大学、重庆大学、北京理工大学等双一流大学。

安全工程专业培养掌握安全科学、安全管理、安全技术和职业健康等方面的专业知识和基本技能，具备从事安全技术及工程、安全科学与研究、安全监察与管理、安全健康环境检测与监测、安全设计与生产、安全教育与培训、安全评价与咨询等工作的基本能力和素质的人才。

各个大学安全工程本科专业在培养目标上大同小异。但对比不同高校，在专业基础课程和专业课程的设置上还是有较大不同。通过比较表 5-4 与表 5-5，可以看出每个学校的课程设置都在一定程度上体现了自身的学科特色和优势。如四川大学的安全工程专业设在化学工程学院，主干课程中化工方面的特色课程较多；重庆大学的土木工程学科优势突出，主干课程中设置有建筑安全、电气安全一类的特色课程。这种百花齐放，适应了经济社会发展对具有不同知识能力的安全工程人才需求，但也提醒用人单位，在人才招聘中应注意不同大学的特色，招聘人岗匹配的人才。

表 5-4 中国科学技术大学安全工程专业培养方案

项目	内容	
培养目标	培养能从事安全技术及工程、安全科学与研究、安全监察与管理、安全健康环境检测与监测、安全设计与生产、安全教育与培训等方面复合型的高级工程技术人才	
培养要求	本专业学生主要学习矿山与地下建筑、交通、航空航天、工厂、物业、商厦与地面建筑的灾害防治技术及工程和通风、净化与空气调节、安全监测与监控、安全原理、安全系统工程、安全监察和管理等专业知识和实践	
获得的知识和能力	1. 具有较扎实的自然科学基础，较好的人文社会科学基础和外语语言综合能力； 2. 掌握流体力学、工程热力学与传热学、工程力学、分析化学与物理化学、燃烧学与爆炸学； 3. 掌握安全原理、安全人机工程和安全系统工程等基础知识； 4. 掌握电子学、电工学及安全检测与监测仪表与技术； 5. 掌握安全工程、通风与空气调节工程设计、施工、监察和管理的知识与能力； 6. 掌握应用计算机进行安全工程与通风工程设计、模拟、计算机管理等方面的能力	
支撑学科	矿业工程、力学、系统科学	
主要课程	燃烧与爆炸学、安全工程学、通风空调与净化、安全监测与监控、职业卫生学、流体力学与流体机械、工程热力学与传热学、分析化学与物理化学等	
实践性教学环节	认识实习、生产实习、计算机应用及上机实践、课程设计、毕业实习与设计	
学制与学位	四年	工学学士

表 5-5 三所双一流大学安全工程专业课程比较

大学名称	所在学院	专业基础课程与专业课程
四川大学	化学工程学院	工程流体力学、安全系统工程与人机工程、化工原理、燃烧爆炸理论、电气安全技术、事故调查与分析技术、安全检测与控制、安全学原理与管理学、化工机器及安全技术、压力容器设计及安全技术、化工安全设计等
中南大学	资源与安全工程学院	流体力学、工程力学、工程热力学与传热学基础、燃烧与爆炸理论、安全学理论、安全系统工程、安全人机工程、安全检测技术、职业卫生及工程、安全法学、安全管理工程、风险分析与安全评价、消防工程、安全学科发展动态
重庆大学	资源与安全学院	安全系统工程、安全管理学、安全法学、安全人机工程、安全监测监控技术及应用、防火与防爆工程、工业通风及除尘、建筑安全、电气安全、化工安全技术等

教育部办公厅《关于在普通高校继续开展第二学士学位教育的通知》(教高厅函〔2020〕9号)明确(以下简称《通知》)，鼓励高校开展第二学士学位教育。重点支持高校在国家急需的公共卫生与预防医学、应急技术与管理、电子信息、大数据、网络空间安全、集成电路、能源动力、生物与医药、养老护理、家政服务等相关领域以及高校有能力、有需要举办的专业增设第二学士学位专业；支持高校依托“双一流”建设学科专业增设第二学士学位专业。《通知》鼓励开设的专业中，公共卫生与预防医学、应急技术与管理、大数据、网络空间安全等都是对城市风险管理职

业教育能够起到促进作用的专业。教育部的这一举措也将有力促进"双一流"大学开设与城市风险管理相关的专业教育,大幅度提升城市风险管理人才培养的水平。

在国外城市风险管理方面的学历教育十分普及,据美国联邦应急管理局网站显示,美国的大学开设近60个"应急管理"硕士层次教育项目,其中既有授予管理学学位的,又有授予科学学位的。以北达科他州立大学的应急管理硕士项目为例,它提供两个选择:聚焦于研究的学术型硕士和基于实践的综合性硕士(表5-6)。

表5-6　　北达科他州立大学应急管理硕士项目的课程体系

项目	学术型硕士	综合性硕士
必修核心课程	Qualitative Methods or Qualitative Research Methods in Communication	
必修应急管理课程	Preparedness Theory and Practice (备灾理论与实践) Mitigation Theory and Practice (缓解理论与实践) Response Theory and Practice (反应理论与实践) Recovery Theory and Practice (恢复理论与实践)	Theory, Research and Practice (理论、研究与实践) Preparedness Theory and Practice (备灾理论与实践) Mitigation Theory and Practice (缓解理论与实践) Response Theory and Practice (反应理论与实践) Recovery Theory and Practice (恢复理论与实践)
选修课	*Select three of the following:* (选3门) Comprehensive Emergency Management Planning (综合性应急管理规划) Spatial Analysis in Emergency Management (应急管理中的空间分析) Hazard, Risk, and Vulnerability Assessments (危害、风险和脆弱性评估) International Emergency Management (国际应急管理) Vulnerability and Functional Needs in Emergency Management (应急管理中脆弱性与功能需求) Business Continuity & Crisis Management (业务连续性与危机管理) Voluntary Agency Disaster Services (志愿机构的灾害服务) Disaster and Culture (灾害与文化) Disaster Analysis (灾害分析) Advanced Research Methods (高级研究方法)	Group A: (A组) Emergency Management Elective Courses (应急管理选修课) *Select four of the following:* (选4门) Comprehensive Emergency Management Planning (综合性应急管理规划) Hazard, Risk, and Vulnerability Assessments (危害、风险和脆弱性评估) World Disasters (世界性灾害) Issues in Homeland Security and Emergency Management (国土安全与应急管理的重要议题) Understanding Special Populations in Disaster (理解灾害中的特殊人群) Business Continuity & Crisis Management (业务连续性与危机管理) Voluntary Agency Disaster Services (志愿机构的灾害服务) Group B: Critical Thinking and Analysis Elective Courses (批判性思维与分析选修课) *Select two of the following:* (选2门) Spatial Analysis in Emergency Management (应急管理中的空间分析) Qualitative Methods (定性方法) Quantitative Methods (定量方法) Applied Statistics (应用统计学) Advanced Research Methods (高级研究方法)
必修实践环节	Field Experience (户外体验)	Field Experience (户外体验)
必修论文环节	Master's Thesis (硕士论文)	

即使是授予科学学位的应急管理硕士项目,也设置了较多的管理类课程,如马萨诸塞海事研究院的应急管理硕士项目(Master of Science in Emergency Management)的课程中有应急管理原理(Principles of Emergency Management)、应急运营(Emergency Operations)、业务连续性与灾难恢复(Business Continuity and Disaster Recovery)、组织行为学(Organizational Behavior)、灾害风险管理(Hazard Risk Management)、应急管理中的法律问题(Legal Issues in Emergency Management)、应急管理下的国土安全(National Security in Emergency Management)和交通安全管理(Transportation Security Management)。相对来说,国内大学的安全工程专业硕士项目则更多地聚焦于安全科学和技术,如中国科技大学的安全工程硕士聚焦于火灾防控,培养出的人才在城市风险管理中会存在思维差异,需要进一步的转化。

应该看到,安全工程专业学生培养经历了三个阶段:"行业化"专业型培养模式,"大安全"通用型培养模式,"新工科"业务型培养模式。安全工程专业人才培养模式的演进及安全工程研究方向的拓宽符合社会对安全的需求多元化趋势,更加能着眼于国家当前和未来的宏伟战略,能更具针对性地解决发展中的城市安全风险防控问题。但在安全工程专业培养方案的基础上,还应增加一些针对城市风险管理方面的专业课程,如城市生命线安全、大数据与网络空间安全、城市风险金融保险产品设计以及组织行为学、管理沟通等方向的课程,是培养城市风险管理师的可行途径。同时,将城市风险管理作为安全工程专业的学生培养目标之一,也将有效地增加安全工程专业学生就业范围,增加专业队优秀人才的吸引力。

此外,要消除大学专业培养出来的人才与社会执业资格之间对接的阻碍。自 2008 年我国各高校安全工程专业开始工程教育专业认证工作以来,截至 2019 年年底,已有 40 所高校通过了专业认证。① 但我国安全工程专业认证与注册安全工程师执业资格制度衔接不紧。其一,在于没有将通过专业认证的安全工程相关专业学历学位作为取得注册安全工程师执业资格证的学术资质,或者在注册安全工程师报考与考试中给予条件优惠或课程免考;其二,安全工程专业在认证时也没将注册安全工程师执业定位作为培养目标之一,毕业要求体现的是工程类专业的共性,没有突出注册安全工程师的特性,专业教育与业界需求脱节,工程设计和实践教育严重不足,所培养的安全人才社会适应性不强,难以满足解决企业实际技术问题的要求。

我国应尽快在评估认证的基础上加强安全工程专业课程体系设置的规范性和统一性,形成普适的课程体系,强化实践环节要求,突出应对现代城市风险管理挑战的现实需求,确定将城市风险管理师作为学生的培养目标之一,在课程设置上应体现城市风险管理师胜任力和执业能力的要求。大学专业教育与职业资格对接的方式和要素可以参考临床医学、翻译、会计、建筑学等专业学位领域的情况(表 5-7)。

---

① 教育部高等教育教学评估中心,中国工程教育专业认证协会.关于发布已通过工程教育认证专业名单的通告(截至 2019 年年底)[EB/OL].[2020-07-15].http://www.moe.gov.cn/s78/A08/tongzhi/202007/W020200721423281799857.pdf.

表 5-7　　临床医学等专业学位领域与职业资格认证对接方式比较表

		政府主管部门(教育、行业)	行业协会	高　校
职业资格与专业学位互为前提条件	临床医学	卫生部——根据《中华人民共和国执业医师法》，建立医师执业注册制度、住院医师规范化培训制度；对教育质量、教学过程和教学条件都有十分具体的规定	卫生部——省级卫生机构和行业协会主要负责医学专业评估、规范化培训单位资质认证、质量评估及执业医师资格考试等	高校积极投身于临床医学专业学位教育与住院医师规范化培训结合改革项目之中
课程及考试科目互认和豁免	翻译	教育部——负责翻译硕士的资格评审、质量保证、课程设置和国际合作。制定了对接政策，具体规定了双向衔接的课程与学分互认程序	全国翻译硕士教指委、中国译协——研究、协调 MTI 与 CATTI 课程的衔接和质量评估	改革自身课程知识点设置，使能覆盖职业资格所要求知识模块，注重与行业协会建立合作关系
	会计	教育部——负责专业学位的资格与质量评估、课程大纲和国际合作。签订合作协议，规定合作原则、申请级别、申请程序和合作规划等	全国会计硕士教指委、ACCA——制订对课程计划与培养质量进行评估的规划，以保证 MPAcc 课程的质量，协助改善针对 MPAcc 的课程	对自身课程进行调整，课程知识点覆盖本专业学位领域及国外行业协会所要求的知识模块
减少认证的实践时间	建筑学	建设部——建立注册建筑师制度及执行准入制度；对教学过程、教学条件和教育质量进行具体规定和评估	建设部——建筑行业协会主要负责专业评估认证、职业实践、资格考试及注册、继续教育等职业环节的工作	各高校积极投身于建筑教育评估体系之中

5.4　以终身学习实现能力提升

习近平总书记强调，构建终身教育体系，形成全民学习、终身学习的学习型社会，是一个关系中华民族能否持续发展、能否实现民族复兴大业的战略问题。城市风险管理人员面对的城市风险问题种类多，成因复杂，随着社会和技术的进步，新的风险因素也在不断出现、不断累积，要求城市风险管理人员具备高度的学习自觉性。

除了城市风险管理人员自主学习外，在职培训是强化城市风险管理人员风险意识、提升城市风险管理人员治理能力的重要途径。世界各国对自己的应急管理队伍都有完整的在职培训体系。英国的应急管理教育培训体系主要由三部分组成：一是内阁办公室国民紧急事务秘书处(Civil Contingencies Secretariat，CCS)所属的紧急事务规划学院(EPC)，主要负责全国跨部门、跨地区的综合性应急管理教育培训；二是政府有关部门设立的警察、消防、医疗急救等专业培训学院；三是经过资质认定的各类社会组织和私营机构开展的应急管理教育培训。其中，EPC 是英国最权威、最有影响力的国家级应急管理教育培训机构。

EPC 是集应急管理培训、科研和咨询为一体的国家级综合性平台。学院培训对象包括各级政府官员，消防、警察、急救等专业救援部门管理人员，也包括国民健康体系、学校、军队、志愿者的管理者以及外国官员等。除了教育培训外，EPC 还承担了研究制定应急管理标准、手册，为 CCS 和社会各界提供政策建议等一系列科研、咨询任务。根据英国的法律法规与“金、银、铜”三个管理层级的应急处置职能和机制，EPC 分模块、分层次设计了四大类 55 门课程，内容涵盖了应急预警、风险评估、应急规划、应急处置、恢复管理、媒体沟通以及体育赛事、节假日应急管理、自然灾害、生产交通安全、核生化事故处理、卫生防疫等方方面面。从最基础的应急入门教育培训到应急管理硕士课程，内容十分丰富齐全。

与德国的 AKNZ 一样，EPC 全面运用基于现代化培训设施的互动式、演练式教学方法。EPC 委托有关公司开发了移动式的“金层级标准培训演练系统”，旨在提高应急决策者跨部门、跨地区协同应对的能力。该系统集场景虚拟、环境集成、控制实时、决策指挥于一身，与现代计算机和通信设备互动，不断变换场景和控制要件，实时记录被培训者应急决策指挥行为和过程，并对应对结果进行客观评价。该系统可以输入各种应急预案的数据和程序并开展演练，一方面使管理团队经历模拟的应急管理体验，另一方面可检验和完善各种应急预案的可操作性。

在中国，中央党校（国家行政学院）建立了应急管理培训中心（中欧应急管理学院），承担中央党校应急管理教学培训和相关科研、咨询、国际交流合作；参与研究制定国家应急管理规划、规范、标准、预案；开展应急管理人员培训和师资培训；组织应急模拟演练培训等方面工作。近年来，国内大学、科研机构也围绕城市风险管理展开培训工作，其中同济大学城市风险管理研究院在系列教材编写的基础上已连续开设 4 期城市风险管理研修班，培训课程体系不断完善，培训效果受到业界的瞩目（表 5-8）。

表 5-8　　同济大学城市风险管理研究院风险管理干部研修班学习方案

序号	类型	课程名称	课时
1	自然灾害	气象预报与风险管理	4
2		城市水环境与水生态风险管理	4
3	事故灾害	城市水安全风险管理	4
4		工程建设风险管理	4
5		城市地下工程建设风险分析与控制对策	4
6		道路桥梁运营及施工安全风险	4
7		城市轨道交通风险与安全	4
8		航空安全与风险管理	4
9		城市高空坠物风险管理	4
10		危化品安全管理	4
11		重大环境污染事故风险管理	4
12		港口城市运行中的风险与挑战	4

（续表）

序号	类型	课程名称	课时
13	公共卫生	重大传染病疫情防范与控制	4
14		疫情下的应急心理学	4
15		疫情背景下的经济恢复与风险管理	4
16	社会安全	信息时代领导的媒体关系与危机管理	4
17		社会舆情大数据的监测、分析与引导	4
18		健康城市与韧性城市：后疫情时代城市规划与治理	
19		非常态治理能力提升与弹性社会治理体系建设	4
20	综合知识	现代风险管理和保险	4
21		安全生产事故定性及法律责任	4
22		大数据背景下的管理创新与智慧城市管理	4
23		空间规划与城市风险管控	4
24		交通规划与交通风险管控	4
25	现场教学	特种设备实践基地等	4

同济大学城市风险管理研究院的培训方案为业界开展培训提供了很好的范例。在此基础上，如果能够增加对沟通协调、危机决策等方面的实景演练，采用德国 ARD 模式强化受训人的认知、态度、行为，将会更好地提升培训效果。

参考文献

[1] 鲁义，刘艺伦，施式亮，等.安全工程专业培养存在问题及培养模式改进探索[J].教育现代化，2020(4)：44-46.

[2] 朱方，吕保和，刘宏.专业认证与注安师执业资格制度相衔接的安全工程专业培养体系研究[J]. 安全，2016(2)：56-57，60.

[3] 李会兰，张柳，孙玉倩.专业学位与职业资格认证对接的比较研究——以临床医学、翻译、会计和建筑专业学位为例[J].中国煤炭工业医学杂志，2014(1)：154-157.

附录　城市风险管理人才的胜任力要素调研

工程技术人才胜任力要素调研问卷(一)

尊敬的女士/先生：

您好！感谢您拨冗参与本次调研。

城市风险主要分为自然灾害、事故灾难、公共卫生事件和社会安全事件四类。良好的城市风险管理体系能够有效地预防风险、处置风险，为了更明确地划分职责来推进城市风险的管理，城市风险管理的内容可被划分为事前预防、事中处置、善后恢复。而在城市风险管理过程中，人才往往是推动风险识别与解决的中坚力量。

为能够更好地构建工程技术人才(即应用科学知识或利用技术发展的研究成果于工程建造过程改造客观世界的管理人才)在城市风险管理方面的胜任力模型，我们希望您能运用在专业领域的知识与经验为我们提供相关帮助。以下内容是我们初步提取出的胜任力要素。烦请您用数字1代表√在下表中勾选是或否，表明各胜任力要素是否必要。

1	注重细节	1	2	3	4	5
2	主动性	1	2	3	4	5
3	聆听	1	2	3	4	5
4	注重逻辑	1	2	3	4	5
5	创新	1	2	3	4	5
6	责任心	1	2	3	4	5
7	人本精神	1	2	3	4	5
8	沉着冷静	1	2	3	4	5
9	理性	1	2	3	4	5
10	敬业	1	2	3	4	5
11	分析判断能力	1	2	3	4	5
12	现场洞察能力	1	2	3	4	5
13	归纳能力	1	2	3	4	5
14	规划能力	1	2	3	4	5
15	质量意识	1	2	3	4	5

16	工程技术知识技能	1	2	3	4	5
17	数据分析能力	1	2	3	4	5
18	预测能力	1	2	3	4	5
19	决策能力	1	2	3	4	5
20	资源寻求能力	1	2	3	4	5
21	关系构建能力	1	2	3	4	5
22	全局掌控能力	1	2	3	4	5
23	可持续发展意识	1	2	3	4	5
24	灵活应变能力	1	2	3	4	5
25	统观全局能力	1	2	3	4	5
26	沟通能力	1	2	3	4	5
27	创新能力	1	2	3	4	5
28	有效表达能力	1	2	3	4	5
29	监控能力	1	2	3	4	5

谢谢您的协助！

工程技术人才胜任力要素调查(二)

由于工程技术人才会参与到城市安全风险管理的整个过程中，所以从城市安全风险的阶段出发，从风险识别、风险评估、应急规划、应急处理、恢复五阶段来划分工程技术人才的职责。

为能够更好地构建工程技术人才在城市风险管理方面的胜任力模型，以下内容是初步提取出的胜任力要素。

数字 1—5 表示胜任力要素重要性逐步增加，请在您所认为的数字打勾(√)。

1	注重细节	1	2	3	4	5
2	主动性	1	2	3	4	5
3	创新能力	1	2	3	4	5
4	责任心	1	2	3	4	5
5	人本精神	1	2	3	4	5
6	沉着冷静	1	2	3	4	5
7	理性	1	2	3	4	5
8	敬业	1	2	3	4	5
9	分析判断能力	1	2	3	4	5
10	现场洞察能力	1	2	3	4	5
11	规划能力	1	2	3	4	5
12	质量意识	1	2	3	4	5
13	工程技术知识技能	1	2	3	4	5
14	数据分析能力	1	2	3	4	5
15	预测能力	1	2	3	4	5
16	决策能力	1	2	3	4	5
17	资源寻求能力	1	2	3	4	5
18	全局掌控能力	1	2	3	4	5
19	可持续发展意识	1	2	3	4	5
20	灵活应变能力	1	2	3	4	5
21	沟通能力	1	2	3	4	5
22	监控能力	1	2	3	4	5

公共卫生人才胜任力要素调研问卷(一)

尊敬的女士/先生：

您好！感谢您拨冗参与本次调研。

城市风险主要分为自然灾害、事故灾难、公共卫生事件和社会安全事件四类。良好的城市风险管理体系能够有效地预防风险、处置风险，为了更明确地划分职责来推进城市风险的管理，城市风险管理的内容可被划分为事前预防、事中处置、善后恢复。而在城市风险管理过程中，人才往往是推动风险识别与解决的中坚力量。

为能够更好地构建公共卫生人才(即熟练掌握基础医学、临床医学、预防医学的基本知识，以及公共卫生事业管理理论、管理技能和管理方法，并将理论知识运用于日常卫生监管和解决突发公共卫生事件的高级管理人才)在城市风险管理方面的胜任力模型，我们希望您能运用在专业领域的知识与经验为我们提供相关帮助。以下内容是我们初步提取出的胜任力要素(要素相关说明见附录)，烦请您用数字 1 代表√在下表中勾选是或否，表明各胜任力要素是否必要。

1	慈悲	1	2	3	4	5
2	人本精神	1	2	3	4	5
3	社会责任感	1	2	3	4	5
4	同理心	1	2	3	4	5
5	正义感	1	2	3	4	5
6	诚信正直	1	2	3	4	5
7	自我控制	1	2	3	4	5
8	廉洁奉公	1	2	3	4	5
9	积极主动	1	2	3	4	5
10	严谨	1	2	3	4	5
11	自信	1	2	3	4	5
12	敬业	1	2	3	4	5
13	反思能力	1	2	3	4	5
14	分析判断能力	1	2	3	4	5
15	现场洞察能力	1	2	3	4	5
16	医学知识技能	1	2	3	4	5
17	学习能力	1	2	3	4	5
18	质量与秩序意识	1	2	3	4	5
19	有效监测能力	1	2	3	4	5
20	识别能力	1	2	3	4	5

21	表达能力	1	2	3	4	5
22	法制意识	1	2	3	4	5
23	前瞻性	1	2	3	4	5
24	规划能力	1	2	3	4	5
25	系统思维能力	1	2	3	4	5
26	感召力	1	2	3	4	5
27	领导力	1	2	3	4	5
28	协调能力	1	2	3	4	5
29	分寸把控能力	1	2	3	4	5
30	执行能力	1	2	3	4	5
31	组织能力	1	2	3	4	5
32	人际沟通能力	1	2	3	4	5
33	激励能力	1	2	3	4	5
34	服务意识	1	2	3	4	5

谢谢您的协助！

公共卫生人才胜任力要素调查(二)

公共卫生人才在城市卫生安全风险的整个预防控制过程中发挥着重要的作用,所以可从城市风险管理阶段的角度出发,对在风险识别、风险评估、应急规划、应急处理、恢复五个阶段公共卫生人才的职责进行分析,总结其所需具备的能力。

为能够更好地构建公共卫生人才在城市风险管理方面的胜任力模型,以下内容是初步提取出的胜任力要素,数字1—5表示胜任力要素重要性逐步增加,烦请您在您所认为的数字打勾。

1	同情心	1	2	3	4	5
2	人本精神	1	2	3	4	5
3	社会责任感	1	2	3	4	5
4	同理心	1	2	3	4	5
5	诚信正直	1	2	3	4	5
6	自我控制	1	2	3	4	5
7	廉洁奉公	1	2	3	4	5
8	严谨	1	2	3	4	5
9	敬业	1	2	3	4	5
10	反思能力	1	2	3	4	5
11	分析判断能力	1	2	3	4	5
12	现场洞察能力	1	2	3	4	5
13	医学知识技能	1	2	3	4	5
14	学习能力	1	2	3	4	5
15	法制意识	1	2	3	4	5
16	前瞻性	1	2	3	4	5
17	协调能力	1	2	3	4	5
18	执行能力	1	2	3	4	5
19	组织能力	1	2	3	4	5
20	人际沟通能力	1	2	3	4	5
21	激励能力	1	2	3	4	5
22	服务意识	1	2	3	4	5

舆情公关人才胜任力要素调研问卷(一)

尊敬的女士/先生：

您好！感谢您拨冗参与本次调研。

城市风险主要分为自然灾害、事故灾难、公共卫生事件和社会安全事件四类。良好的城市风险管理体系能够有效地预防风险、处置风险，为了更明确地划分职责来推进城市风险的管理，城市风险管理的内容可被划分为事前预防、事中处置、善后恢复。而在城市风险管理过程中，人才往往是推动风险识别与解决的中坚力量。

为能够更好地构建舆情公关人才(即通过与媒体建立良好关系，对舆情进行有效地实时监控并在此基础上分析、研究并引导舆情，使舆情的氛围有利于风险管理的管理人才)在城市风险管理方面的胜任力模型，我们希望您能运用在专业领域的知识与经验为我们提供相关帮助。以下内容是我们初步提取出的胜任力要素(要素相关说明见附录)，烦请您用数字1代表√在下表中勾选是或否，表明各胜任力要素是否必要。

1	敏锐	1	2	3	4	5
2	影响力	1	2	3	4	5
3	主动性	1	2	3	4	5
4	注重逻辑	1	2	3	4	5
5	冷静	1	2	3	4	5
6	积极乐观	1	2	3	4	5
7	社交	1	2	3	4	5
8	战略眼光	1	2	3	4	5
9	真诚	1	2	3	4	5
10	道德感	1	2	3	4	5
11	客观中立	1	2	3	4	5
12	好奇心	1	2	3	4	5
13	敬业	1	2	3	4	5
14	监控能力	1	2	3	4	5
15	应变能力	1	2	3	4	5
16	创新能力	1	2	3	4	5
17	信息寻求能力	1	2	3	4	5
18	洞察力	1	2	3	4	5
19	信息处理能力	1	2	3	4	5
20	决策能力	1	2	3	4	5

21	学习能力	1	2	3	4	5
22	心理承受能力	1	2	3	4	5
23	心理知识技能	1	2	3	4	5
24	规划能力	1	2	3	4	5
25	激励能力	1	2	3	4	5
26	号召力	1	2	3	4	5
27	团队合作能力	1	2	3	4	5
28	组织能力	1	2	3	4	5
29	关系构建能力	1	2	3	4	5
30	组织能力	1	2	3	4	5
31	语言表达能力	1	2	3	4	5
32	运营能力	1	2	3	4	5
33	宣传能力	1	2	3	4	5
34	思想觉悟能力	1	2	3	4	5

谢谢您的协助！

舆情公关人才胜任力要素调查(二)

舆情公关人才贯穿于风险预防与解决的整个过程,为城市风险管理各阶段提供舆情分析、舆情引导等保障。依据舆情公关人才在各阶段的职责,可以分为决策层面、执行层面和人员层面三方面。

为能够更好地构建舆情公关人才在城市风险管理方面的胜任力模型,以下内容是初步提取出的胜任力要素,数字 1—5 表示胜任力要素必要性逐步增加,烦请您在您所认为的数字打勾。

1	敏锐	1	2	3	4	5
2	主动性	1	2	3	4	5
3	注重逻辑	1	2	3	4	5
4	冷静	1	2	3	4	5
5	积极乐观	1	2	3	4	5
6	社交能力	1	2	3	4	5
7	战略眼光	1	2	3	4	5
8	真诚	1	2	3	4	5
9	道德感	1	2	3	4	5
10	客观中立	1	2	3	4	5
11	敬业	1	2	3	4	5
12	应变能力	1	2	3	4	5
13	洞察力	1	2	3	4	5
14	信息处理能力	1	2	3	4	5
15	决策能力	1	2	3	4	5
16	心理承受能力	1	2	3	4	5
17	心理知识技能	1	2	3	4	5
18	激励能力	1	2	3	4	5
19	号召力	1	2	3	4	5
20	团队合作能力	1	2	3	4	5
21	组织能力	1	2	3	4	5
22	语言表达能力	1	2	3	4	5
23	同理心	1	2	3	4	5

应急指挥人才胜任力要素调研问卷(一)

尊敬的女士/先生:

您好！感谢您拨冗参与本次调研。

城市风险主要分为自然灾害、事故灾难、公共卫生事件和社会安全事件四类。良好的城市风险管理体系能够有效地预防风险、处置风险，为了更明确地划分职责来推进城市风险的管理，城市风险管理的内容可被划分为事前预防、事中处置、善后恢复。而在城市风险管理过程中，人才往往是推动风险识别与解决的中坚力量。

为能够更好地构建应急指挥人才(即能够在突发事件发生时及时打破各种调度手段之间的通信屏障，实现各部门的统一调度、分级调度并快速协调调动各种资源指挥处理事件的人才)在城市风险管理方面的胜任力模型，我们希望您能运用在专业领域的知识与经验为我们提供相关帮助。以下内容是我们初步提取出的胜任力要素(要素相关说明见附录)，烦请您用数字1代表√在下表中勾选是或否，表明各胜任力要素是否必要。

1	抗压	1	2	3	4	5
2	沉着冷静	1	2	3	4	5
3	人本精神	1	2	3	4	5
4	同情心	1	2	3	4	5
5	果断	1	2	3	4	5
6	聆听	1	2	3	4	5
7	人际洞察力	1	2	3	4	5
8	同理心	1	2	3	4	5
9	影响力	1	2	3	4	5
10	开放包容	1	2	3	4	5
11	主动性	1	2	3	4	5
12	创新	1	2	3	4	5
13	注重细节	1	2	3	4	5
14	责任心	1	2	3	4	5
15	敬业	1	2	3	4	5
16	分析判断能力	1	2	3	4	5
17	资源寻求能力	1	2	3	4	5
18	规划能力	1	2	3	4	5
19	慧眼识人能力	1	2	3	4	5

20	有效表达能力	1	2	3	4	5
21	决策能力	1	2	3	4	5
22	全局掌控能力	1	2	3	4	5
23	灵活应变能力	1	2	3	4	5
24	创新能力	1	2	3	4	5
25	监控能力	1	2	3	4	5
26	沟通协调能力	1	2	3	4	5
27	关系构建能力	1	2	3	4	5
28	冲突管理能力	1	2	3	4	5
29	资源有效配置能力	1	2	3	4	5
30	谈判能力	1	2	3	4	5
31	沟通能力	1	2	3	4	5
32	激励能力	1	2	3	4	5
33	凝聚力	1	2	3	4	5
34	影响力	1	2	3	4	5

谢谢您的协助！

应急指挥人才胜任力要素调查(二)

应急指挥人才主要在风险变成事故时发挥作用,所以从事故处理角度出发,其职责可被划分为决策层面、执行层面、人员层面。

为能够更好地构建应急指挥人才在城市风险管理方面的胜任力模型,以下内容是初步提取出的胜任力要素,数字 1—5 表示胜任力要素重要性逐步增加,烦请您在您所认为的数字打勾。

1	抗压	1	2	3	4	5
2	沉着冷静	1	2	3	4	5
3	人本精神	1	2	3	4	5
4	果断	1	2	3	4	5
5	同理心	1	2	3	4	5
6	影响力	1	2	3	4	5
7	注重细节	1	2	3	4	5
8	责任心	1	2	3	4	5
9	敬业	1	2	3	4	5
10	分析判断能力	1	2	3	4	5
11	资源寻求能力	1	2	3	4	5
12	决策能力	1	2	3	4	5
13	全局掌控能力	1	2	3	4	5
14	灵活应变能力	1	2	3	4	5
15	监控能力	1	2	3	4	5
16	沟通协调能力	1	2	3	4	5
17	关系构建能力	1	2	3	4	5
18	冲突管理能力	1	2	3	4	5
19	资源有效配置能力	1	2	3	4	5
20	谈判能力	1	2	3	4	5
21	激励能力	1	2	3	4	5
22	凝聚力	1	2	3	4	5